構造構成主義研究2

信念対立の克服をどう考えるか

西條剛央・京極　真・池田清彦　編著

北大路書房

『構造構成主義研究』刊行にあたって

本シリーズを編纂するに至った問題意識

洋の東西を問わず，学問は日々進歩している。本来，学問は知的好奇心の産物であったため，おもしろそうな話題があれば興味を共有する人の間で適宜交流していけばよかった。しかし，学問の進歩によって専門分化が進み，学問が細分化されるにしたがって，専門分野を少し異にするだけで，他分野の人が何をやっているのか，よくわからないという状況になった。つまり，学問の蛸壺化である。学問の蛸壺化はさらなる細分化を促し，さまざまな分野の知見を関連させて新たなアイディアを生み出していく総合的なアプローチを困難にしてしまった。

我々の問題意識はまさにそこにある。細分化した専門分野を今一度シャッフルし，狭視化した学問をおもしろくするにはどうしたらよいか。結論からいえば，学問間を縦横無尽に行きかう必要があり，本シリーズはそれを実現するために企画された。しかし，蛸が蛸壺から脱出するのが並たいていではないように，学者が専門分化した分野間の壁を乗り越えるのもまた至難の業である。それゆえ，我々はさしあたり，さまざまな領域をつなぐために体系化された構造構成主義をツールにしようと思う。

構造構成主義とは，特定の前提に依拠することなく構築された原理論であり，さまざまな分野に適用可能なメタ理論である。現在，この考えはさまざまな学問領域に導入されつつあり，諸分野をつなぐ横断理論として機能しはじめている。

我々は，構造構成主義を使った個別理論・メタ理論を体系化する論考や，定性的・定量的研究などを歓迎したいと考えているが，必ずしも構造構成主義に固執するつもりはない。そもそも構造構成主義とは，現象をより上手に説明可能とし，難問を解明する構造（理論など）を構成していこうという考えに他ならず，そうしたモチーフに照らしてみれば，優れた領域横断力をもつ理論は何であれ歓迎されるのは当然だからである。

新たな理論に基づき新しい領域を開拓するという営みは，既存の常識を多少なりとも逸脱することを意味する。つまり，ナイーブな常識的見地からすれば，どこか非常識な主張が含まれるように見えるものだ。我が国の学界ではそうしたラディカルな議論を展開する論文は掲載されにくいという事情がある。特に，それが理論論文であれば，内容を適切に評価し，掲載してくれる学術誌はほとんどない。学問界（特に人文・社会科学系）は常識的な暗黙の規範を保守しようとする傾向を不可避に孕むため，仕方がないといえばそれまでだが，そうした態度からは新たな学問領域が育つことはないだろう。

本シリーズの編集方針

こうした現状を踏まえると，構造構成主義を，ひいては学問を総合的に発展させるためには，独自のステーションとなる媒体を作る必要がある。それゆえ本シリーズでは，次のような研究を歓迎する。たとえば，質的アプローチと量的アプローチのトライアンギュレーションに基づく実証的研究，学際的なメタ理論を用いた領域横断的な論文，異なる理論をつなぎ新たなメタ理論を構築する論文，当該領域の難問を解決する先駆性を有している論文など，他誌に掲載されにくい斬新な試みを積極的に評価する。逆にいえば，従来の学会誌に掲載されている単一アプローチによる実証的研究などは本誌では受けつけていないと考えていただきたい。もちろん，後述するように本シリーズは査読システムを導入するため，論文の質に関してはそれなりのレベルが維持されるはずだ。学問的冒険を志すさまざまな分野の人々が，我々の考えに賛同し本企画に参加して下さるようにお願いしたい。

本シリーズは，学術「書」であり，学術「誌」であるという極めてユニークなスタンスで編集される。従来，書籍は学術書であっても，「査読」という論文の質をあらかじめチェックする学界システムを採用しないのが常であった。

それに対し，本企画は，書籍という媒体を使っているものの，投稿された論文を査読するという学会誌のシステムを取り入れる。その点では，学術誌と同等の学問的身分を有する。それと同時に学術書でもあるため，学会員以外の人がアクセスするのが難しい学会誌と比べ，一般読者も簡単に購読することができる。さらに，学会誌では論文の掲載料を支払わなければならないケースも珍しくないが，本シリーズでは掲載された論文の著者に印税（謝礼）を支払う。

つまり，本シリーズは，学術書と学術誌双方のメリットを兼ね備えた新たな「学術媒体」なのである。そもそも学術書と学術誌をあらかじめ分離することは，学問の細分化を促すことはあれ，分野間の交流促進の益にはならない。新しい思想には新しい媒体が必要だ。

査読は，論文の意義を最大限評価しつつ，その理路の一貫性や妥当性を建設的に吟味するという方針で行う。しかし，論文の体裁や表現は，必ずしも従来の学術論文のように専門用語で護られた硬いものにすることを求めない。従来の学術論文は，一般人には読みにくく，学問の普及や学知の社会的還元といったことを念頭におけば，従来の形式のみが適切な方法とは必ずしもいえないからだ。たとえば，学問の普及や啓蒙といった目的の元で書かれたならば，学的な厳密さ以上に，わかりやすさ，理解しやすさといったことが重要となるため，そのような観点も加味して評価するのが妥当であろう。

こうした考えから，本シリーズでは，従来の論文の形式からはずれる書き方も論文の目的に応じて歓迎するつもりである。査読の際には，著者の意図（目的）を尊重したうえで，論文の質を高めるとともに，著者の多様な表現法を活かすようにしたい。もちろん，新たな理論を提示する研究や実証系の研究の場合は，従来の学術論文の形式の方が相応しいことも多いだろうから，そうした形式を排除するということではない。

構造構成主義は，ア・プリオリに正しい方法はあり得ず，その妥当性は関心や目的と相関的に（応じて）規定されるという考え方をとる。方法が手段である以上，原理的にはそのように考えざるを得ないからだ。本シリーズの査読方針は，この考えを体現したものである。

また，日本の人文系学術誌では，投稿してから最初の審査結果が返信されるまで半年以上かかることは珍しくなく，時には１年以上かかることもある。それはほとんどの時間放置されているということに他ならない。迅速に査読結果が返却されれば，たとえ掲載拒否（リジェクト）されたとしても他のジャーナルに掲載することも可能だが，返却されない限りはどうしようもない。これは投稿者からすれば迷惑以外の何ものでもないだろう。特に近年は，国立大学の法人化などの影響によって研究者間の競争は激しさを増しており，査読の遅延によって論文を宙釣りにされることは就職や転職，昇進といったポスト争いや，研究費の獲得競争にも関わる深刻な問題である。

したがって本シリーズでは，論文を受理してから遅くとも１か月以内に投稿論文の審査結果（コメント）をお返しすることをお約束する。ただし，いずれも一定の学的基準を満たしているかを審査させていただくため，必要に応じて大幅な修正を求めることもあれば，掲載に至らない可能性もある点はあらかじめご了承いただきたい。

通常の学会誌では，投稿者と査読者はお互いに名前がわからないようになっている。少なくとも査読者の名は完全にブラインドされ守られている。つまり自分の名において責任をもたずにすむ査読システムになっているのである。しかし，それでは責任ある建設的な査読は保証されない。したがって本シリーズでは，投稿者に査読者の名前を明かして，お互い名をもつ学者同士真摯にやり取りしていきたいと思う。

また本シリーズは，従来の学会組織を母体とした学術誌ではないため，投稿論文に対して学会賞などを授与することはない。代わりに，学際性に富んでおり，学知の発展に大きく貢献すると判断した論文の著者に対しては，一冊の本を執筆して頂く機会を提供していきたいと考えている。

本シリーズの構成

本シリーズはさしあたり３部構成とした。第Ｉ部は特集であり，これは毎巻独自の特集を組む予定である。

第Ⅱ部では，特定の問題を解決するなど学知の発展を目指した「研究論文」はもとより，特定の論文に対する意見を提示する「コメント論文」や，理論や方法論の普及や,議論の活性化を目的として専門外の人にも理解しやすいように書かれた「啓蒙論文」，さらには，過去に他の媒体に掲載されたことのある論考を再録する「再録論文」なども歓迎する。

なお，本シリーズは副題で「構造構成主義研究」を謳っているが，構造構成主義に批判的な論文も掲載する。学知の発展のためには，批判に開かれていることは必須の条件であると考えるためである。

第Ⅲ部では，構造構成主義に関連する書評を掲載する。これは構造構成主義を題名に含むものや，その著書の一部に引用されている本ばかりではなく，広い意味で構造構成主義と関連すると考えられるものを掲載対象とする。自薦他薦は問わないので，ぜひご投稿いただければ幸いである。

論文投稿について

読者からの投稿論文は随時受けつけている。投稿規定は巻末に記載したため，投稿する方は参照していただきたい。なお，投稿規定は随時改定するため，投稿される際にはその最新版を以下の構造構成主義公式ホームページにて確認していただけたらと思う。http : //structuralconstructivism.googlepages.com/

このように本シリーズでは，次世代の学術媒体のモデルとなるべくそのあり方を模索していく。これが新たな試みであるゆえご批判も少なくないと思われる。気がついた点や意見，新たなアイディアなどがあれば，ぜひご一報いただきたい。今後よりよい学術媒体にするための参考にさせていただく所存である。また，本シリーズの試み中で，部分的にでも意義があると思われる箇所があったならば，遠慮なく“いいとこどり”していただければたいへん嬉しい。本書の目的はさしあたって構造構成主義や関連思想の精緻化，発展，普及といったことにあるが，我々の志は学問の発展それ自体にある。したがって本シリーズの試みがそうした資源として活用されたならば本望である。

『構造構成主義研究』編集委員会

西條剛央・京極　真・池田清彦

『信念対立の克服をどう考えるか』もくじ

第Ⅰ部

特集
構造構成主義シンポジウム

Ⅰ-1　第1回構造構成主義シンポジウムによせて[1]

西條 剛央・京極　真・池田 清彦

さまざまな領域をつなぎ，対立関係を相互補完的関係へと編み変える試み

西條 剛央

わかりあうための現代思想——構造構成主義ガイド

「バカの壁」。養老孟司氏が提唱したこの概念は，ベストセラーの著書とともに瞬く間に広まった。これは「話せばわかるはウソ」と帯にあるように，「わかりあえない壁」の存在を明らかにしたものといえよう。どんなに話しても，バカの壁に隔てられるがゆえに，わかりあえないこともある。そういった了解不可能性を言い当てたコトバといってもよいかもしれない。

構造構成主義は，この「バカの壁」をさらに押し進め，「わかりあうための思想」にまで昇華したものということもできよう。というのも，それは「なぜわかりあえないのか」を哲学的に突き詰め，「わかりあうための理路」を提供するものだからだ。

わかりあう構造は，わかりあえない構造と表裏である。したがって，「なぜわかりあえないか」を知ることは大切だ。わかりあえない構造がわかれば，今はわかりあえそうもない人と，無理にわかりあおうとする徒労を要しなくてすむかもしれない。そして，その構造をうまいこと修正してやれば「わかりあえる」ことにつなげ

ることも可能になる。

さて，なぜ私がこのような理論を考えるに至ったか。それは私が育った人間科学部というフィールド（領域）と深い関係がある。そこでは脳科学といったいわゆるハードサイエンスといわれる領域から，フィールドワークといった文化人類学的な手法を用いるソフトサイエンスといわれる領域まで，多種多様な立場の研究者が同じ「人間科学」という旗の元に同居している。そしてその同居生活が良い方に働けばよいのだが，現実には不毛な信念対立に陥ったり，お互いが存在しないかのように振る舞っていることが多かったように思う。結果，理論 vs. 実践，基礎 vs. 応用，量的研究 vs. 質的研究，といった様々な信念対立が起こることも珍しくなかった。

たとえば理論と実践の信念対立はしばしば次のような形をとる。極端な理論家は，実践は理論に沿って行えばよいと思っている場合もあり，そうしたことから実践者から「机上の空論を掲げ，現場をさっぱりわかっておらず，何もできないくせに偉そうなことばかりいうアームチェアー研究者」と揶揄されることがある。

他方，実践家の中には，実践に理論は必要ないといわんばかりの人もおり，理論家からは「視野が偏狭で，思いこみが強く，いきあたりばったりの行動をとる」と批判されることもある。こうして理論と実践は対立し，乖離していく。

しかし，もし学問のるつぼ的な特徴がよい方に活かされる学的基盤があったなら，人間科学は，その特徴を，総合的アプローチという「特長」へと変えることができるのではないか。私が構造構成主義というメタ理論を作る動機はこうしたところから生じてきた。

では，なぜ信念対立が起こるのだろうか？　人々の関心は多様であり，一人の中でも実に様々な関心が同居し，常に移ろっている。ある時は食べ物に関心があり，あるときは本に関心があり，またそれらは発達的にも変化していく。関心とはどこかに転がっているようなモノではなく，他人の関心はもとより，自分の関心ですら自覚されないことは多い。自分の関心が自分との隙間がないほど，自分の関心を相対化（対象化）するのは難しくなるため，自分にとって重要なことは一般的にも重要なものだと思いこんでいることは珍しくない。そうした自覚されない関心のズレ，欲望のズレ，身体のズレ，価値のズレ，価値観のズレ，科学観のズレといった様々なズレから信念対立は起こる。

ちょっと前の映画になるが，『踊る大捜査線』で織田裕二扮する青島刑事は，「事件は会議室で起きているんじゃない！　現場で起きてんだ！」と叫んだ。彼は典型的な現場主義者である。彼の目の前の犯人を捕まえたいという関心は現場の刑事として妥当なものだろう。が，しかし，皆が皆彼のようなスタンドプレーに走ったら現場は大混乱に陥るに違いない。

そもそも現場から情報を集め命令を下す会議室は，現場と相反するものではなく，相補完的であるべきといえよう。しかし残念ながら多くの現実と同じく，その映画ではアームチェアーキャリアそのままであり，青島刑事の憤りも無理からぬものであった。

では，不毛な信念対立を少しでも低減し，対立関係を相補完的関係へと編み変えるにはどうすれば良いか？　まずそうしたズレが，なぜ，どのようにして起こるのか，その構造（理由）を深く摑むことが肝要となる。そのためには，存在とは何か，価値とは何か，意味とは何か，理論とは何か，方法とは何か，科学とは何かといった難問を根本から言い当てる（基礎づける）理路が必要となる。

そして，そうしたズレを解消する原理体系こそ，構造構成主義なのである。詳しくは『構造構成主義とは何か』（北大路書房）をはじめとした一連の著作を読んでいただく他ないが，さしあたってここでは，そういうものとして了解しておいてもらい話を進める。

『構造構成主義とは何か』を上梓させていただいたのは，2005年３月である。それと同時に，その発達研究版となる『構造構成的発達研究法の理論と実践』（北大路書房）を，そして2006年には池田清彦氏との対談本『科学の剣　哲学の魔法――構造主義科学論から構造構成主義への継承』（北大路書房）を続けざまに出版した。

そして現在，この考えは諸分野をつなぐ横断理論として機能しはじめており，様々な学問領域に導入されつつある。2007年の１月には『構造構成主義の展開　21世紀の思想のあり方』（「現代のエスプリ」至文堂）において養老孟司，池田清彦，竹田青嗣，甲野善紀，内田樹といった現代思想界を代表する論客と新進気鋭の若手研究者らの錚々たるラインナップによる構造構成主義の特集が組まれた。このような豪華な顔ぶれはなかなかお目にかかれないだろうと思う。またそこでは障害論，医学，看護学，臨床心理学，認知運動療法，認知症ケア学，歴史学，政治，英語教育といった様々な分野に構造構成主義を導入した新理論がいくつも発表されている。構造構成主義のこうした汎用性の高さは，先に挙げたズレを解消する深い原理性から生じている，と言っても過言ではないだろう。

また現在，学問は細分化の一途をたどり，多様な分野の知見を組み合わせて新たなアイディアを生み出していくための媒体は見当たらなくなってしまった。そうした現状を打破するために，我々はさまざまな領域をつなぐ構造構成主義を通奏底音とした『構造構成主義研究』という新たな学術媒体を公刊することとした。むろん，必ず構造構成主義を用いなければならないということはなく，総合的なアプローチや領域横断理論を媒介とする学際的な試みを中心に掲載していく。

『構造構成主義研究』はシリーズ本であり，学術誌であるといったたいへんユニークな学術媒体である。論文審査があるという点では学術誌だが，書籍でもあるため書店にて誰もが購入することができるし，論文が掲載された著者には印税をお支払いする。こうした媒体はこれまでなかったように思う。

またジュンク堂書店の主要15店舗において2007年3月1日から約1月間「わかりあうための現代思想　構造構成主義フェア」が開催され，そこでは構造構成主義に直接関係する著書の他にも，構造構成主義の思想的系譜として重要な図書が展示されている。関心のある方は是非，足を運んでもらいたい（2007年4月に終了）。

わかりあうための思想をわかちあうために

さて，ここまでは学問領域を中心に構造構成主義の展開について述べてきた。しかしながら無論，構造構成主義は人間科学といった学問内部の話に限定されるものではない。というのも，原理的にいえば，人間の数だけ信念対立は起こりうるためである。

実際，我々の社会には様々な信念対立がみられる。教育，政治，医療といった世の中で議論が紛糾している論件の多くが，終わりのない信念対立の様相を呈している。先にも述べたように，構造構成主義は，こうした信念対立を巧みに解消しつつ，新たな道筋を見出していくための思想的体系である。こうしたことから，我々は「わかりあうための思想」を「わかちあう」というコンセプトのもと，公開シンポジウムを開催することとした。

歴史は今まさに動こうとしている。書籍で，シンポジウムで，その瞬間を目にして欲しい。

医療界における“構造構成主義インパクト”

京極　真

医療と信念対立

病気になってもその人らしくより善く生きることができる，そんな医療を提供するにはどうすればいいかをずっと考えてきた。そう思って試行錯誤してきた。たどりついた答えは「一人の医療者で患者を治すことはできない」というシンプルなものだった。シンプルだけれども，とても重要な答えに思えた。

患者を幸せにするためには多くの医療者の協力が必要だ。よりよい医療は，機能的なチーム・アプローチによって実現されるものに他ならない。一人の患者に対して様々な医療者が支援することで，できる限り豊かな人生をまっとうしてもらおうというのである。こうした医療者間の調和は，最良の医療を提供するための一つの条件と言えるだろう。

しかし，ここに一つの落とし穴がある。「信念対立」である。信念対立とは，正当性を巡る不毛な争いのことである。たとえば，医療者Aは「医療の専門性」を尊重し，医療者Bは「患者の意思」を尊重していたとする。その場合，医療者Aは患者の意思よりも自らの専門性を重視するし，医療者Bは自らの専門性よりも患者の意思を重視しがちとなる。患者に対する各医療者の方針の違いは「どちらの方針の方が正しいか」という信念対立を生み出す契機となる。医療者AとBは異なる前提に立っているということを自覚することなく議論するため，互いに分かり合うことは困難である。その結果，お互い「あいつはおかしい」と思うようになり，「患者の健康と幸福に資する」という，共通目標はどこへやら，相互不信，相互不干渉の関係に陥るのである。

医療の信念対立は，医療者中心vs.患者中心だけでなく，近年問題視される「医療崩壊」や「尊厳死」，その他にも実践レベルから理論レベルにいたる様々な局面で生じる。そして，どのレベルで生じても，信念対立は医療の質に悪影響を及ぼす。信念対立は自分は正しいと思っている人ほど無自覚に陥るため，その解消は容易ではない。

先ほど，最良の医療を提供するには医療者間の調和が必要と論じたが，信念対立はそれを根幹から崩壊させる要因になり得るのである。それはつまり，患者を幸せにする医療を提供できないことを意味する。あなたやあなたの大切な人がそのような医療を提供されたらどうだろうか。

医療における構造構成主義の展開

そうした問題意識があったためか，私は西條氏の「構造構成主義は信念対立を解消する理路を提供する」という議論を聞き，その意義をすぐに理解できた。そして，西條氏との議論や自らの洞察によって構造構成主義の深い原理性を了解することができ，「構造構成主義を武器にすれば，信念対立を軽減し，医療界を再構築できる」と予測したのである。

私はただちに構造構成主義を応用した複数の理論研究を開始し，2006年に『EBR（evidence-based rehabilitation）におけるエビデンスの科学論―構造構成主義アプローチ』（総合リハビリテーション）という論文を発表した。この中で私は，構造構成主義を応用して医学的知識の科学性を基礎付けた。近年の医療は科学的知見に基づいて実践しようという志向があるにもかかわらず，「科学とは何か」をめぐって信念対立に陥っていたからである。幸いこの論文は直ぐに反響があり，聖隷クリストファー大学大学院リハビリテーション科学研究科開設記念講演会の教育講演に招聘された。また，西條氏の推薦もあり，「週刊医学界新聞」（医学書院）上で私の単独インタビューも掲載された（http://www.igaku-shoin.co.jp/nwsppr/n2006dir/n2680dir/n2680_04.htm）。

医療における構造構成主義の有効性を認識した私は，その後も『エビデンスに基づいた作業療法の現状・実際・問題点―構造構成主義アプローチ』（秋田作業療法学研究，印刷中），『Quality of life の再構築―構造構成主義的見解』（人間総合科学会誌），『構造構成的障害論の提唱―ICFの発展的継承』（現代のエスプリ），『エビデンスに基づいたリハビリテーションの展開―構造構成主義の立場から』（リハビリテーション科学ジャーナル），『作業療法の超メタ理論の理論的検討―プラグマティズム，構成主義，構造構成主義の比較検討を通して』（人間総合科学会誌），『構造構成的医療論の構想―次世代医療の原理』（構造構成主義研究）などの諸論文を次々に発表した。いずれの論文も医療界の難問解明をテーマにしたものだ。

また，2007年には，構造構成主義を全医療領域に適用できるよう構築した「構造構成的医療論」が，国立精神・神経センター研究所が中心となって実施中の「薬剤処方・行動制限最適化プロジェクト」の理論的基盤の1つとして採用された。このプロジェクトは，厚生労働省が推進する「精神科救急医療」を最適化する目的で，全国の先進的な病院に勤務する医師，看護師，薬剤師を対象に行われた。

この研究で構造構成的医療論は，チーム医療の信念対立を低減するための有効なツールとして導入されたのである。このことは構造構成主義が体系化されてからわずか数年で，最先端の国家的プロジェクトに活用されたことを意味する。この出来事により，私は医療における構造構成主義と自分の理論の有効性に対する確信をさらに深めた。

この数年ほどの間に私の他にも，多数の医療研究者が構造構成主義をそれぞれの領域に導入しはじめている。例を挙げれば，近年医療界で世界的な動向となったナラティブ・ベイスト・メディスンの第一人者である医師の斎藤清二氏は「人間科学的医学」，看護研究で高名な高木廣文氏は「構造構成的看護学」，新進気鋭の理学療法学者の村上仁之氏は「構造構成的認知運動療法」，田中義行氏は「構造構成的認知症アプローチ」，若手心理学者として活躍する高橋史氏は「構造構成的臨床心理学」の体系化を試みている（詳しくは『構造構成主義の展開　21世紀の思想のあり方（現代のエスプリ）』に掲載されている）。その他にも多数の医療研究者が医療界への導入を試みているのが現状である。

最良の医療を目指して

このように構造構成主義は医療界全体に広まり，大きな潮流になりつつある。しかし，西條氏が『構造構成主義とは何か』を上呈してからわずか数年で，なぜ急速に広まったのか。理由の一つに，医療者が患者の生死と常に向き合わざるを得ないことがあると思われる。信念対立は医療の質に影響するため，それに陥れば患者の生死にも関わる問題になりかねない。構造構成主義は，医療者の深刻な問題意識に強く深く応える理路を備えているため，急速に普及しつつあるのだろう。

理論なき医療実践は素人行為でしかない。理論に拘泥する実践家ほどたちの悪いものもない。構造構成主義は，そのどちらにもふれることなく，理論と実践の信念対立を巧みに回避しつつ，最良の医療実践を提供する可能性を原理上は誰でも開けるようにしたのだ。その意味において，構造構成主義が医療界に与えるインパクトは計り知れない。

現在行われている構造構成主義研究の多くは医療の理論的基礎づけの段階であるが，今後は実際の医療実践でその有用性が示されていくことだろう。構造構成主義はあなたによりよい医療サービスを提供するための新理論に他ならない。最先端の理論が，現場の最先端も切り拓くその動向を，刮目して見定めてほしい。

理論は使うものであって使われてはいけない

池田 清彦

理論は発見するものではなく発明するもの

科学は我々が経験する現象を何らかの同一性により解読しようとの営為である。現象について確定的に言えることはひとつしかない。現象は流転し変化する。科学は変なる現象の中から不変の同一性を取り出して（実は捏造して），その限りにおいて現象を読み解こうとする試みである。

カッコの中に捏造すると書いたのには訳がある。多くの科学者は，現象の中に不変の同一性が自存すると思っているらしい。単純に言えば，物理法則や物質の基となる最終実体が存在すると信じているらしい。この文脈ではそれらを探すのが科学の営みとなる。しかし，そんなものが本当に存在するかどうかは厳密にはわかるはずがない。有限の存在である人間の認識が不変の同一性（これは永久に変わらないということだ）の存在を証明できるはずがない。

厳密に証明できなくても，それらを信じている人がいることは確からしい。だから，不変の同一性は自然の中に自存するかどうかはともかくとして，それを信じる人の頭の中に存在することは間違いない。自然の中に存在する不変の同一性を前提としなくとも，科学は成立するのである。実際，科学は成立しているのだからこれは自明である。

こういうものいいに反発する人がいることは承知している。しかし，外部世界の不変の同一性の存在を仮定してもしなくても科学が成立するのであれば，仮定はない方がいいに決まっている。この仮定をはずしてしまうと科学に対する態度が変わる。反発する人は多分それがいやなのであろうと察する。

たとえば，何らかの現象を説明するAとBという二つの背反する理論があるとしよう。外部世界の不変の同一性を仮定すると，二つの背反する理論が両立することはあり得なくなる。Aが正しければBは間違いで，Bが正しければAは間違っている。あるいは，AもBも共に間違っているかもしれないということになる。しかし，外部世界の不変の同一性を仮定しなければ，真なる理論というのはそもそも存在しないのであるから，理論はすべて理論家の頭の中の同一性で現象を説明する仮構ということになる。この立場からは理論は発見するものではなく発明するものである。

ところで，すべての理論が真でないならば，理論の優劣はどうやって判断するのか。現象をなるべく上手に説明できる理論ほど良い理論ということになろう。端的に言えば，未来の現象をなるべく具体的に予測できる理論ほど良い理論ということになる。外部世界に不変の法則は存在しないとの立場からは，未来は厳密には決定されてないわけだから，すべてを予測する理論はあり得ない。予測がはずれても，それだけですぐに理論が捨てられることはない。理論は真理ではなく現象を解読する道具なのだから，もっと良い道具が出現するまでは，とりあえず使えばよいわけだ。背反する理論がいくつかあったとしても，利用価値があるうちは用途に応じて使えばよい。

このように考えれば，背反するいくつかの理論間の信念対立をいくぶんかはやわらげることができるだろう。信念対立がにっちもさっちもいかなくなるのは，真偽論争になるからである。アメリカとイスラムの対立を見ればわかるはずだ。信念とは所詮アンタの頭の中の考えにすぎず，真理とは関係がないことを多くの人が理解すれば，不毛な対立も少しは減るかもしれない。

ところで，通常の科学の理論は外部の現象を説明するためのものだ。外部の現象はとりあえずは我々の内部意識と独立に生じるから，頭がどんなに理論の絶対性を主張しても，理論通りになるという保証はない。逆に言えば，通常の科学の理論は外部現象というリファレンスにより検定を余儀なくされるので，余りむちゃくちゃな理論は生き延びることができない。理論の多元性すなわち背反するいくつもの理論の共存可能性は排除されないにしても，その余地はそれほど大きくない。

しかし，説明する対象が人間がからむ出来事を含むとなると，事はそう単純ではなくなってくる。人間科学や医療の分野で信念対立が激しくなるのは恐らくそのことと関係している。一番みぢかな例として病気の治療のことを考えてみよう。病気の治療とは何か。単純な問のように見えて，そもそもこれは難問なのだ。

不毛な対立を解くために

若い人が肺炎にかかったとする。肺炎かどうかは肺炎菌の存在により実定できるので，肺炎という同一性は肺炎菌という同一性によりとりあえずはコードできる（現象としての肺炎及び肺炎菌は自然の中に自存するが，肺炎菌という同一性及びそれによりコードされる肺炎という同一性は自然の中に自存するわけではない）。治療は肺炎菌を排除すればよいわけだから，目的と方針は単純である。抗生物質が投与され肺炎菌を排除できれば治療は終わりである。

こういう単純な病気ばかりであれば，治療法をめぐる信念対立などは起きない。しかし，がんの末期とか様々な老人性の疾患などでは事態はこんなに簡単には片付かない。病人は医療者から見れば自然現象であるが，病人本人にとってみれば単なる自然現象ではあり得ない。客観的に見れば，そこには病人というトータルな現象がころがっているだけであるが，いかなる人もこのトータルな現象をすべて認識するわけにはいかない。医療者も病人本人も，このトータルの現象の中から自分の関心に応じて現象を切り取って認識しているのである。だから，医療者と病人本人が何とかしたいと思っている病気にまつわる現象は必ずしも一致しない，というよりもまず間違いなく一致しないと思った方がよい。さらに病気という現象の中には心的な現象が含まれるから，話は益々ややこしくなる。

肺炎という単純な病気であっても本質的にはこの事情に変わりはないが，治療の容易さがそれを隠蔽しているだけだ。病気がなかなか治らない場合には齟齬は大きくなるだろう。複数の医療者がいる場合，話はさらにややこしくなる恐れなしとしない。個々の医療者が病人から切り取っている現象が同じという保証はないからだ。ある医療者は検査の数値に注目し，数値の改善のための最善の治療をしたいと思っている。別の医療者は病人の苦痛に注目し，苦痛を緩和する治療こそ急務だと考えている。唯一の正しい治療法があるはずだと考えてしまうと，この対立は解けない。しかし，ひとたび，注目している現象が異なることに気が付けば，治療法の選択と優先順位についての共通了解は可能になるに違いない。

病人の置かれた状況や病人の希望はそれぞれに違い，ケースごとに医療者と病人の合意に基づき治療目標を設定する必要がある。がんは消えたけれど病人は死んだとか，検査の数値は改善したが病人は寝たきりになったとかの悲劇を避けるためには，唯一正しい治療法という幻想をまず取り除くことが必要だと思う。科学であれ医療であれ，どんな現象を説明したいのか，あるいは病人をどんな状態にしたいのかという目標を設定することなしに，アプリオリに最善の理論や治療法がころがっているわけではない。理論は使うものであって理論に使われてはいけないのである。

［1］初出は以下であり，これらに加筆修正を行った。
図書新聞　2007年３月10日2813号「構造構成主義シンポジウムによせて」西條剛央・京極　真・池田清彦

【プログラム表】

わかりあうための思想をわかちあうためのシンポジウム：第1回構造構成主義シンポジウム

日時　2007年3月11日（日），10：00〜18：00
場所　早稲田大学西早稲田キャンパス14号館201教室

10：00　開場
10：20　開会の言葉　池田清彦

第1部（10：30〜11：50）
無思想の意識化[1]　司会　京極　真
10：30〜11：30　特別講演　養老孟司
11：30〜11：50　質疑応答

11：50〜12：50　昼休み

第2部（12：50〜15：10）
現代社会の信念対立を解き明かす[2]　司会　苫野一徳
12：50〜14：50　鼎談　竹田青嗣，池田清彦，西條剛央
14：50〜15：10　質疑応答

15：10〜15：40　休憩

第3部（15：40〜17：50）
構造構成主義の医療領域への展開[3]　司会　川野健治
15：40〜16：40　話題提供　京極　真，斎藤清二，高木廣文
16：40〜17：10　指定討論　池田清彦，井原成男
17：10〜17：50　ディスカッション

17：50　閉会の言葉　西條剛央

18：30〜20：30　懇親会

［1］本書「Ⅰ－2」(pp.12-17）に掲載。
［2］本書「Ⅰ－3」(pp.18-46）に掲載。
［3］以下の文献に掲載。
養老孟司・京極　真・斎藤清二・高木廣文　2007　特集：医療現場でわかりあうための原理—構造構成主義の可能性　看護学雑誌，71（8)，692-704.

特別講演

Ⅰ-2 「同じ」と「違う」 ――感覚世界を取り戻すために考えるべきこと[1]

養老 孟司

無思想の発見

「構造構成主義」「わかりあうための思想」というタイトルのシンポジウムの冒頭でいうのも何ですが,私の年代の人間はとにかく「主義」「思想」ということに拒否反応があります。戦前生まれで，なおかつ終戦を挟んで戦後教育を受けた人間は，端的にいえば「だまされた」という実感を根っこのところに持っている。「本土決戦」なんてことを言っていた人間が，同じ口で「平和と民主主義」を語るのをはっきり聞きましたし，その後も，共産主義，自由主義，マルクス主義……あらゆる「主義」に対し，アレルギーを感じてしまうような実体験があるわけです。

では「思想」はどうか。私は最近『無思想の発見』という本を書きました。日本の思想については丸山真男さんという大先輩が文字通り『日本の思想』という本を書かれているのですが，そこには「日本に思想はない」とあります。「それだったら一行でいいじゃないか」と思ったんですが，それ以降，「日本に思想はない」というのはどういうことなんだろう，と考えていたんです。

日本人は無宗教だといわれますが，じゃあ本当に宗教がないのかというと，私たちは正月になったら初詣に行きます。これは神道ですし，死んだらお葬式で仏教。結婚式はキリスト教でやる。冷静に見ればすごく宗教的なんですが，日本人はそれを宗教だと意識していない。こういう状況を「無宗教」というんだと僕は思った。

日本人は教育を受けて，きちんと学び取ることを「身に付く」と表現しますが，これは要するに学んだことを無意識化するということですよね。無宗教も無思想も同じで，本当に「身に付いて」しまうと，自分がその思想を持っているということに気がつかない状態にいたる。これが「無思想」ということなんじゃないかと考えたわけです。

西洋では，意識されない，言葉にされないものは思想とはみなされません。聖書に「はじめに言葉ありき」とあるように，西洋では言葉によって意識されないものは存在しないことになっている。だからフロイトは「無意識」を発見する。「発見」なんて言い方をするのは，意識の世界しかないと思っていたからですよね。

しかし，「意識がすべて」なんて，本当でしょうか。これは相当あやしいです。たとえば，この手の話を30分もやれば，みなさんの意識はすぐになくなります（笑）。意識なんてその程度のものなんですよ。人が生きる時間において，せいぜい3分の2くらいしか意識は存在しない。その，点線のようにブツブツと切れている意識をつないでいるのが身体です。身体はとぎれなく，連続して存在している。じゃあ意識とは何か。これは「働き」です。電灯にたとえれば「灯がつく」という働き，あるいは状態が「意識がある」ということです。

西洋の思想は，「灯がついてなきゃ思想じゃない」わけですから，それに従うなら「日本に思想はない」というのは正しい。でも僕は，意識がすべてじゃないと思ったから,「日本に思想はない」は厳密には正しくないと思った。日本には西洋とは違う形の思想である「無思想の思想」があると考えた。

感覚が捉えた「違う」が，脳で「同じ」になる

では，無思想の思想と一般的な思想はどう違うのか。それを理解するには，脳における感覚世界と概念世界を理解したほうが話が早いと思います。

般若心経に「五蘊皆空（ごうんかいくう）」という言葉があります。僕はお坊さんでも宗教学者でもないからいいかげんな解説になってしまいますが，私流に解釈すると，この言葉は，感覚器と脳の関係を説明しています。

五蘊というのは，色，受，想，行，識です。これは，まず，仏教では厳密には客観的事物はないと考えられていますが，とりあえずわれわれが外界を感じるときに感じたもののことを「色」と呼ぶ。次にそれを「受」ける。その次に頭の中で計算して，処理を行なうのが「想」。その計算結果に基づいて，何らかのリアクションを「行」なう。それらすべてのプロセスを全体と意「識」する。これらを「五蘊」と仏教では呼んでおり，それらすべてが「空」である，と説いている。これはなかなか見事な脳科学といっていいです。

▲養老孟司氏

注目していただきたいのは,「受」から「想」に行くとき，外界から受けたものはすべて電気信号になってしまうということです。もちろん，皆さんはそんな覚えはないというでしょうけれど，脳科学的な事実としては，入力されたものはすべて，脳内で電気信号となっている。では，電気信号になるというのはどういうことか。これは，感覚器によって捉えられた「違う」ものが，すべて「同じ」になる，ということなんです。

わかりにくい話だと思いますが，まず，脳に入る前の，感覚によって「受」ける段階では，すべてのものが「違う」。感覚というのは「世界の違い」を捉えるわけです。この部屋の明かりを暗くすればすぐにわかるし，匂いがしてくれば匂いがしてきた，とわかる。しかし，それはあくまで「違い」を捉えているだけなんです。たとえば汲み取り便所を使ったことがない人は「めちゃくちゃ臭いんだろう」と思っている。しかし，使っている本人はそれほど匂いを感じない。これは，しばらく入っていると匂いの「違い」がなくなるからです。あまり一般的には認知されていませんが，感覚は，あくまで空間的・時間的な「違い」を感知するものなんです。

そうした「違い」が脳に入り電気信号になると，すべて「同じ」になる。「違う」と「同じ」は，このように相互に補完しあって，人間の活動を支えている。たとえば，この会場に集まっているのは全部違う人だということを感覚で捉えつつ，一方では，全部同じ「人」である，ということを認識することができる。感覚は「違い」を捉え，脳はそこに「同じ」という強い作用を与えているわけです。

感覚世界の縮小

脳の「同じ」という作用がなければ，私たちは言葉を使うことはできないし，概念世界を構築することもできません。たとえば，耳の解剖図をみると，蝸牛というものがありますが，あれは，円錐形の管をぐるぐる巻いたものなんです。その円錐形の特定部分が，入ってきた音に共振する。振動数によってどこが振動するかは決まっているので，それによって音の高さを知ることができる。

これを学んだとき，私は自分に絶対音感がないということをすごく不思議に感じました。だって同じ高さの音であれば，いつどこで聞いても蝸牛の同じ場所が振動しているはずなのに，私はそれを「同じ」だと同定することができない。一方で，同じ人間なのに絶対音感を持つ人も存在する。実は，哺乳動物は基本的に，絶対音感を持っているということがわかっています。

ということは，絶対音感がないのは，教養や知識があるためだと考えられる。つまり，人間も幼いうちはほぼ全員が絶対音感を持っており，大人になっても絶対音感を持っている人がいるのは，音楽を幼いころから訓練したことによって，それが残るケースがある，ということなのでしょう。絶対音感はいいことばかりではなくて，たとえば言葉を覚えるうえで邪魔になると考えられます。なぜなら，お父さんが言ってもお母さんが言っても，同じ「ネコ」という言葉を「猫」と同定するためには，両者の間にある「音の高さの差」を無視しないといけませんからね。

逆に言えば，私たちは概念世界の認知を広げていく過程で，感覚世界の能力をどんどん失っていくということです。そして，この傾向は，近代化が進めば進むほど加速する。なぜなら，近代化，都市化というのは，概念世界によって社会を埋め尽くしていくということにほかならないからです。近代社会がいかに概念世界の産物かということは，日本の地方都市にいけばわかる。ちょっと郊外に行くとまったく同じでしょう？　スーパー，パチンコ，コンビニ。どこも変わりません。僕はそういう街にいくたびに，もういいでしょ？なんでみんなそんな同じところに住みたいのと思う。ひところ話題になった，テレビ局の捏造問題で，東京の街に外人を歩かせ，ニューヨークでのインタビューとして収録したというのがありました。東京の街並がニューヨークに見える。それくらい，世界中「同じ」になってきているということです。

そういう世界に住んでいると，確実に感覚世界が縮小していきます。アフリカ人の視力が4.0だ6.0だといって，「アフリカの人は目がいい！」なんてことをいいますが，おかしないいぐさですよね。アフリカの人の目がいいんじゃなくて，僕らの目が悪いんですよ。その自覚が日本人にはない，ということは認識しておいたほうがいい。こういうのは結局，「われわれ現代人こそが人間の標準だ」という考えに基づいているわけですが，人間としての感覚がめちゃくちゃになっている人が標準なんて，おかしいでしょう？

感覚世界は一人ひとり違う

さて，感覚的世界が失われてきた大きな原因の１つは，昔のように野山や農村で遊ばなくなったからだと思いますが，もう１つ，メディアによる情報化社会の影響は大きくあると思います。NHKなんかは，必ず「公平客観中立を旨としている」といいますが，僕はああいうのが全部嘘に聞こえる。だって，公平客観中立なんていいますが，今，この演壇に立っている私の像というのは，皆さんそれぞれで違うはずです。前の人には大きく映っているし，後ろの人には小さく映っている。右側の人は私の左側しか見ていないし，左側の人は私の右側しか見ていません。

でも，ここにテレビカメラが１台あったら，そのカメラが映している映像が全国に流される。そう考えると，公平客観中立どころか，皆さん方の視線とまったく同等の１つの視点に過ぎないものが，メディアに四六時中流れ，それを皆が共有しているわけです。

すべての人の視線がそれぞれ違う世界を捉えているということを言い換えれば「感覚世界は１人ひとり違う」ということです。たとえば若い男女２人がコーヒーを飲んでいるのを見て，周りの人が「あの２人は同じ世界に浸ってるなあ」と感じる。でも，１年一緒にべったり暮らしたら，この２人はまず間違いなく大喧嘩をします。そして，大喧嘩の理由を聞くと間違いなく口をそろえて，「価値観が違う！」「性格が合わない！」「考え方が違う！」という。川柳に「誤解して結婚，理解して離婚」というのがありますが，多かれ少なかれそういうことが起きます。

こういう人は，意見が合わないと必ず相手のせいにする。なぜ相手のせいにするかといえば，相手が自分と同じ世界に住んでいる，と思いこんでいるからです。でも，ここまでの話を考えればご理解されると思いますが，我々は同じ世界には住んでいません。皆さん方の感覚的世界と私の感覚的世界はまったく違っている。私は皆さん方の顔と背景を見ている。皆さん方は私と，私の背景を見ている。私の背景を私は見ることができません。

我々は四六時中，感覚的にはまったく違う世界に住み続けているのに，それを「同じ世界だ」と思い込んでしまったら，どれだけ悲惨なことになるか容易に想像がつきます。妹の首を絞める兄貴や，亭主をバラバラにする嫁がいたって不思議はない。彼らの言い分を

つきつめれば「同じ世界に住んでいるはずなのに，どうしてこんなに違うんだ」ということになるでしょう。でも，そうじゃない。多くの人が誤解していることですが，家族や兄弟，恋人同士のように，親しい仲になって，生活をともにすればするほど，感覚的世界はずれていく。それを強引に同じ世界だと思いこむことによって，無茶苦茶な喧嘩を始めてしまうわけです。

子どもは親の背中を見て育つ，という有名な言葉があります。背中は自分で見ることができません。つまりこの言葉は，親自身が認識できない親の姿だけを，子どもは見て育つ，ということです。たとえば教育ママが「宿題終わるまで遊びに行っちゃいけません」と怖い顔で言う。その後，その母親がニコニコしながら楽しそうに買物に出かける。子どもは「勉強しなさい」という怖い顔は見ない。楽しそうに買い物に出かける母親を見て育つんです。子どもが親から一番学ぶのは，一切ほかのことを忘れて，熱中している親の姿です。「親の背中を見て育つ」っていうのはそういうことですよ。

「伝わらない」から「伝える努力をする」

今の若い人には，「他人は自分のことをわかってくれるのだろうか」「わかってくれるとしても，どこまでわかってくれるんだろう」って本気で悩んでいる人がいます。これは，僕からすると信じられない悩みです。だって，一人ひとり，毎時毎分見ているもの，感じて

いることが違うのに，それで話が通じることがある，というのを不思議だと思わなきゃいけない。ちょっとでも通じたらうれしいというのが当然でしょう。

少なくとも僕は「他人がどれくらい自分のことをわかってくれるんだろう？」なんていう悩みを持ったことはないですよ。ちょっとでもわかってくれたらこんなにありがたいことはない。たとえば虫取りは僕にとってすごく大事なものですが，女房は理解なんかしてません。今でも女房が私を本気で脅そうとしたら「標本捨てるぞ」っていえばいい（笑）。

ここで申し上げておきたいことは，「通じるわけがない」という前提に立って「なんとか通じるようにがんばろう」としていれば，自分が何を考えているかということを相手に説明するのが上手になるんじゃないかということです。

「私のこと，どれくらいわかってくれるんだろう？」なんていう悩みを抱えている人が，説明する努力なんかするわけがないですよね。「どれくらいわかってくれるんだろう」って悩むということは，「わかってくれるに決まってる」というところを出発点にして，途中で「わかってくれないのかもしれない」って気づいたってことでしょ？　それはとんでもない話です。感覚の世界からいけば，わかるほうが不思議。だから，夫婦げんかをしている人は，「女房も俺の顔ばかり５年も見てりゃ，腹が立つのも当然かな」と反省してください。それを性格の違いだとか価値観の違いだとか，変なこと言わないでいただきたい。そんなこと以前に，見ているものがお互い違うんですよ。

通じて当たり前じゃない。通じなくて当たり前なんです。わかって当たり前じゃない，わからなくて当たり前なんです。だからこそ，人間は表現に努力するようになる。今，文学が衰微しているのは，言葉の力がやせたからだと僕は考えています。そして，どうして言葉がやせたかといえば「そこまで本気で通じさせたい」と思っていないからじゃないか。本気で通じさせたいと思って発した言葉は，力を持っています。言葉の力が弱くなったのは，自分のさまざまな感覚体験を言葉にしていくということが少なくなったからですよ。

言葉とは本来，その場で作られるもののはずなのに，情報化社会では，多くの人が言葉というのは既成の体系であって，学んで使うものだと思っている。私に向かって「先生，口ではどうとでも言えますからね」なんてことを言う学生がいたので，「お前いま，口ではどうとでも言えるっていったな。じゃあ，500万部売れる本書いてみろ」と言い返してやりました（笑）。そういう人はつまるところ，言葉というものを軽く考えている。それはとりもなおさず，感覚世界を軽く見ている，ということでもあるんです。

以前，「お前の本はなんで売れたんだ」と聞かれたとき，私は「日本人がもともと考えてきたことを，西洋人が考えるだろうと思う考え方で書いた」と答えました。われわれはすでに西洋的な概念世界をすっかり取り込んでしまっていますが，一方で日本語そのものの構造が，無思想の思想，つまりは必ずしも言葉にしないというところを中心にして成り立っている。ですから，日本人が昔から育ててきた，感覚の世界を非常に細やかに表現する日本語をそのまま使ったのでは，概念世界にどっぷりつかってしまった人には通じないんです。

でも，今日お話したような，たとえば「恋人同士のように親密な２人ほど，感覚世界は食い違う」といった話であれば，概念世界にどっぷりつかった西洋人でも理解してくれるかもしれない。こういうのは論理だから，誰でもわかる。言葉にしにくい感覚世界の話でも，論理的に議論することはできるはずだと僕は考えています。

感覚世界をここまで鈍らせなくてもいい

概念世界は「同じ」でできあがっています。

たとえば，大きいリンゴ，小さいリンゴ，西洋なし，日本のなしがあるとする。「同じ」を1回使うと，大きいリンゴと小さいリンゴは「リンゴ」になる。西洋なしと日本のなしは「梨」になる。これをもう1回やれば「果物」になる。「同じ」を2回使えば，4個のものが1つになる。こうやって「同じ」を繰り返していけば，無限にあるものでも最後には1つになる。そうやってたどりついた絶対的な1つに名前をつけて拝んでいるのが，キリスト教とかイスラム教といった一神教です。

丸山さんが「日本に思想はない」と書いたのは，こういうピラミッド状の概念世界を日本人は持っていないということを言ったんだと思いますが，これに対して，ピラミッド構造を積み上げず，感覚世界と概念世界をいったりきたりするのが，日本の「無思想の思想」です。

「違う」と「同じ」は補完的なものであり，人間は感覚世界も概念世界も持っている。だから，「こちらを立てればあちらが立たず」と喧嘩する必要はまったくない。感覚的には人はみんな違うし，概念的にはみんな同じです。ただ，そのうえで強調したいのは，感覚世界をあまりにも狭めてしまったら，取り返しがつかなくなるよ，ということです。

「同じ」が支配する概念世界にどっぷりつかっていると，「世界は広い」ということが理解しにくくなる。ヨーロッパ人は特にそうです。日本は森林被覆率68%。イギリスは7％です。ヨーロッパのような「同じ」で覆いつくされた世界では，感覚世界の「違う」ということがどうしても実感しにくくなってしまう。

森にいけば虫がいる。虫は1匹1匹違います。それを生物多様性といいます。だいぶ視力が落ちましたが，今でも僕は，動いている虫を見ればどの虫かわかる。それは，ミクロン単位で，言語化できない情報を捉えているからです。残念ながら皆さんのほとんどは，そういう感覚を使っておられない。それは，虫取りに行かないからです。生物学者の池田清彦さんと台湾に虫取りにいったとき，「会社が潰れたから自殺する人がいるけど信じられない。僕なら，会社潰れたら喜んで虫取りに行くよな」という話をしました。池田さんは会社を潰して虫取りに行きたいって言ってましたけれどね（笑）。

日本人は，自分たちがどういう文化を持っているのかということをもう少し知ったほうがいい。僕は虫を取っているからよくわかりますが，これほど文明化が進んで自然破壊が進んでも，森林が7割残っている国なんてないんですよ。これは虫取りの私には本当にありがたいことです。イギリスだったら虫取れませんからね。僕にはそういう実感があるから，日本には「無思想の思想」があるじゃないか，という本を書いた。でも，そういう実感のないところには，そういう言葉も生まれないし，日本というカテゴリーすら，必要ないんじゃないかと思います。

［1］本稿の初出は以下。
養老孟司　2007「同じ」と「違う」―感覚世界を取り戻すために考えるべきこと　看護学雑誌，71（8），692-697.

鼎談

Ⅰ-3 信念対立の克服に向けて

竹田 青嗣・池田 清彦・西條 剛央

西條　それでは始めさせていただきます。よろしくお願いします。今日の鼎談はどんな感じにしましょうかとちょっとメールしたのが昨日の夜でして，ぶっつけ本番になっています（笑)。これまで本に書いてあるような話は，それを読んでいただいた方がわかりやすいかと思いますので，この三人が集まるこの場だから聞けるような話などもお聞きしつつ，進めていけたらと思っています。

それで，この鼎談はサッカーでいうとフォワード，点取り屋が三人揃っているようなものなので（笑)，僕は敢えてサッカーでいうところの司令塔というか，司会的な役割を果たしながら，お二人の考えをお聞きしつつ，随時僕の意見を挟みながら進行していきたいと思います。

◆三者の関係

西條　最初に，この三者の関係を明らかにしておくという意味でも，どういういきさつで知り合ったのかといったことから話を進めていきたいと思うのですが，池田先生と竹田先生は，どういった経緯でお互いを知ったのでしょうか？

竹田　一番初めに会ったのがいつかもう忘れてしまいましたね（笑)。たぶん35，6ぐらいでしょうか。まだ駆け出しのころに，本を一冊書かないかと言ってきてくれた毎日新聞社の編集者がいて，「冒険シリーズ」というシリーズの一冊を書かせてもらったんですが，そのシリーズの著者の一人が池田さんだった。私が書いたのは『現代思想の冒険』という本で，池田さんは『構造主義科学論の冒険』でした。その他にも西研の『実存からの冒険』，橋爪大三郎の『冒険としての社会科学』などがあった。そのとき池田さんのものを読んで「非常に現象学的だな」と思った記憶があります。池田さんがどこかで「竹田のこの本はなかなかおもしろい」とほめてくれていたのもちょっと記憶にあります。

その後は池田さんとは特に深いつき合いはなかったけれど，非常にユニークな人格で，そばにいるといつも楽しい（笑）。今は早稲田の同僚になりましたが，池田さんが一年先に早稲田に移っていたので，ちょっと安心感があって私も途中で大学を移ってきたんですね。

ただ，一度対談をしたことがあると思います。差別論かなんかをやった記憶があります。私は在日韓国人ですからその問題については自分なりのこだわりがあって，あまりまっとうなこと言わないでヘンなことを言いましたね。で，池田さんがどんなことを言ったか忘れましたが，池田さんもあんまりまっとうなことは言わなかったように思います（笑）。

昨日の夜に，「あーそういえば鼎談があるな」と思って池田さんの本をぱらぱらと２冊ぐらい読んでたら，非常におもしろくて「なるほどこの人はどこか天才だなあ」と再認識したわけです。そんなわけで今日は，楽しみにしていました。

池田　竹田さんと一番最初に合ったのは，西研の出版記念パーティ。うん，たぶんそうだと思う。俺も本いっぱい出してるけど誰も出版記念パーティなんて開いてくれたことないのに，他人の出版記念パーティばかり出ててもしょうがないんだけどね（笑）。それでその対談は覚えてるよ。差別問題かなんかやったけど，お互いの意見はあんまりうまく合わなかった（笑）。

僕は竹田さんの本は何かで褒めたことがあって，いろんな有名な哲学者がいらっしゃるわけだけど，竹田さんの本読むと「要するにこの哲学者のエッセンスは何か」ってことがわりと簡単にわかるようになるのね。あるいは原著を読んで，なんかわかんなかったところでも「ああこういうふうに理解すればいいんだな」っていうのが竹田さんの本を読むととってもクリアーにわかるので，失礼な言い方だけど「とっても便利だな」と思ったことがありますね。

それで早稲田にきて，たまたま同僚になって，加藤典洋も同じ学部にいてけっこう仲良くしてるんだけど。早稲田に移ってきてちょっとうれしいなーって思うのは，やっぱり竹田さんとかね，加藤さんとかね，まあなんとなく顔見ただけでね，なんか話がわかりそうな人がそばにいるっていうのはちょっといいなと思って。自分の考えてることをなんにもわかんない人ばっかりだとね（笑）。そういうわけでいつも楽しくやってて，ありがとうございます（笑）。

西條　確か，池田先生の『構造主義科学論の冒険』の最後で竹田先生の『現代思想の冒険』を褒められていたように思います。その冒険シリーズは，僕が博士課程に入って構造構成主義を作り始める頃に読んで影響を受けた本なんです。人間科学や心理学は根本的な問題を抱えていることがわかって，そうした状況でお二人の著書に出会って，僕のなかに響くものがあったんです。「これは使えるな」と思って，そこからフッサールやニーチェ，ソシュール，ロムバッハといった哲学者の本を読むようになっていった。ですから僕は構造構成主義を作るまでお二人にお会いしたことはなかったんです。構造構成主義を体系化してから池田先生と人間科学フォーラムでお会いして，その１年後ぐらいに『構造構成主義とは何か』を出した頃に竹田先生とお会いしたという感じですね。

今は池田先生のところでお世話になっているんですけども，池田先生の部屋のちょうど真下あたりに竹田先生の部屋があるんです。それで池田先生のゼミや研究会，竹田先生の勉強会に参加させていただいているんですが，大学院生の頃はソシュールとかフッサールと同じで，池田先生や竹田先生は完全に「向こうの世界の人」ですから，同じ世界で生きていると思っていなかったですね（笑）。ですから，学部の頃から早稲田にいた僕からすると両先生が早稲田にくるということは，ソシュールとフッサールが自分のいる大学にきてしまったというようなものなんですね（笑）。僕は以前から運だけはいいなと思っていたんですが，これはちょっとありえないような強運だなと思っています。やはり話をしていると，理解が深まったり勉強になることは多いですし，わかってくださる人がいるというのも心強いですし，愉しいですね。

ただ，みなさんもなんとなくおわかりかもしれませんが，お二人とも天然のところもありまして，池田先生は以前対談をさせていただいたことがあったのですが，そのときのお昼休みに歯を磨かれていて，けっこうマメなところがあるんだなあなんて思っていたら，「今朝歯を磨いてくるのを忘れてた」と言われてて，歯も磨かずに対談してたんだと驚いたことがあります（笑）。また，竹田先生主催の沖縄合宿に参加させていただいたんですが，そのときに竹田先生は，服はもちろんサングラスと麦わら帽子もかぶったまま海にザブザブと首まで入られていて，「やっぱりちょっと哲学者って違うんだな……」と思いましたね（笑）。

お二人の著書から何を学んだか一言でいうなら，竹田先生からは「哲学とは何か」ということを，池田先生からは「科学とは何か」を学んだと思っています。池田先生と竹田先生の思想の両方をここまで深くつかんでいる人はあんまりいないんじゃないかなと勝手に思っているので，適宜お二人に話を振りながら進めていきたいと思います。信念対立の話に入る前に，お二人の基本的な考えを知っておくのは意義あることだと思うので，その辺の話から始めていければと思います。

◆哲学とは何か？

西條　それでは，まず竹田先生に「哲学とは何か」いったことをご説明いただければと思うのですが。

竹田　かなり難しいですよね，これは（笑）。到底言いたいことを全部簡潔に言うことはできないので，まずはじめて哲学というものがわかった，と思ったときの話から始めたいと思います。30ぐらいのときに，現象学の本を読んでいて，「あ，なんかオレわかったぞ」と思ったことがあったんですね（笑）。哲学というのは，それまでは，なんというかあれこれ考えて高遠な真理をついに悟る，みたいなイメージだった。しかしそのとき突然，ああこういうものか，という感じがやってきた。これもいろいろあるけど，まず言うと，哲学というのは言語ゲームであり，時代時代で解けないパズルが設定されているんだけど，それが少しずつ，一歩ずつ解かれて先に進んで行くんですね。で，確かにそうだと認めざるを得ない強い考え方，原理が見出されて，一旦前に進むともう逆戻りしない，という性質がある。あるいはそれが哲学という言語ゲームのルールです。原理的に古いことを言ってももう誰も相手にしなくなる。たぶんそれは科学も同じだと思う。

それでそのとき，自分のなかでは，一歩何か新しいことがわかったぞ，と思った。近代哲学というのはデカルトから始まって，ヘーゲルまできて，ニーチェが一旦それを拒否して，その後フッサール，ハイデガーというふうに続いて，私の考えでは近代哲学の中心問題の一つは認識論だけど，これについてはハイデガーがいま一番最先端ですね。一番進んだ原理を提出している。そのあとはまあいろいろ言ってはいても，先には進んでない。まわりをぐるぐるやってるだけ。ウィトゲンシュタインなんかすごく評判は高くて，たしかにいい哲学者だけど，だいたいヒュームがいっていたことを現代的にいっているわけで，そんなにあたらしくはない。ヒュームは埋もれていたということです。

で，自分はあるとき，自分の考えてきたことは，ハイデガーの一歩先じゃないかな，と，まあここだけの話ですが（笑），主観的にはそんなふうにあるとき思った。ところが，自分のは一歩先まで行ってるんじゃないかな，と思う人は世の中にはけっこうたくさんいるんですね（笑）。そこからが問題で，そのアイディアをきちんと体系的な哲学にすることにまず非常に大きな難しさがある。つぎにそれを多くの人が認めるかどうかが問題ですね，あたりまえですが。でもまだそこまでの道はけっこう遠いんだけど，まあアイディアとしては一応次の一歩を踏み出せてるんじゃないかと思った。というか，まずそんな感じをいちおう自分なりにはもっていた。それで，池田さんの本を読むと「あ，この人もオレと同じ感じもっているな」ということがすぐ分かった（笑）。誇大妄想的なところもそうですけど，その基本の考え方も非常に近似性があったんですね。

それで早稲田にきて，こんどは西條君と会ったわけですが，『構造構成主義とは何か』を読んだら「あ，この人は，池田と竹田のやっていることをはっきりわかってる，こりゃそうとうのもんだな」と思った（笑）。われわれのやってることの芯をはっきりつかんでくれている人はいまのところ，なかなか少ないんだけど，きわめて的確につかんでいてさらにそれを先に展開しようとしているという感じですね。

で，「哲学とは何か」ですが，その方法の原則を全部言うのは時間的に難しいので，その代わりに現象学の考え方のポイントだけ言ってみます。一つは認識問題ですね。近代哲学はずっと「正しい認識とは何か」ということを考えてきましたが，その動機は，近代の初めに宗教戦争があって，プロテスタントとカトリックが絶対自分たちの考えが正しいと，百数十年ぐらい互いに戦って決着がつかなかった。そこで，正しい信仰とは何か，神の信仰とはどういうものであるべきかといったことについての正しい答えはないということがだんだんはっきりしてきた。ではそもそも「正しい考え」というのはあるのか，あるとすればどうか考えればいいのか，という問いが初めて近代哲学で始まったんです。それを哲学では認識論と言うわけです。

▲竹田青嗣氏

池田さんの本を読むと，自然科学にもまったく同じように認識論の問題があるのが分かります。それまでの考え方は，世の中にはすべて摂理や秩序があって，それを全部認識すれば完全に客観的な真理に達する。ところがではどうやって真理に達することができるかというとこれが難しい。いかに真理に達することができるかというのが伝統的認識論の出発点ですね。

しかし哲学では少しずつ，ヒュームぐらいからですね，一番典型的なのはニーチェですが，そもそも神とか摂理とか，だから真理とかいうものはないんだ，絶対的な真理という考え自体が背理ではないか，という考えがだんだん出てきた。それが近代哲学の大きな一歩だったわけですね。それはきわめて大きな前進だったんですが，じつはその先が難しいんですね。

絶対的な真理というのは存在しないんではないかという考えは，じつは哲学では古くからあります。哲学上は懐疑論，相対主義，不可知論という系列です。真理主義や狭義の絶対主義がはびこると，必ず懐疑論，相対主義が登場して，真理主義を相対化する。それは一定の役割をはたしてきた。しかし，この相対主義がはびこるとこんどはまた別の問題が生じてくる。たとえば数学や自然科学など，われわれがすでに打ち立てているある種の利便性というか客観性というものの根拠がわからなくなる。そこでまた普遍的な考え方を打ち立てようとする努力が出てくる。ギリシャのプラトン，アリストテレスという巨匠たちは，そういう相対主義を克服して出てきたんです。

要するに，認識絶対主義と相対主義とは，大昔から哲学の認識論に存在していた基本のパラダイムだった。インド哲学でもそうです。これこそ絶対的な認識だという考え方が現われると，そのリアクションとしてすべては相対的だという考えがつよく出てくる。ヘーゲル哲学とマルクス主義のあとにポストモダン思想がでてきたのも，まったく同じ類型です。脱構築というのはあらゆるものは相対化できるという論理相対主義の現代版ですね。しかし，認識絶対主義と相対主義とは互いにアンチテーゼとしてちょうど釣り合っている。互いに相手を包摂できない。わたしの考えでは，現象学の考え方が，この問題をもっとも本質的な形で解いている。よく現象学は厳密な認識の基礎づけの学である，とか言われて客観主義のチャンピオンのように言われているけれど，これはひどい誤解です。現象学は，絶対認識主義と相対主義につねに分極してきた認識問題をどう考えればいいのかについての，本質的な解明になっているというのが私の考えです。

で，池田さんの『構造主義科学論の冒険』を読むと，構造主義科学論の考え方も，絶対的な真理というのは仮定せず，科学は現象を適切に説明する構造を追求するものと定義することによって，相対主義にも陥らない理路を拓いている。時代の機運が満ちてきて同型の考え方がいろんな領域でパラレルに同時多発的に出てくるというようなことは歴史的にはよくあるけど，ひょっとしたら私や池田さんの考えは，現代認識論の次の一歩のきっかけになるかもしれない。そんなわけで，「哲学とは何か」というとテーマが大きいですが，今日の主題としていうと，現象学を自分なりの観点から編み変えて認識論の新しいパラダイムとして提出しなおしたい，というのが私の立場ですね。

西條　その話は，本題の信念対立をどう解消するのかという問題にも繋がってくるかと思います。では，次に池田先生にその構造主義科学論の観点からお話いただければと思います。

◆科学とは何か？

池田　僕はずっと虫を採りたいとだけ思っていて，あんまり本を書こうとか本気で思っていなかった。虫採りの途中で車ごと崖から落ちたことがあってね，そのときに，本でも書いといて自分の考えを世の中に出しておかないと，このまま死んでしまったらまずいなと思って，それから本書き始めたんですけど，それってほとんど30代の終わりぐらいなんだよね。だから僕は38～９歳ぐらいのときかな，最初に本を書いたのは。あの「冒険シリーズ」もその後ぐらいだよね。

だから最初に本書いてから20年ぐらい経ったんだけど，その間に50冊近い本を書いたと思う。でも，それってだいたいは出版社に押しつけられていやいや書いてるんだよね(笑)。実際どこかの本に「虫採りの間にいやいや書いた本が50冊ぐらいになった」という台詞が載っていた（笑)。いつでも本書くのいやだなーいやだなーと思ってるんですよ。でも書いちゃうのは本屋が電話かけてくるでしょ。だから書いてないって言いづらいんだよね，がっかりさせるのも悪いから，断るのもめんどくさいから書いちゃう。そういうふうに書いてきたんだけれども，だからテーマはそのときどきでいろいろであって。

一番最初は，進化論のことをやろうと思ったんですよね。いまの進化論って，みなさん知ってると思うけど，自然選択と突然変異で全部説明できるっていう進化論。そんなバカなわけねえだろって書いたのが『構造主義生物学とは何か』なんです。それを書いているうちにいろんなこと考えて，その一環として「構造主義科学論」っていう，自分で命名するのも変だったんだけど，まあ勝手に新しい科学論を作ったんだよね。

結局，生物学のことを考えてるうちに，科学っていうのは一体なんなのだろうって思って。ふつう科学っていうのは主観が入っちゃいけないとか，科学っていうのは何か誰でもわかるような客観性がなきゃいけないとか，そう考える。だから科学っていうのは実験をやってるわけですよ。実験してデータ取るんですね。で，データを分析して論文にするでしょ。そのとき必ず記述するんですよね。必ず言語化するわけですよ。

客観とかいうんだったら，実験室で実験している風景をビデオに撮ってそれをそのまま学会に出せばいいんじゃないって。そういうことを言うと，この人は頭おかしいと言われますけどね（笑）。データを言葉に直すときに，論文なり報告書なり何らかの形で必ず書くわけでしょ。だから仮に実験そのものが客観，データが客観だとしても，それを論文にするときには研究者が自分の言語で書くわけだから，論文が客観だっていえるのかっていうのはどうも疑問なんだよね。それはお前が勝手に書いたんだろって俺はいつも思ってたのね。だからそれでもある程度の客観性を保証するのは何かってことから考えた。

そうなるとね，その結局言葉の問題を考えなきゃいけなくなる。たとえば「イヌ」という言葉があると「イヌ」という本質なり「イヌ」っていう客観なりどっかにあるってふつうの人は思う。「イヌとは何か」って問うためには「イヌ」の本質とか客観みたいなものがないと「イヌとは何か」っていうのに永遠に答えられないと思うわけ。

だけど，ソシュールはそうではなくって，言葉があるからそれで何か本質的なものがあるかのように見えてくるのではないかと考え

▲池田清彦氏

たわけね。僕は「ああ，そうだ，そうだよな」ってすぐわかって，「ソシュールはえらいよ」っていうように思ったわけです。丸山圭三郎が書いたソシュールの本『ソシュールの思想』を，5ページぐらい読んだ瞬間にほとんど全部わかっちゃいました（笑）。だからあとは読まなかった。ただ自分が本を書くときになってしょうがないから，一応読まないとカッコつかないから読んだんですね。そういうふうな感じで僕は本を読むんです。だいたいわかるものは，瞬時にわかりますね。で，わかったあと自分の本に引用したりするときにしょうがないから全部読み直すけどね。そうするとだいたいわかってる。そうでもしないと，本を読むのに時間かかりますから。長時間かけて読みたくないじゃん，他人の本なんてね（笑）。

僕はいつも思うのは，外国の人の本ってものすごく長い。やたらだらだら書きますよね。僕も義理で時どき翻訳をして，「なんでこいつこんな長いこと書かなきゃいけないんだろう」って思う。「僕だったら1／3とか1／4で書けるのに，あったま悪いやつだなー」って思いながら翻訳してますけどね。この前翻訳した『遺伝子神話の崩壊』という本もそうで，「僕だったら1／5で書ける」なんて思って（笑）。

話を戻すと，真理性なんていうのは，あとからくっつけたものだから，そんなの最初からあるわけないと。しかし，真理性がないと

なると，それじゃあなんで科学というのは成り立つのかということになる。科学が成立するためには，一応客観性とか，相互の共通理解とか必要ですから。昔の人は，真理というのが客観性を担保していて，真理に行き着く，というプロセスが科学だと思ってた。それを否定しちゃうと，それじゃなんで共通了解の可能性とか，客観性といったものが保証されるのかっていうことが問題になってしまう。だからそこを否定しちゃうとずくずくの相対主義になって，たとえば科学論でも，クーンあたりはまだかわいいんだけど，ファイヤーアーベントなんてすごい相対論で，結局なんでもありみたいになっちゃって。なんでもありっていうのはやっぱり科学じゃないからデッドロックに乗り上げてしまう。社会的構築主義なんかもどっちかっていうと真理がないのはいいんだけど，なんでもありになっちゃって，なんでもありっていうのはちょっと科学としてはどうしようもない。

だからそこになんか一本を芯を通さないといけないと考えて，とりあえず自分なりに書いたのが『構造主義科学論の冒険』という本なんです。

言葉に何らかの同一性があるのは当然なんだけど，言葉そのものっていうのはどんなに厳密に書いたって客観にならないですね。さしあたって客観になる言葉ってのは，意味のない言葉，内容のない言葉，つまり「形式」なんだよね。足し算にしても引き算にしても，一旦了解してしまえばその形式は客観性を担保できる。ただ自分の頭のなかでその形式を理解できなければ，共通了解を担保できないから，それが理解できるっていう前提での話ですが。その形式を理解する段階で，形式の理解の仕方っていうのは人によってもしかしたら違うかもしれないからね。

でも，内容があるものは，人によって同じということはそもそもあり得ない。自分はイヌだと思っているものを，この人はイヌじゃないって言うことは当然あるから，共通理解のためにはお互いに言語を使って尋ね合っていかないといけないのね。そうやってあるとき「これがイヌ」っていったら，相手が「これはイヌじゃない」って言うと，そこで初めて「自分の頭のなかのイヌと相手の頭のなかのイヌは違う」ってことがわかるわけですよ。だけど形式は，内容を持つことはない。たとえばA＋B＝Cっていう形式のA,B,Cは単なる記号であって，これ自体は内容を持っていない。だからそういうふうにして，イヌでもネコでもなんでもいいんだけど，何らかのコトバを「コトバとコトバの関係形式」でごちごち縛っていくと，言葉そのものはちっとも客観的にならなくても，たくさんの言葉に縛られることによって，単独で存在するコトバよりも，他のコトバとの関係という客観性が増大してくるだろうというようなことを考えた。

それが『構造主義科学論の冒険』で書いたエッセンスなんだけど，これを書いた頃はこの科学論は他の領域にもどんどん当てはめていったらいろいろな問題を解消できるようになるんじゃないかなって思ったんだけど，他の本を書いているうちに忘れちゃってた(笑)。

そしたら，西條君が15年くらい経ってから「おもしろい」って言いだして，それで自分で読んでみて「うん，そうかー，俺も昔はこんなことを書いたんだなー」と思ったんですよね。この本は比較的易しい本で，今は講談社学術文庫から出てる。その前に書いた『構造主義生物学とは何か』は，書いたときは易しい本を書いたなと思ったんだけど，いま読むと自分でもよくわからない（笑)。若いときはまた難しい本を書いたなーと思ってですね。3回ぐらい読み直すと，なんとなくわかってきて，4回ぐらい読むとだいたいわかる。いまでもちゃんと読むと原理的には間違っていないんですね。昔のことだから具体的なデータとかは間違ってることがあっても，やっぱり原理的なところは日進月歩の生物学でもそのころからあまり変わってない。

『構造主義生物学とは何か』の中の科学についての骨子の部分が構造主義科学論のわけで，それが竹田さんの問題意識と重なってくる。真理性を棄却してなおかつ客観とか共通了解を担保するにはどういうふうなやり方があるのか，あるいはどういうやり方しかないのかっていうことを考えることは，これからも大事だと思いますね。真理性自体が怪しいってことはポストモダン以後，かなり広く了解されてきています。ただそれをずくずくにしちゃうと，逆にそれぞれが「これが正しい」って全然違うことを言ったときに，それを調停する方法がまったくなくなっちゃう。それは困るってことで，構造主義科学論の考え方は信念対立にどう対処するのかという問題にもつながってくるわけですね。

◆哲学とはズレを解消する営み

西條　僕も，哲学とは何か，科学とは何かということを自分なりに考えてきたわけですが，最近「哲学とは何か」ということに関して，自分なりに「核」がわかった気がしたんです。哲学の役割をひと言で言えば，“ズレの解消”であると。

たとえば存在論。存在とは何かということはみんな経験上はわかっているんですよね。だけど，言葉で「存在とは何か？」と聞かれると答えられない。「存在とは在るということです」といったら，それは同義反復だとなるし，あらためて聞かれると困りますよね。ですから，存在論的な哲学というのは，自明な存在に関する経験と，それをうまく言い当てられない言葉とのズレをどう論理的に埋めていくかということといえます。

あるいは認識論というのも，一言でいえば認識，世界像がなぜ時にはズレて，時には一致するのかという問題ですよね。それに答える素朴なやり方は，あらかじめ真理性，客観性を置いてしまうという方法があります。しかし，そうすると先ほど両先生がおっしゃったように異なる真理性，正しさのぶつかり合いになってしまう。じゃあ真理性は全部棄却してなくしてしまえばいいとなると，結局正しいものなど何もないという相対主義になって結局腕力勝負のパワーゲームになってしまう。要するに，真理主義（客観主義）や相対主義では，どちらにしても問題が生じる。じゃあ，そのどちらにも陥らないためには認識の問題をどう考えればいいのか。これも世界の認識のあり方，あるいは世界像に関するズレを解消する営みといえると思います。

科学論も結局同じ問題を抱えていて，素朴な客観主義，科学主義は科学的に探求していけば真理にたどり着けると考えていたわけですが，思想的に社会的構築主義に代表されるポストモダニズムと言われる思潮が広まるにつれて，どうやら真理という概念はあやしいぞとなってきた。社会的構築主義は「科学的知見ですら社会的に構築されたものに過ぎない」といって科学を相対化したわけですね。それは科学的知見は絶対的に正しいという信念を相対化するためには一定の効果があった。しかし，そうした言説自体も社会的に作られたものだし，じゃあすべてのものが同じ程度に正しくないのか，すべてを相対化したあとには何が残るのかという問題が生じた。こうした話は論理上の問題だけではなく，実際アメリカで「サイエンスウオーズ」と呼ばれる科学者と科学哲学者の間の論争，信念対立を巻き起こすことになります。

また，科学哲学の中だけで考えても，科学論と一口でいっても，帰納主義とか反証主義といったように，「科学とは何か」ということ自体がいろいろあるわけです。そしてそこにはやはり大きなズレがある。たとえば帰納主義というのは，観察を積み重ねることでそこから共通する構造みたいなものを取り出してくるのが科学だという考え方です。これはフィールドに入って研究するタイプの研究者の理論的基盤となる科学論ですね。それに対してポパーが提唱した反証主義というのは，

▲西條剛央氏

科学は反証可能な命題でなければならないと考えた。これは実際に反証というあり方と相性の良い統計学的手法を用いる研究者を支持する科学論となります。

こうした科学論からしてズレているわけですから，ハードサイエンスからソフトサイエンスまでいろいろな専門領域が集まっている人間科学で対立構造が起こるのは自然なことだったわけです。自分が専門とする心理学の世界でもまったく同じ構造があって，「それはなぜだろう？」「どうすればこのズレを解消できるんだろうか」と思っていたところ，池田先生の本に出会って，このズレを解消する端緒をつかめた気がしたんですね。

あるいは，僕らは現代社会で生きていて，このままじゃダメなんじゃないかとか，なんでこんなふうになるんだろうとか，いろいろ違和感を覚えることがある。竹田先生は常々時代が閉塞したときに，新しい理路を切り拓いてきたのが哲学なんだとおっしゃっていますが，それも現実や社会とのズレを調停していく原理をどのように置くかということができます。

信念対立というのも，こうした問題の延長線上で起こってきているので，結局，どのように考えていけば，異なる信念間のズレを埋めていけるのかということだと思うんですね。

その意味では，今日の話はたぶん一貫してそうした話になると思うんですが，そのためには科学的な実証データとかは役に立たないんですね。頭を使って新しい原理を考えていくことで，切り拓いていくしかないわけです。両先生は，そうしたズレを解消するためにかなり独自の考えを組み立てていておられると思うので，いよいよその辺をお聞きしていきたいと思います。

◆現象学的思考により確信成立の条件を問う

西條　そこでまず本題の「信念対立の解消」についてですが，僕の記憶では竹田先生は2004年に出た『現象学は<思考の原理>である』という本のなかで初めて「信念対立を解く」ということを主題化して書かれたように思います。僕はそれを読んだときは，ちょうど構造構成主義をつくっていたときだったので，「信念対立」という言葉がストンと入ってきたんです。それまで構造構成主義の射程とする問題群を，「認識論の二項対立を解く」といったように設定していたんですが，「なるほど，これは信念対立の問題だから，あらゆることに当てはまる問題なんだ」ということがよくわかった気がしたんです。日常レベルでよくあるすれ違いや，信念対立によるぶつかりあいというのは，すべてとはいわなくてもある程度，哲学的にこう考えれば陥らなくてすむということはあると思いますので，まず竹田先生にその辺をお聞きしていきたいと思います。

竹田　私がフッサールの『現象学の理念』という本を読んだのが30歳のときです。それまで哲学を何回読んでも全然わからなかった。さっき池田さんがソシュールを５ページぐらい読んで分かったと言ったけど，私もフッサールの『現象学の理念』を５ページぐらい読んだら，「こいつの言いたいのは，これだ」ってすぐ分かった（笑）。

その理由もいまは分かる。私の場合いくつかあったんですが，一番象徴的なのは，私は在日韓国人ですね。当時は民族問題というのがたいへんで，簡単にいうと二手に分かれていた。北派と南派がいて，これは両方とも民族派なんですが，北の体制が正しいというのと，南の民主化運動が正しいという考え方があって対立していた。二人ぶつかると，たいへんなことになるんです。どちらにとっても相手は鬼か悪魔なんですね（笑)。どちらも相手が徹底的に間違っていて自分たちが絶対正しいと信じて疑わない。似た経験が大学のときもあった。昔は大学にくると早稲田の正門のところに，白とか赤のヘルメットをかぶってビラを配ってる人達がずらりと並んでいた。革命を行なうためには，自分たちの考えが一番正しいと言って配っている。他のセクトの考えはみなひどい反動分子で，徹底的に間違っている，というんですね。他のビラを読むと，また同じことが書いてある。

これは現象的にはよく分かる。たまたまどこかのサークルに入ると，そこに先輩達がいてどこかのセクトに入っている。するとまずほとんどその考え方に染まっていく。でそのあとたくさん本を読んだりして，自分たちの信念をどんどん補強していく。このパターンを信念補強型思考といいますが，それが一旦補強されるともう何を言っても話が通じない。

これは自分をふくめて学生時代に典型的に経験してきたことですが，そのあと民族問題でもおなじことを経験して，さすがにこれは変だぞという思いが出てきた。いろいろ悩んだんですね。いったいなぜこうやってちょっと入り口が違うだけで，相手が間違っていて自分が絶対的に正しいという場所にまでいくのか。歴史をみても，先もいったようにたとえばプロテスタントとカトリックは同じキリスト教なのに，百数十年ずっとヨーロッパ中で殺し合っていた。それで，信念対立というのはいったいなぜ生じるかについて，ずっと考えていた。ふつうは，どこかに真理があってどっちかが間違ってる，あるいは両方間違ってるかもしれないけれども，その正しい考え方を見つけ出せばいいということになる。しかし，その考え方が違うんじゃないかという直観があって，自分なりに考えてたんですね。自分なりに考えていたその考えと，フッサールの問題の立て方が同じじゃないかと思ったわけです。

哲学では，認識論の真理というのは主観と客観との一致ということを真理というけれども，フッサールはこの考え方は背理である，そこには違う考え方があるはずだ，と書いている。で，「あ，この人はなんかいけそうだな」と思って読んでると，フッサールのプランは相対主義でも，もちろん絶対普遍主義でもない。わたしの考えでは，フッサールの考えは「確信の成立」という言い方でいちばんよく表現できる。「確信成立」というのは私の言い方で，フッサールでは「妥当」とか「定立」という表現が使われていますが，わかりにくいんですね。翻訳の問題じゃなくてドイツ語でもきわめてわかりにくい。実際ひどい誤解が続いている。真理への野望があるとか，独我論とかいわれてきた。現代の現象学者はこれを反論できないし，するつもりもないようです。

私の言い方で言うと，どういう条件があると，人間のなかにさまざまな確信が生じて，それが動かしがたくなるのか。また共同的にはどうか。このことをしっかり解明すれば，認識問題はその本質が解けるという発想なんですね。つまり何が正しいかを直接問うのではなくて，どういう条件があると，人間は「これは正しい」という確信をもつのか，と問う。するとあとは，この確信の共同性の条件によってなにが単なる信念で，なにが客観性と呼んでも妥当なものかということも理解できる。それだけではなくその射程はとても広いことがわかってくる。要は，誰にとっても，必ず共通に「あ，なるほど確かにそうだ」と思えるような非常に高い確度の高い共通了解が成立する領域と，そうじゃない領域があるということです。

私の目の前にいまあるこれはペットボトル

であるというようなことを否定する人はまずいませんね。しかし，価値観といったことになると共通了解は得にくくなる。たとえば私と池田さんが，哲学と生物学はどっちがえらいかで議論したとする。生物学では人間にとっての生きる意味はわからない，哲学なんて机上の空論でなんの役に立たないとか，言い出してですね（笑）。われわれはもちろんそんな議論はしませんが，ふつうはこれが決着がつかなくなるということが起こる。一番典型的な例が，宗教対立と現代のイデオロギー対立です。ほかにも近代の人文科学では，学説の対立ということが普遍的です。普通はやっかいなことがあると専門家に聞けということになるけど，人文科学，とくに社会科学では，じつはほんとに専門家に聞くとたいへんなことになる。みな意見がバラバラだから。で人文科学にたいする信頼はなくなっていく。

現象学で「共同主観」，あるいは「間主観」というんですが，みんなが誰でも「確かにこれはこうだ」というふうに共通認識が成立する領域と，成立しない領域がある。これはなぜかと問います。簡単に言うと，価値観とか感受性とか審美性とか宗教的な考えの領域では完全な一致は，原理的に存在しない。そしてそのことは証明できる。なぜ自然科学ではかなり高度な一致が生じるかも原理として言える。すると，相対主義はもう不要になります。相対主義は中途半端な懐疑主義にすぎないことがはっきりする。高度な共通了解とそれが成立しないことの条件が解明されると，歴史的，政治的な問題だけでなく，日常生活においてもいろんなことで意見が分かれますが，そういうことの本質がわかってくる。つまり，しっかり事実を検証して，一致を取り出すべき問題と，そうではなくて価値や審美性の違いとして承認しあうしかないようなものの境界がはっきりします。

陽水は天才かとか，ミスチルはロックかサイケかで意見が分かれても（笑），それはまあそれぞれの価値観なので，一致を必要としない。

そもそも市民社会の原則は，そういう感受性，審美性，価値観では，互いに相手の自由を相互承認するという点にある。近代以前ではそうではなかった。何が正しいことかは，教会の権威が決めていて，それに真っ向から反対の考えを言うと，うかうかすると殺されてしまう。だからヨーロッパの中世では真理は一つという考えは自然だった。でもそういう考えは今はなりたたない。しかし一方でそれはなんでも相対的といっていればいいという態度を生む。現象学では，一致が取り出せる，したがってそれを取り出すべき領域と，取り出せない領域をはっきりさせる。その場合，一致がとりだせなくて困った場合にはどうするかというと，相互承認するしかない。それぞれの価値を相互承認して，適当なルールを置いて調整していくというのが唯一の方法ですね。

たとえば男性と女性が暮らし始めるとですね，生活上の細かな感受性のところでいろいろ違いが出てきて，必ずギクシャクしてくる。はじめは素敵な人だなーとか思っていたのに，暮らしてみるとなんか非常に感度が違ってけんかが始まるとかいうのはよくあることですね。ふつうはそんなとき，まあ「この人の感度って信じられない」とかって言いますね。どこかで自分の感受性，自分の感覚は絶対だと思っているから。それが人間のできあいです。感受性はどんな人間にとってもある意味絶対の出発点なので，それが悪いとかいってもしかたがない。必ず暗黙のうちに自分の感度をもっていてまずそれを絶対視している。でも感受性に絶対はないということが分かってきてはじめて二人の感受性の相互調整ということがはじまる。そういう相互調整の場面で互いに信頼感がでてくるので，感受性，あるいは自己ルールの違いは人間関係の土台です。しかし，もしここに自分の価値観や感受性は絶対という暗黙の思いこみが解けないと，もう次の一歩はないですね。つまり，宗教対立やイデオロギー対立で生じていたのはまさしくそういう絶対正義主義，絶対真理主義，どうしの対立です。そういう関連がはっきりしてくると，現象学は，単に認識論だけではなくて人間関係の原理論としても生きてくることが分かります。

西條　僕は人間科学や心理学といった科学の領域で育ってきたわけですが，竹田先生の議論をお聞きして思ったのは，人間科学だから共通了解は取り出しやすいのかと思ったら，そうでもないんですね。つまりふつうは「科学なんだから共通了解が得られるだろう」と思いがちなんですが実はそうではない，という場合が一番厄介なのかもしれません。確固たることがわかる領域なのだから，自分のほうが絶対正しいとなって信念対立に陥りやすい。これは宗教も同じだと思うんですね。養老先生もどこかで論じていましたが，宗教は曖昧な領域だからこそ，絶対的な正しさを求める心性によって生まれてきたところがあるため，本来共通了解が得にくい領域にもかかわらず，絶対性を掲げるゆえに信念対立に陥ってしまう。その結果，宗教対立，宗教戦争ということにつながりやすいのかもしれません。

◆共同幻想のモンダイ

西條　次に池田先生から，信念対立についてお話を伺えればと思います。

池田　最近，中島義道が『醜い日本の私』って本を書いて，その前に『うるさい日本の私』っていう本も書いた。それで『うるさい日本の私』書いたときに僕はね，「うるさい」のは「日本」じゃなくて「私」にかかるんだろと言って（笑）。だから「うるさい日本」の私じゃなくて，うるさい「日本の私」（笑）。中島義道にお前が日本で一番うるせえんだよって言ったんだけど（笑）。

中島さんはたぶん，そう言われたのを意識したんだと思うんだけど，次に出した『醜い日本の私』っていう本の一番最初のまえがきで，「醜い」は「日本」と「私」に両方かかるので，これは正確には「醜い日本の醜い私」だって書いてあった（笑）。

中島義道って人は，ほんとに変な人で，音がすごいいやなのね。だから音がすると「うるさいうるさい」ってほんとにたいへんなんだよね。それから最近は「醜い」ことにうるさい。たとえば明大前の看板が醜いとかね，そういうことでしょっちゅうしょっちゅう文句言う人なんだよね。この間，教育心理学者の無藤隆さんにちょっと会ったときお話聞いたら，調布あたりで中島義道を知らない人は誰もいないって（笑）。ほんとに中島義道はすごい人で，うるさいっていって商店のスピーカーをぶっ壊して後で弁償したとか。弁償するぐらいだったら最初から壊すんじゃねえと思いますけどね（笑）。

でも彼はそれが正しいと思ってる。彼は自分の感性の正しさをものすごく信じていて，なんで日本人はこんな醜いところに住んでいて誰も醜いって言わないんだとか，なんで日本人はこんなうるさいところに住んでて誰もうるさいって言わないんだ，信じられないって，そういう感じの人なんですよ。僕は中島義道と違ってめんどくさがりですからね，人とけんかするのもいやだし，うるさいからといって，うるさいうるさいと言う方がうるさいだろって思っちゃう。醜いといったって，別に何見たって醜くねえよとか思いますね。関係ないんで（笑）。

でも，そういう自分の感受性が一番正しいと思ってるような人がたくさんいると，ちょっと大変だよね（笑）。中島義道のことを「中島義道が国立大学の教授をやっているのは世紀末日本の奇跡である」って中島さんの『ウィーン愛憎』の文庫本の末尾の解説に書いたら，中島義道はとても喜んでくれましたけどもね（笑）。

僕は中島義道と感性がかなり違うわけですね。たとえば僕は明大前の中島義道が汚ねえと言う看板を見ても，別に汚いと思わずにどうでもいいよって思うわけね。でも中島義道は「汚い！」というわけだよ。そのときにですね，どういうふうにしてこの信念対立，感受性の対立を解消するのかっていうのはけっこう難しい問題ですよね。なかには，明大前の日本らしいゴミゴミした風景を守りたいという人もいたとすると，もっとめんどうになるわけね。そういう生活場面での対立っていうのを解決するのは本当に大変だ。

僕，つい最近台湾に虫採りに行ったとき，地元のテレビをつけてたら，なんかすごいニュースをやってた。香港だか上海だかの客商売の企業がですね，女の子を採用したんだって。で，しばらくしてから，思ったほど美人じゃなかったからって解雇したっていうんだよね。要するにブスだから解雇したわけで，日本じゃそんなことしたらたいへんだぞーと思って（笑)。それでその女の子が裁判を起こして，結局どうなったかというと，あんまりお客さんの目の前に出ないところに配置替えをして，それで手を打ったっていうんだよね。僕がその女の子だったらどういう反応をするかなって考えたけど，僕なら「私はブスじゃない！」ってたぶん言うね。「私が世界で一番美人だろ」ってがんばるよ。でもその子は「美しい私をブスというとはけしからん」というふうに言わなかったんですよ。だからその子も自分のこともブスと思ってるのかなーってちょっと思って，なんか気の毒だよね。

そのときに僕は何を思ったかっていうと，ブスとか美人とかいう基準ってけっこう安定してるのかもしれないなということ。基本的に，あんまりずれないよね。確かに，美人か美人じゃないかを分けたときに，中間的な人もいるし，私はこういうタイプの人も好きだけども俺は好きじゃないとか，いろいろと好みっていうのもあるけど，両極端を比べて評価させたら，だいたいそんなにずれないよね。

そういうずれのなさっていうのはどこからきてるかっていうと，結局社会的なものからきていることは確かだよね。昔，平安時代の美人っていうのは，顔を隠しちゃってるから，髪の毛の生え際かなんかで美人か美人じゃないか決めたわけでしょ。だから小野小町が現在生きていたら，解雇されるかもしれない（笑)。美人の基準は文化的に変わる。ただ他の人が全部共同幻想としてみんな美人って言ってるのに，美人じゃないって言いづらいってのがあるし，そういうのは心理下にすりこまれるに違いない。その結果，客観的にどっかに「美」というものが転がってるみたいに思っちゃうってことがあると思うのね。こういうのを共同幻想というんだよね。

昔の人は大体神を信じていた。自分のお母ちゃんや周りの人もみんな神を信じていたら，神を信じざるを得ない。なかには神を見たなんて人もいるからね。見るわけないんだけどさ。いまは僕らはそういうのはウソだと思ってるけど，その当時は神は人々の頭の中に共同幻想として取り憑くわけだよ。そうでない人がいると村八分になる。

現在の日本だってそうで，ふつうの日本人と中島義道は，共同幻想が全然違うわけね。中島さんはどういうわけだか，ふつうの日本人とは全然違う感性を身につけちゃったので，ふつうの日本人が異様に見えるのね。逆に，ふつうの日本人から見れば中島義道がとても異様に見えるわけだ。

◆コトバのモンダイ

池田　それは基本的には科学の領域の問題でも同じなんじゃないかって思うんですね。たとえば，H_2Oというのはみんな信用してると思うんだけどね，そんなのあるのかって，触ったことないぞって思いますけど（笑)。H_2Oって何かっていうとコトバでしょ。それはわれわれがたとえばH_2Oとよんだものと，それが指す事象っていうのが一対一で対応しているっていうふうに，みんな信用してるものなのね。オレは信じてないけどね。

たとえば「ネコ」というのを考えると，「ネコ」という言葉に該当する唯一の客観的実在なんてのはないのね。あれは「ネコ」，あれは「ネコ」，あれも「ネコ」，みんな違うのね。違うネコをみんな「ネコ」って言ってるわけよね。だから，「ネコ」という言葉によって，いろんなもの指せるわけですよ。つまり一対多対応。ほとんどすべての言葉ってのは一対多対応。一対多対応って何が問題かというと，コトバが指し示すものが一意に決まっていないこと。一対一対応であることがあらかじめ決まってれば，コトバは常に同一のものを指す。だから物質名だけで記述できるような科学ってのは，きわめて厳密な科学だってみんな思ってる。

ところがサイエンスでも医学とか心理学とか，臨床心理学とかだと，たとえば，うつ病の定義をしろと言われても，なかなか難しいですよね。だから「心」みたいなものを科学するときはどうしても曖昧さが排除できない。曖昧さが増えてくれば，Aという人とBという人とCという人が使っている言葉は同じ言葉でも，実はその人の頭のなかでは別のものを指し示している。このズレはなかなか解消できない。

でね，そういう場合は，他人との話が通じなくなってくる。それにもかかわらず，自分の持っている言葉が客観的に絶対正しいものだと思っている状況が起きると，その信念対立は基本的に解けないものになるんですね。ふつうの人は，言葉を他の人がみんな自分と同じ意味で使っていると思ってる。だから話がおかしくなっちゃう。

だから，あなたが言ってる言葉と私が言ってる言葉がどれくらい相互にどう違うのかっていうことをある程度考えてから議論しないと，いつまで経っても不毛な議論というのは終わらない。それから，人によっては必ず定義をしなければいけないとか，その言葉の使い方は違うとか，そういうふうなことを逐一言う人がいるんだけど，言葉の使い方なんて違うに決まってるし，自然言語を厳密に定義することなんてできっこないですよ。だからコトバは文脈に依存的であるということも，なかなかわかんない人はわかんない。

言葉は使っているうちに意味が決まってくるのであって，言葉の意味が最初にあってそのあと使い方が決まるんじゃない。僕もしょっちゅう学生の文章読んでなんてヘタクソな文章書くんだとは思いましたけれども，言葉っていうのはどんどん変わっていって，何がうまい文章かなんて100年後にはわかんなくなっちゃう。にもかかわらず，自分の文章はうまいと思うときあるじゃない（笑）。そういう頭の構造ってのはなかなか変わらないんだよね。

だけどほんとのことはやっぱりわからない。やっぱりうまい文章なんて実はないのかもしれない。それでも私の頭のなかではうまいとかヘタとかあるよね。だからそういうことをわかった上で，うまいとかヘタとか言っていることと，何もわかんないで自分の使っている言葉が，自分の文章が一番正しいって思い込んでいるのは実は全然違うんだよね。それがわかっているかわかっていないかで，やっぱり言動は変わってくるよね。

西條　池田先生の今のお話は，ソシュールの一般記号論を，コトバをきっかけとした信念対立に絡めて噛み砕いて説明してくださったわけですよね。僕も，『構造構成主義とは何か』っていう本を書いてる最中に，丸山圭三郎の『ソシュールの思想』（岩波書店）や『ソシュールを読む』（岩波書店）を読んでこれは言葉のズレの問題を解消するのに使えるなと思ったんです。さっきも帰納主義と反証主義といった異なる科学論があるということを言いましたが，人間科学において「科学とは何か」ということからズレているんですね。

「科学」とは突き詰めていえば「コトバ」でもあるので，その概念がどこにあるかといえば，各人の頭のなかにあるわけです。だから「科学」という言葉が意味するところは，各人でちょっとずつ，あるいは大幅に違っているということがある。そのことに無自覚であることから，解けない対立に陥ることもあるんですよね。

特に「科学」のように客観的な印象のある言葉は，誰もが同じことを指して使っていると思い込みやすいし，実際それぞれの領域では周りの人が自分と同じようにそのコトバを使っているため，絶対正しいモノだと思いこんでしまう。これを丸山圭三郎は「言葉の物神化」という言い方をしていたかと思います。だから，何か話が通じないなと感じたときは，言葉の意味するところが違うのかもしれない，同じコトについて話していると思っているけど，実は違うコトについて話しているのかもしれないと思いを馳せてみるのは大切なことだと思います。

◆「関心相関性」という原理

西條　あともう一つ，信念対立の解消という点で，竹田先生から僕が受け取った最大のエッセンスは，これは現象学的な考えの一つでもあるんですが，「関心相関性」という原理です。これは竹田先生がニーチェの力の思想から根本仮説的性質を除去して，ハイデガーの議論を踏まえて「欲望相関性」として定式化したものです。僕はフッサールの志向性の原理を踏まえて「志向相関性」または「関心相関性」と呼んでいますが，正確に言えば「身体－欲望－関心－目的相関性」というものですから，「○○相関性」の○○のところは入れ換えて使えばいいので，状況に応じていろいろな呼び方が可能です。

僕はこれを存在論から認識論，価値論にまで妥当する原理だと考えているんです。たとえば，先ほど外に水たまりがたまってたわけですが，ふつうそれは飲料水としては価値を見出さないですね。あるいはまったく目に入らないこともあるわけです。つまり存在化しないこともある。しかし，もし僕らが極限まで喉が渇いて死にそうな状況だったら，おそらくそれは飲料水として立ち現れてくるし，そうした価値を帯びると思います。「正しさ」というのは「価値」の問題でもあるわけです。そしてどこかに正義とか悪といったモノが転がっているなんてことはないわけで，それは僕らの身体や欲望，関心といったものに応じて立ち現れているコトなんですね。これは哲学史的にも，不可逆に次のステージに押し進める原理中の原理だと考えています。

こうした観点がないと相手は完全に間違っているから徹底的に糾弾しようとなりますが，この関心相関的観点を身につけることができれば，相手に対して「そんなの間違っている」と思ったとしても，それは相手そのものが「悪」なのではなくて，“ある欲望，関心をもった自分にとってそのように立ち現れている”ということに思いを馳せることができるわけです。そうすると「ちょっと待てよ，相手が絶対的に悪いのではなく，自分の欲望にあわないのかもしれない」とか，「根本的な関心がずれているのかもしれない」といったように，自分の関心や欲望のあり方を見つめることで，ワンクッション置くことができる。これだけで，だいぶ変わってくると思うんです。

◆哲学史上の典型的な信念対立

竹田　いわゆる信念対立ということでいうと，典型的な話があるんです。哲学というのは中国でもインドでもギリシャでも期せずしてだいたい紀元前5世紀前後に登場してくる。で，その前には宗教があります。宗教というのは基本的に「物語」で世界を説明する。たとえば，世界はなぜ存在するのかとか，死んだらどうなるかとか，生きてる意味はなんであるのか，とかそういうことを物語で説明するわけです。

しかし後で現われた哲学は「物語」を使わない。「概念」と「原理」を使うというのが哲学の基本方法です。ギリシャ人とインド人が申し合わせたわけではないのに，そういう方法が大きな文化で登場してくる。それで，哲学の起源のシーンで，はっきり分かるのは，どこでも大きな典型的な説の対立があるということです。まず，一元論か多元論かという問題。世界の根本原理が一つだけなのか，あるいは多元（無限）にあるのか。インドではブラフマン（全体の原理）とアートマン（個体の原理）の二元論が主流だけど，もちろん一元論も出てくる。

この世界の原理は一元的か二元的かあるいは多元的か，という議論の対立はギリシャにも，中国にもある。で，ずうっーと現代に至るまで議論の対立がある。デカルトは心と物質（延長）という二元論の典型で，スピノザはこれを一元論に戻そうとした。もう一つ決定的な対立軸は，実在論と観念論。それからもっと重要なのが，普遍論と相対主義です。それはまた自由論と必然論の対立にもなる。それからまだありますね。近代では，客観主義・実証主義対主観主義・実存論ですね。こういう対立はいまでもずっと続いている。ヘーゲル→マルクス主義は普遍主義で，ポストモダン思想は典型的な相対主義です。こういう対立は科学でもあると思います。で，面白いのは，さっきも言ったけど，現代の人文科学の対立の基本構図は，この大昔からの世界論の対立図式のパラダイムをそのまま受け継いでいるということです。で，これは現代的な信念対立の大きな原因の一つです。つまり世界を根本的に説明しようとするとき，必ず大昔からこういう基本的な視線の対立が出てきたということ。これがうまく解明されていない。

◆カントのアンチノミーから信念対立の構造を考える

竹田　ところが近代哲学でこの問題について，きわめて原理的な一つの解答が出されている。おそらくこれはほとんどそういうふうには理解されていないのだけど，カントが『純粋理性批判』という有名な本のなかで，「アンチノミー」という議論をやっている。これは私に言わせると，上の議論の根本的対立の本質をよく解明しているんです。これをちょっと説明します。

カントによれば，人間が「世界とは何か」と問うと，だいたいそれを，四つの根本的な問いに収斂できるといいます。

一つは量の問い。世界に限界はあるのか，宇宙に限界はあるのかないのか。あるいは時間的に始発点があるのかないのか。二番目は，質の問いです。これは，これが質の問いかどうかすぐピンとこないかもしれないけど，最小単位ですね。物質の最小単位というのがあるのかないのか。いまではクォークとか超ひも理論とか言われている議論です。物質の最小単位があるのかないのか？　この二つの問いは，いわば物理としての自然への極限の問いです。三つ目が自由の問いで，すべてこの世で生じる変化は，必然的な因果法則のもとにあるのか，それとも「自由」という自然法則を超越した絶対原因というものが存在するのか，という問いです。四つ目は至上存在の問いで，つまり昔の問いとしては，「神」が存在するかしないか，いまだと「真善美」の秩序はほんとうに存在するのかしないのかという問いです。これはまあ哲学的には考えれば考えるほど面白い。

ともあれ，カントの議論はこうです。まずカントは，この四つの問いについての正命題と反命題の双方とも，解答不能であると言います。で，これが人間の理性の能力では決して答えの出ない問いであることはきちんと証

明できるといってそれをカントのやり方で“証明”してみせる。まずこれが面白い。カントの論証はそれほど明晰とは言えないけれど，わたしの考えでは，本質をつかんでいる。ことがらの本質を解明している。それをひとことで言うと，世界「それ自体」を問うこと，つまりもし「世界とは何か」を極限的に問うと，決して最終の答えが出てこないということです。現象学的には，これは「内在 - 超越」の「超越」の概念でさらりと答えられているけど，世界の絶対的に存在し，したがってそれについての「絶対的真理」が存在するはずだと，ほとんどの人間が考えていた時代に，これを言ったのはまさしくカントの独創です。

このアンチノミーの議論は哲学好きのひとならたいてい知っている。でもほんとに面白いのはその後なんです。カントはこの四つの問いと答えをずらりと並べて，その答えを二系列に分ける。つまり，世界には限界があると言う人とないと思う人がいる。最小単位があると言う人とないと言う人がいる。自由も同じであると言う人とないと考える人，同じく「神」は存在する，と存在しない。でこんなふうに言う。はじめの系列，世界の始発点，最小単位はある。自由も神も存在すると考える人は，おおきく言って，比較的世界に親和的で，道徳と善を信じ，生活の秩序を重んじ，人間の未来を信じている人である。これに対して，これらの問いに「否」という人は，懐疑論的で，世界に対して違和感をもち，世間の常識を信じず，ものごとをついあれこれ深く考えてしまう質の人である，と。要するに，カントのいいたいのは，世界論が立てられると大昔からさまざまな議論の対立が続いてきたけれど，これはこの問いが，じつは事実についての検証できる問いではなくて，人間のタイプによって世界についての解釈の違いにすぎなかったんだということですね。いわれてみると馬鹿みたいだが，わたしはこれはじつに本質的な解明だと思います。この議論の内実がほんとうに理解されると，それだけ人間の知恵が進むかもしれない。真理主義は思想や科学の一つの傾向だけど，常識的にはわれわれの自然で暗黙的な「信憑」の学問版だからです。われわれは自分の信念や直観をすぐ補強して，自分の「正しさ」を疑わない。だから，すぐ世界を「いい人」と「悪い人」に分ける。それはテレビや物語の「説話的」な強固な類型ですね。真理主義や，実証的科学主義，客観主義は，このような常識的態度の学問的形態です。そこでこれに対抗して，懐疑論や相対主義が現われてくる。世間の常識から少しそれて自分の内的「自由」を重んじたい人は，このような客観主義や真理主義をいつでも自己意識の中で相対化しようとする。哲学的にはこれはつねにけっこう主流です。だから，哲学ではいつも，哲学の本領は生活の常識に懐疑の目をむけつづけること，解けない問題を考えつづけることだ，という主張が出てくる。これもインドやギリシャからある典型的な考えです。「アンチノミー」の議論は，そういう対立論を「原理」としてはもう終わらせている。でも，いまは近代哲学全体が隠れているので，なかなかそういうこともはっきりしない。

◆宗教間の信念対立

竹田　もう一つ，宗教の信念対立について少しだけ話したいんですが，世界宗教というのは紀元前ゼロぐらいに，大きくは三つくらい出てきた。キリスト教とイスラム教と仏教。

で，世界宗教というのはそれ以降一つも出ていないんですね。これもおもしろい現象です。世界宗教の前には何があったかっていうと，民族宗教があってそれぞれの民族が宗教をそれぞれもっていた。民族宗教は隣接していると必ずコンフリクトを起こします。だから，世界宗教は信念対立を解くための一つの大きな工夫だった。世界宗教はたいてい大帝国の発展にともなって整備されていきます。当然のことで，大帝国が大宗教の成立を可能にする。仏教はアショーカ王のマウリア朝のとき，イスラムはササン朝ペルシャのときに世界宗教に発展した。キリスト教はローマ帝国ですね。

世界宗教は強くて，民族宗教をどんどん包摂してのみ込んでいくんだけど，それはいわば世界についてのメタ理論を立てるということですね。民族宗教の段階では，みんながそれぞれ神様は牛だとか木だとか言って，一番えらいものが違うとたいていけんかになるけど，世界宗教ができると民族宗教のローカリズムは克服される。つまり，世界宗教は共同体の限界を超えるわけです。

しかし，世界には，三つか四つぐらい世界宗教と呼ばれる大規模な宗教が残って，この対立を克服することはできない。宗教は教義が「物語」できているので，それ以上共通了解を広げていくことができないんです。つまり，世界宗教は多くの信念対立を克服する最大の工夫だったけれど，近代にいたるまでに，世界宗教自身の対立の克服はもう不可能だということがはっきりしていた。それどころか，キリスト教の内部でカトリックとプロテスタントという深刻な対立が生じてどうしようもなくなっていた。そこで，哲学や科学といった，理性つまり合理的な推論だけに依拠して世界を説明する思考法が出てきたわけですね。これはもうはっきり，解けなくなった信念対立を解こうとして出てきた考えです。

経験的な実証と，合理的理性，この二つが近代哲学と科学の基本方法です。これで必ず世界を統一的に説明できると当時の知識人は考えた。ところが，この見通しは甘かった。そのあと起こってきたのが，イデオロギー対立と諸学説の対立ですね。つまり，近代思想は，信念対立の根本を本質的には解明できなかった。その代わりに決定論や客観主義的実証主義に対抗するためにポストモダン思想が出てきた。そもそもフランスのポストモダン思想はソ連のスターリニズムの現状への強い異議申し立てが一つの大きな動機ですね。

なぜ近代社会では政治イデオロギーの対立は必然的かと言うと，近代では，人間の自由が解放される。それは大きく二つあって「享受」の自由と各自の「善」の自由の解放です。誰でも自分の幸福を自分なりの仕方で求めていい。同じように誰でも自分の「善」を求めることができる。近代以前の「善」は基本的に一つです。無理矢理一つにしていた。そうでないと都合が悪い。何が「正しい」か多数あってはいけない。宗教会議をなんども開いて教義を一つだけにする。いったん正統教義が決まると，つぎの日からその考え以外はみな異端になる。これが中世的な「善」の本質です。しかし近代社会でそうはいかない。いちおう公的なルールを守るかぎり，どんな考えをもってもいい。「善」は主観的なものになる。それが政治イデオロギーが登場する第一の前提です。政治イデオロギーは，どういう社会がよい社会か，どういう政治の方針がよいのかについて考え方の自由競争になるということですね。つぎに，人間と社会の「善」について，例のアンチノミーにあったように，限界的な問い方をするとそれがイデオロギーになる。「世界は何か」を極限的に問うと「アンチノミー」になったように，「よい社会とは何か」を極限的に問うと必ずアンチノミーに陥る。どのような社会がもっともよい社会か？　これが近代のまさしく政治思想の始発点だった。たからそれは必ずアンチノミーに陥る。

すこし現実的に言うと，近代社会では新し

い階層が登場する。大雑把に言うと，経済支配階級，中産市民階級，農民層，労働者階級等々。で，政治党派はだいたいはこの社会階層の利害を代表する形で登場する。自由民主党，民主党，社会党，共産党というのはその典型ですね。で，それぞれが，自分の階層の利害こそ社会全体の利害をもっともよく代表すると主張する。だから階級利害が先鋭であるほど，この主張は調整不可能なものになって，何が正しい「政治」かについての実りのない議論になる。それが一つのイデオロギー的分極のひとつの典型例です。だから，階層の利害が鋭くて和解不可能なほど，イデオロギー対立は厳しいものになり，ときに暴力を伴う。でも，理論的にはそれは「もっとも正しい政治」をめぐる真理のゲームになる。ほんとうは「もっとも正しい政治」というのはありえない。その原理をひとことでいうと，もっとも「正しいゲーム」も「もっとも面白いゲーム」も原理的に存在しないということです。近代社会では「政治」とは「相互承認ゲーム」だから。

ともあれ，いま先進国では，階層対立は資本主義の初期ほど対立的でなくなってきたので，政治イデオロギーの対立もそんなに顕在的には現われていない。でも，政治イデオロギーの問題も，人文科学における理論の対立も，本質的には解けていない。相対主義で輪郭があいまいにされているだけですね。信念対立の問題の本質をきちんと解明できるかどうかは，科学の認識論としてだけではなくて，依然，現代思想にとってとても大きな課題だと思います。

◆科学を巡る信念対立

池田　竹田さんの話を聞いて思ったのは，多くの人は，形式論理学というものが，この世界でも成り立つと思ってるんじゃないかと思うんだよね。たとえば，矛盾してるものはどっちが正しくてどっちが正しくないといった「排中律」とかね。それから原因と結果があるという「因果律」とか。ふつうの人は，そういうのがこの現実世界で成り立つと思ってるけど，僕は無理なんじゃないかなってずーっと思ってるんですよね。

何かが起こったときには必ず何らかの原因があると，みんな思っていますよね。でも，実は「原因」なんてないんじゃないかと僕は思ってるんだよね。世界は常に動いてる。これは確かだよね。でもそこに法則性があるのか。最終的には物理法則っていうのをみんな信用してると思うんだけど，そういうものですら本当はあるのかどうかわかりませんよね。僕は物理法則の実在性なんて信じてないものね。

物理法則ってのはどこにあるかと言えば，物理学者の頭のなかにある。で，実際に世界に法則性があるかどうかわからないのにそういうものがあるというふうなことをわれわれが信用してしまうのは，養老さんが話していたように，脳の癖である。だから物理学をはじめとした科学というのは，無常の現象をなんでもかんでもある同一性（法則性）でもって説明したいという脳の欲望なのだと思う。

たとえば，法則っていうのは，全宇宙で成り立っている不変性でしょ。物質っていうのは，不変の実体ですよね。だから水素っていうのは火星の水素も地球の水素も水素はみんな同じなんだ。でも，人間は全部違うってみんな思っていますよね。なのに水素が同じっていうのは，実は誰も見たことがないから同じだと思ってるに違いないと僕は信じてます。機械は同じものとみなして計測するから，どの水素も同一なものだと思っているけど，本当は人間みたいにちょっとずつ違うかもしれないよね。仮に我々がものすごく小さくなったら，こっちの水素はひげが生えているとか，しわが多いとかそういうのがみえるかもしれない（笑）。だから，そういうことを認識できる装置があれば，少しずつ違うって言いだすに違いない。

昔は同位元素なんてわかんなかったときには，Cは全部Cだったんだよね。いまはわかるから，Cは13とか12とか14とかいうふうになってるでしょ。たとえば，12と13ていうのは，ちょっと違う。12のほうが軽くて13のほうが重いかな。そうすると，生物が光合成するためには12のほうを先に取り込んじゃうから，生物起源の炭水化物とそうでない炭水化物がわかる。そんでもって，これは生物起源かどうかっていうのを古生物学者が調べて，これは生物がつくった炭水化物であるっていうようなことを言って，38億年前に生物の起源があったんだろうとか言ってる。

そういうことがわかるのは，そういう違いを検出する機械があるから。わかんないときは炭素は全部炭素でみんな同じだって言ってました。だから実はC14というのだって実はそれぞれ違うかもしれないでしょ。ほんとうのことはわかんない。

結局，何かわれわれに現象が立ち現れていることだけは確か。だからこの世界で正しいことは一つしかないって，僕はいつも言ってんです。それは世界は無常だってこと（笑）。学生に言ったら半分くらい笑いだすんだけどね，「世界は無常である，これ以外に正しいことは一つもない」以上おしまい。するとすべての講義は5秒で終わるよね。これはとっても便利なんだけど（笑）。でも大学からの給料はもらえないな。

人間は無常な現象のなかから，なにか現象を説明する原理を手に入れたいっていうことで，それは人間の脳の癖の一種，欲望と言ってもいいんだけど，それで構造を抽出していくわけだよ。それが科学。そのときに問題は，現象というのは常に動いているけど，われわれが現象をコトバに置き換えたときに，必ず現象をある同一性に切り分けているわけね。

装置でもって計測したり，記述したりして，その結果得られるのがデータだったりするんだけど，それは現象のなかの一部を切り取ったものにすぎない。データっていうのは，一番単純に言えば人間が現象を頭のなかで構造化して，コトバにして出したものですね。最近では，人間の脳の代わりに，たとえば機械を使って測定して，数値化したデータを得ているわけ。数字のデータってすごく客観的にみえるけど，人間が機械を使って切り取ってきているわけだから，恣意的なものなんだよね。ほんとのことというとね。

いま医者行くとですね，人間の体なんか見ないでコンピュータの画面だけ見て「なんともないですね」とか言ってますけどね。「具合悪いんです」とか言っても「悪いわけないです」とか言われますけどね（笑）。そういうお医者さんはコンピュータのデータしか見てませんから。コンピュータのデータというのは，現在の医療の水準で得られるデータだから，全然違うデータ化の仕方があれば，全然違うデータが出てきて，今まででだったら悪いところはないとされていたものが，「あなたはもうダメです」と言われないとも限らないでしょ。そういうのをわれわれ医療の進歩と言っているわけだけど。だから今はふつうのお医者さん，機械がなきゃ診断もできないのね。

昔のお医者さんは人間を診ているから，触診とかして，だいたい自分の経験でこの病気はこれかなっていう判断をしていたわけだよね。江戸時代のお医者さんの，最大のその技量は何かっていうと，この人はどのぐらいで死ぬかってわかることだっていうのね。なぜかっていうとね，たとえば患者である殿様を診たときに，「治ります」って言って死んじゃったらさ，自分の首が飛びかねない。「藪医者め」ってんで（笑）。

江戸時代の町医者だったら，「治療すれば治りますから，こんだけお金が必要です」ってお金がとれるんですよ。だけど，治らないのに治りますって言ったらあとで大変でしょ。自分で治るか治らないか判断して，治らないなら「もっといいお医者さんに診てもらったらどうですか」って人に押しつけちゃったほうがラクでしょ。それを判断できるのがもっとも重要な医者の技量だったんですよね。

いまはね，お医者さんはみんなデータを見て，適当なこと言ってますよね。最近の医者の傾向として，たとえばガンの末期だったら「あと３か月」とかいう医者が多いですね。なぜそう言うかっていうとね，あと１年くらい生きるかなと思っても，「あと１年大丈夫でしょ」とか言って３か月で死んだら訴訟になる。逆に「あと３か月です」って言って１年も生きてたら，「よく生きましたね，治療がよかったからです」って言える。だから医者はみんな平気で言いますよ，「あと３か月の命ですね」って。で「３か月の命ですね」って言われて，言われた通りに３か月で死ぬ人もけっこういるわけですが，それ以上生きる人もたくさんいるわけですよ。

さっき西條君が関心相関性といったように，何を現象のなかから見たいのかってことによって，取り出してくるものも違う。自分が現象の中でどういう事象が大事だと思ったのか，それに応じてデータを取って，現象を上手に説明する構造を追求するのが科学なんですよね。そのときに当然説明できるものって一部分でしょ。世界全体を説明する理論なんてありっこない。

だから二つの相反する理論があったときに，どっちが正しいかどっちが正しくないかといった二者択一である必要はないわけだよ。科学的理論は役に立つことが重要になってくるわけだけど，何が役に立つかも関心によって変わってくるわけだから，こういうことに関してはこの理論はうまく使えるけど，別のことに関してはうまく説明できなければ，とりあえずそのことに関してうまく説明できる理論を使えばいいだろうと。これが僕が作った構造主義科学論でいうところの「現象を上手に説明する構造を追求する」ということの意味なんだよね。

だから自分が何をやってるかを自分で分析できないと，結局むちゃくちゃお金使ってもロクなデータをとれないことになるわけで，そういう人はいっぱいいるわけですよ。それは税金の無駄遣いですよね。だから，関心相関的観点から目的をちゃんとはっきりさせて，そのためにはどういう方法をとればいいかをしっかり考えることも大事だよ。背反する理論をつぶすんじゃなくて，いろいろな次元で役に立つ理論を作ることができれば科学における不毛な信念対立も減るだろうと思ってますけどね。

◆直観補強的思考の罠

竹田　さっき哲学・認識論をやると必ず一元論と二元論，客観主義と実存論，普遍主義と相対主義の対立が起こると言いました。それをもう少し言うと，そういう二項的な対立の議論が出てくることにはそれなりの理由があって，つまり人間の世界に対する基本の感度がどうも二つに分かれる。ほんとは二つかどうか分からないけど，ある一定の構造的な分極というものがある。カントはそれを世界対する親和性と異和性というような感じでおいているけど，これはけっこう普遍的で面白い。これは世界態度の基本的な二類型だから。心理学的に言うと，親との間に親和感をもてなかった人は，相対主義的，懐疑論的にある傾向がある，ということになる。でもいま問題にしたいのは，どちらにしても，人間は自分の独自の感度を思考の始発点にとる。それで自然的には，まずは必ず，直観補強，あるいは信念補強的な思考法を取るということです。で，なんでもいいですが，ある重要な学問上の問題に直面したとき，はじめは必ず，自分の感度に合わせて一つの「直観」がやってくる。自分はどうもこれが正しいとおもう，と。で次にどうするかというと，ほとんどの場合，たくさん本を読んで自分の直観を補強しようとする。知識をたくさん身につけて，自分の直観が正しいその理由あるいは傍証を積み重ねていく。それで50冊とか100冊くらい読むと誰でもそれなりの理論家になれますね。ひょっとしたら，ほとんどの学者さんはそういう感じでやっているのかもしれない。私はそれを「直観補強的思考」といってますが，はじめ自分の感度でこれがいいと思ったら，それに対立する立場の論拠を論破するために20年とか30年くらい勉強する（笑）。

でも相手だって30年とか40年とか勉強できますね。こっちが2000冊読んだらむこうは3000冊読むかもしれない。で，互いに自分の「正しさ」の論拠をずーっと議論しあうということがありうるし，実際そういうことが起こっている。だけど大事なのは，なぜ一元論と二元論の対立というものが，ずっと普遍的に存在してきたのかを理解することです。その理由を一言で言うと，一元論には一元論の機能があり，二元論には二元論の機能があるということだと思う。一元論というのは，ある絶対的な単位というか始発点を置いて一義的な説明の秩序を立てて考えたいときに，説明方式として都合がよい。自然科学では，まず基本要素を想定して，その組み合わせとして総体を考えようとするので，一元論はよい考えです。しかしたとえば事態の変化などを説明しようとすると，一元論は不便です。これに時間軸とか，力の要素を入れ込まないといけない。人間的な事象の場合は，心と身体という二元性はやはり便利です。デカルトは近代二元論でだめだという批判がよくあるけど，心と物質の秩序が別物だという考えは，近代にはじめて出てきたもので，それ自体が大きな考え方の転換だった。現にわれわれの日常的な考えは近代以降必ずこの二元論を基礎にしている。それを排除することはできない。ただ身体論とか，心身論を考えようとするときには常識の考えは不便になるということです。どちらが正しいかという問題ではない。

ですから，一元論と二元論はどちらが正解かではなくて，われわれは何を問題にしているのか，どういう問題を解きたいのかということを明らかにして，どちらの考えがよく機能するかで説明方式が変わらないといけないということです。さきほど西條さんが関心相関性の解説をしてくれましたが，人間の生きるうえでの欲望や関心があって，それに相関して一元論で考えると非常にうまくいく場合と，二元論で考えたほうがうまくいく場合がある。これを形式論で考えると，すぐに帰謬論で相手の矛盾をつくなどというやり方が出てくる。現代思想の分析哲学はずいぶん長くそんなスコラ議論をやっていたし，いまもやっている。カント以前で，二項対立の問題の本質が解けていないからです。

そもそも相対主義は相対性の真理を形式論理で“証明”しようとする。じつは形式論理の中に事態の客観性への暗黙の前提がある。すべての考えの矛盾を指摘できるという考え方の中には，形式論理と現実世界との素朴な対応への信憑が隠れている。それは言語の本質をつかめないで，ただ言葉＝概念がつねに必ず意味の一般性と特殊性の二重性をもっているという性格を，自分の直観補強に利用しているだけですね。

池田さんも言っていたように，ふつうわれわれの頭のなかでは言葉は客観を言い当てるんだという暗黙の感度がある。なぜなら，近代人は基本的に実証教育を受けているので，誰でも，そうした客観世界の実在感度をいつのまにかもっているからです。言語は，客観的に存在する実在世界を表現するものであったり，その表象であったりする。そういう考えです。でもほんとうは，われわれの世界は，客観的な実在の世界ではなくて，意味とルールの網の目とそれが習慣化された身体的幻想性によって編まれた世界です。強い欲望が失われると網の目の中心が解体して，世界の構造が変化する。べつの欲望が現われると，世界秩序が新しく更新される。人間の欲望は本質的に他者との諸ルールの関係幻想として存在しているので，そこに言葉の網の目がすでに折り込まれている。だからこの網の目を解

き直したり編み直したりする必要が出てきたときには，言葉だけを変えても幻想の体制は変わらない。それでも，まず言葉によってそれを先導するほかはない。そういうことが言葉の本質です。現代科学も，現代思想も，そういう問題をうまく解けないままできた。それであっちの新しい流行思想がやってくると，そらすごい考えが出てきたぞ，とばかりに紹介する。たくさんの本が紹介され，読まれるけれど，そこでもはじめの直観がただ補強されているだけなんですね。

現象学やソシュールの考え方には，ほんとうにこれまでの認識論のパラダイムの先に出るような考えが詰まっている。そういう考え方の本質をまずしっかりつかんで，先にすすめていける可能性がいまあるとわたしは思っている。だから，私の現象学理解や池田さんの構造主義科学論，西條くんたちの構造構成主義といった枠組みは，まあどの程度までうまくゆくかは分からないとしても，今，けっこう買いではないかなと私は思ってるんですけどね（笑）。

◆絶対性を抜く

西條　池田先生と竹田先生のお話を聞いて思ったのは，科学的な命題というのは，過去に遡れば，太陽が地球の周りを回っているという「天動説」から，地球が太陽の周りを回っているという「地動説」へと移行したように，その構造が現象をうまく言い当てていればいるほど，現象の予測に役立ちますよね。つまり，役に立つからそれは伝わるし，残るわけです。池田先生の構造主義科学論は，結局のところ，科学から絶対性を抜いて，それでも何でもアリにならずに，現象の予測や制御に役立つことを理論的に基礎づけた科学論なんですよね。

現在，科学を信じてる人と宗教を信じてる人は，世界の二大政党じゃないですけど，二つの極を構成していると思うんですが，役立つから拡まっているという意味では，宗教も同じかもしれない。たとえば「人生で起こるすべてのことに意味がある」という命題を置いたとしますね。それはほんとかどうかわからないけども，さしあたってそういうものを置いてみると，意味っていうのはどこかに転がってるものではなくて，自分で紡ぎ出すものですよね。だから，そういうものかもしれないと思えば，病気になったり失敗したりしたときにも，この出来事には必ず積極的な意味があるはずだと考えてそれを探しますよね。そうすると「今回失敗したのは謙虚な気持ちを取り戻すためだったんだ」とか「病気になったのは，このまま仕事していたらいつか本当に倒れてしまっただろうから，それを知らせてくれるサインだったんだ」とか積極的な意味が見つかるかもしれない。

意味は自分の中で紡ぎ出すものですから，この命題によって意味を作りやすくなる。そしてこの意味は見出した後には，最初から自分に発見されるのを待っていたかのように確かな存在として感じられるわけですね。単なる理不尽としか思えないような出来事を，自分の人生にとって意味ある出来事として編み変えることができる。このように宗教的な命題も上手にできているものは，生きる上で力を与えてくれる。

そういう意味では，構造構成主義からの観点からと言うと，宗教というのは人類が編み出したすごく有効な装置で，だからこそ教義は異なっていても世界中に拡まっている。

僕は宗教を否定するつもりはありませんし，それは人々が生きやすくしてくれる枠組みだと思っています。ただし，一方で現在起きている戦争が宗教がらみであるのは確かで，それは信じている人が悪いということではなく，それを信じてる人たちを政治的に利用できてしまうっていう問題はあると思うんです。だからどうやってうまいこと宗教から絶対性，唯一性を抜いていくかということは重要になってくるんだと思います。

絶対性を抜いたらもうそれまでの宗教とは違ったものになると思うんですけど，ポイントはメリットとデメリットのバランスにあって，もちろん盲目的に信じることによって得られるものもあるとは思うんですが，問題はそのときのデメリットの方なんです。先ほど竹田先生が世界宗教についてお話になって，なるほどと思ったんですけど，グローバル化が進んで，世界宗教同士が国境を超えて混じり合うようになったときに，絶対性を抜くっていうことをどこかでやらないと，デメリットのほうが大きくなってしまって，起きなくてもいいような対立に利用されたりすることがどうしても起こってしまう。

メタ理論や哲学は，そんなふうに絶対性や真理性を抜いたりすることによって，科学，宗教といった枠組みを，一旦対象化して，それでも「自分にとってはこれが役に立つからこれがよいと思う」といったように対象化できるものとして編み変えるときに役に立つと思うんです。そうすると，自分はこれが良いと思うけどあなたにとって必ず同じことが言えるかどうかと，ちょっと保留して自省する態度が生まれる。これはとても大切なことなんじゃないかと思います。

◆フロアからの質問

西條　それでは時間を過ぎてしまいましたので，質疑応答の方に移らせていただきます。ご質問のある方は手を挙げて頂ければと思います。

質問者　たいへん興味深いお話をありがとうございます。日常生活のなかでも，社会全体のなかでも信念対立はよく起きているんですけど，逆に調整の方となるとあまりなされていないような気がします。

中島先生がその「うるさい」「醜い」といったことで怒ってらっしゃるというようなお話があったんですけれども，「私はこの醜さには耐えられないんです。生きてられないんです」って言われてしまうと，他の人はどうしようもない。否定もできない。こういったように「当人はものすごく苦しい」というような場合が出てきますが，こういうことにはどのように対応していけばよいのでしょうか。

中島先生のような有名人だったらスピーカーを壊したりすることもできるかもしれませんが，立場の弱い人だと仮に本人がその感情的なレベルで死ぬほど苦しんでいても，それを個人のなかにどんどん抱え込んでいってしまうというような問題も出てくると思います。このような信念対立として顕在化もしない，押しつぶされてしまうような場合は，どういうふうに対応していけばいいのでしょうか。先生達のお考えをお聞かせいただけますでしょうか。

◆だましだましやっていくという方法

池田　それはもう原理的には解決する方法はないんですね。だからまあほんとにしょうがないって（笑）。たとえばね，多数の人が，中島義道に対して「中島義道がそこまで言うんだったら，まあそういう人もいるから，ちょっとは我慢してやろうか」っていうぐらいの話にはなるけれども，厳密にたとえばAさんとBさんがいて，完全に相反する感性をもっていたら，原理的には調停のしようがないんですね。

僕なんかも，腹立つことあるけど「まあし

ょうがないかな」っていうふうにふつうは諦めるけれども，諦めきれないときはどうするかといったら，法律を密かに破るとかね(笑)。僕だって，自分の欲望がまったく解放されなきゃ相当悪いことすると思うよね。僕が大学の先生にならないでヤクザとかになってたらけっこうたいへんなことになってたなと思って。悪知恵はたらくし（笑)。法律を破らないでもある程度欲望を解放するシステムを作ることは，だから社会の安定にとって非常に大事です。

ふつうの人はそういうふうに思わないんでしょうけど。社会的な枠を壊さない限り自分の欲望が解放されないっていう人はね，だから，とってもたいへんなんですよね。たとえば，この前も『欲望問題』っていう本を書いた伏見さんっていう人がいて，この人はゲイなんだよね。いまはゲイの人を認めてる人が多いからふつうのゲイはあんまり問題にならないけど，少年や少女にしか興味のない人は大変だって伏見さんは書いてました。

たとえば，七歳とか八歳の男の子や女の子とセックスしたいっていうのは，昔は別にそれでもよかったという時代もあったんだろうけども，やっぱり今の日本じゃタブーでしょ。そういうふうに社会的に公認されてない欲望を抱いた人っていうのはとても不幸で，自分の欲望を言うことすらできない。

ゲイの人はまだいいんだよね。「ゲイ差別はやめろ」とか，「女性差別はやめろ」とか言う人はいるけど，「少年愛者差別はやめろ」とは言う人はいないわけだからさ（笑)。「俺は五つの男の子が好きなんだ」とかって言う人は，「お前はヘンタイか」って言われるだけだからさ，そういう人のほうがほんとは不幸。

そういう欲望っていうはなかなか解放できないよね。そうなると，本人が何か特殊なことをして自分の欲望を抑えるか，自分の欲望を別の欲望に振り替えていくしかない。しかし，自分の欲望というのは自分で選んだもんだってふつうは思うかもしれないけど，実はそれは自分の頭のなかでは所与のものとしてやってくるから，自分の意志で変更することが難しい。たとえばどうしても五つの女の子に欲情しちゃう人がいたときに，ふつう「そんな欲望をもつお前が悪い」って言いたくなるけど，それはたとえばあなた方がきれいな女の人やかっこいい男の人を見たときに「あーあの人すてき」って思うのと同じようなレベルだから，どうしようもないんだよね。自分ではどうしようもないことを反社会的だっていうふうにあらかじめ規定されてるってところで生きるのはたいへんなんだよ。

だから中島義道はまだ本に自分の欲望や感性を書けるだけいいわけで，そうじゃない人ってちょっとたいへんだなって僕は思ってて。少年愛や少女愛の欲望が解放できるようにはこの世界はできてないんだよね。だからやっぱり欲望を解放するためには何か別のこと考えるしかない。たとえば，五歳の女の子のロボットをつくるとか（笑)。それで欲望が解放できるというならそれでもいいんだよ。だから，自分の欲望や感性を完全に解放することは思ったよりたいへんで，「差別をなくせ」とかいろんなことをみんな言うのは簡単だけども，「少年・少女愛はけしからん」というのは公認されてる「差別」なんだよね。公認されている差別というのは差別だと思ってないで，絶対悪だと思っている人の方が多いわけで，これをなくすのはたいへんですよ。だから公認されていない欲望を抱く人は，自分の頭のなかをだましだまし生きていくしかない。

◆「相互承認」という原理

竹田　哲学的に言えば，信念対立の問題というのは，つまり何が「善」で何が「悪」か，何が「聖なるもの」で何が「俗」かという価値観の問題ですね。昔は共同体というのは，これについてできるだけ厳密な一致を作っていた。そうでないとトラブルだらけになって共同体は成立しないから。つまり信念対立を克服する原理は，実力の強いほうが「正しい」というのか，それだとやはり闘いが起こるので，人間世界を超越した場所に絶対的な「聖なる権威」を作っておいて，みなでその権威に服するという原理しかなかった。だから，世界宗教というのはいかに大きな発明だったか分かります。

しかし近代社会は互いの「自由」を承認することが基礎だからそうはいかない。そもそもそれぞれの人間の気まま，自己中心性を解放しているわけだから，あらゆるところで価値観の衝突が起こる。イスラム教のように，絶対教義の中に慣習法のようなものもはじめに繰り入れてしまうのが，そういう価値観の衝突を処理するにはずっと合理的だけど，近代社会ではそうはいかない。近代社会での価値自由の衝突を調整する原理は「相互承認」です。じっさいこの原理でヨーロッパでは長く続いた宗教戦争がはじめて克服された。つまり，生きる上で何がいちばん大事かは各人でみな違う，ということをはじめに承認するということです。それで，生き方の信条については違いを問わない。ちょうど将棋をするとき，相手が金持ちだろうと高貴の出だろうとそんなことはみな捨象して，対等な一プレーヤーとしてだけ認め合うように。内的な信条は各人の内的な自由に任せて干渉しない。もちろん実際にはそう簡単ではない。この世の中で働けば，すぐに分かるのは，人間関係の基本は利害関係と権力関係だということです。そこでいろんな局面で価値観の違いは出てくる。で，たいていは実力をもった方が自分のルールや価値観を人に押しつける。そんなにフェアで開かれた関係というのは少ない。でも，いちおうの原則としては，各人は自分の価値観，自分の欲望を追求する内面の自由は保証されている。そこで，市民社会でつぎに出てくる問題が「差別」の問題なんですね。

「差別」とは何かというと，原則としてはルールによる差ではない。公的なルールでは，誰も差別されないということになっている。しかしたとえば多数の人間（マジョリティ）が，オレは部落出身者とか韓国人は嫌いだとか，対等と認めたくないとか考えていれば，いわば集団的に，ルールの無視，つまり明らかなルール破りではなくて，ズル(インチキ)ができる。そういうことはさまざまな局面で起こりうる。だから「差別」の問題は市民社会に固有の問題ですね。でも，基本的には，だんだん解けてくる。資本主義にはいろんな共同性を少しずつ解体してゆく力が基本的にある。差別は共同的なズルなので，共同体の枠組みがゆるむことで少しずつは解けてくる。そういう原理です。ただ，たとえば小児性欲なんて場合はどうするんだということは，少しレベルが違う。あらゆる欲望は，他人の自由を侵害しないかぎり相互に承認されるというのが原則だから，他人の自由を侵害するような欲望をもったら，それは制限されるほかはない。そりゃ本人のせいではないといっても残念ながらまた誰のせいでもない。自分はどうしても生理的に大きな音はいやだと言っても，もしそういう個別事情を承認すれば，あらゆる人のあらゆる個別的欲望が満たされないといけないことになる。それは不可能なので，どうするかというと，プライオリティを取るほかはない。多くの人が困っている事情から少しずつ生活の一般条件をあげてゆく，という以外に原理はない。自分はこの問題でひどく苦しんだ，だからこの問題こそ解決されるべきだと考える人は，たくさんいる。差別的な問題ではとくにそうです。解決されるべき問題と，条件として引き受けるほかないような問題とがある。もしそれを区別できなかったら，それがまさしく苦しみの最大の原因になると思います。

◆総括に向けて

西條　重要なご指摘ありがとうございます。

それでは時間も迫ってきていますので，そろそろ総括に入りたいと思います。ご質問にもありましたが，この部分で誤解して先に進めなくなることも多いので確認しておきたいのですが，ここでまず大事なことは，「原理的に解決可能な理路を拓く」ということと，「個別の現実的な問題を解決すること」は，違う次元の話だということを認識することだと思います。

僕らが議題にしてきた「信念対立」とは，自分がもっている「これは絶対に正しい」という確信が相対化されていない場合や，認識や価値，言葉ということに対する本質的な洞察を欠いているために，「構造的に起きる対立」のことなんですよね。ですから，この信念対立構造を解消する理路を拓くことは哲学的に可能なわけです。そう考えておくと，現実的で個別的なケースを解決する話と，原理的な話を混乱しなくていいのかなと思います。

◆竹田先生の意見のまとめ

西條　このことを踏まえた上で，お二人のご主張をまとめてみたいと思います。竹田先生は，信念対立の問題は，宗教対立の問題，政治的な意見の対立，学問的な対立といったさまざまな形をとるけども，その根本は基本的に同型であるため，哲学でこの問題がうまく解けると，日常の問題のこともよくわかるということで，哲学的な観点からお話してくださいました。特に「どういう条件があると，人間のなかにある確信が生じて，それが動かなくなってしまうのか」といったように「確信成立の条件を問う」という現象学的な観点からお話していただいたかと思います。

まず，高い確度の共通了解が成立する領域と，価値観や感受性といったように共通了解が成立しにくい領域があるということを踏まえて，ある感受性とか価値観に対して，自分の感度は絶対に正しいとなってしまうと，解きがたい信念対立になってしまうということを確認されました。それで哲学的には，カントのアンチノミーの議論を踏まえて，一元的か二元的か，あるいは絶対的か相対的かという世界についての問いは，あたかも事実の問いのようにみえるけども，どの答えも決して実証できないのであり，その対立の起源は感受性にあるということを説明していただきました。そして人間は一度「これが正しい」と思うとその直観を補強するのに都合の良い情報を集めますから，その直観はより強固なものになり，信念対立は解きがたいものになってしまうと。しかし，それは一元論，二元論のどちらも間違っているという話ではなく，関心相関的な観点からみれば，人間の生きるうえでの欲望や関心によって，一元論で考えるとうまくいくという場合と，二元論で考えたほうがうまくいく場合があるということですね。

そして，どちらもそれぞれの感度から機能する場合に，そうした対立は延々と続いてしまうんですね。社会的なレベルでの信念対立の構造も同じで，信念対立の根本にあるのは，感受性や利害の違いであったりする。その際に，自分達のもっている感受性を絶対視したり，自分達の立場の利益こそ普遍的だと言いだすと，そこに信念対立が起こる。

そうした信念対立を克服するための，市民社会における最大の工夫は，感受性や信念，信仰の問題は，絶対的な一致というものはないことから，崇高な理念を持っていても卑近な考えをもっていても，さしあたり人間として同権利のものとして認め合う，「相互承認」するという点にあったということですね。それによって宗教的な対立が克服する可能性が開かれたと。

このように現象学的な観点から，哲学史上，あるいは社会的変遷において信念対立がどのように生まれてきたのかを語っていただいたわけですが，そうした構造を認識することで，自らの今現在の立ち位置も相対的に捉えられるようになりますから，その意味でもとても有益なお話だったと思います。

◆池田先生の意見のまとめ

西條　池田先生は，本来個々人で多様な価値観が，共同幻想によって絶対的なモノとなることによって，信念対立が生まれるというような話をしてくださったと思います。小さい頃から自分の周囲の人がみんな特定の神を信じていたら，その神を信じざるを得ないといったように，ある感度は絶対的なものとして共同幻想として取り憑きやすいということですね。

それから，言葉に起因する信念対立についてもお話してくださいました。ふつうは，言葉を同じように使う人が多いし，辞書があったり，国語のテストがあったりするため，どこかに正しい言葉があるように思いがちですが，言葉というのは各人の頭の中にある恣意的なものなので，必ずズレているものなんですね。

でも，自分の使っている言葉を客観的に絶対正しいものだと思いながらコミュニケーションすると，ヘタすると「こいつ何わけわからないこと言ってるんだ」となってしまって，不毛な議論に終止することになる。じゃあ，どうしたらいいかといったら，何かうまく通じないなというときは，「もしかしたら同じ言葉を使っているけど違うことを言っているのではないか」と反省的に考えつつ議論するといいだろうというお話でした。

また文章を読んだり，話を聞いたりして，上手だとかヘタだとか思うことはあるわけですが，絶対的に正しい言葉はないということをわかっている人と，ナイーブに自分の使っている言葉が一番正しいって思い込んでいる人の言動はやはり違ってくるわけですね。

最後に，科学において信念対立を解消するためのお話もありました。現象の中の大事だと思った事象に焦点化してデータを取ったりして，現象を上手に説明する構造を追求するのが科学です。そのためその構造（理論）によって当然説明できる部分はごく一部なんですね。関心相関的観点からみれば，科学的理論の価値もユーザーの関心によって変わってきますから，二つの相反する理論があったときに，必ずしもどちらかだけが正しいということはなく，同じ事象に対してもこういう側面に関してはこの理論はうまく説明できるけど，こういう側面に関しては他の理論の方がうまく説明できるといったように使い分けていけばいいことになる。

そうすると，ある程度科学的理論から真理性を抜いていくこともできるし，背反する理論同士の信念対立に陥らずに，いろいろな側面ごとに役に立つ知見（構造）を積み重ねていくことができるというお話だったかと思います。

◆シンポジウムのまとめに代えて

西條　最後にまとめに代えて，フロアからいただいたご質問と両先生の返答を踏まえて私見を述べてみたいと思います。「宗教の自由」というのも僕が中学か高校の頃に習ったときは，「そんな当たり前のことをなんで言っているのだろう」と思ったのを覚えています。しかし，竹田先生のお話を聞いて，今の時代に生きる僕らからすると当たり前でも，市民社会において「相互承認」という原理が共有されたことから，初めて実現した考えであることがよく分かりました。実際，それ以前は「異なる善」を掲げる人を対等な権利を持つ人間として認めるということもなかったため，酷い殺し合いが行われてきたわけなんですよね。

他方で，池田先生が質問に答えられたように，相互承認という原理を置いても，現実には原理的に解けないケースというのもあって，特に社会的に容認されていない欲望を所与のものとしてもってしまった場合には，その人は自分の頭の中で「だましだまし」やっていくしかない。人間は何事も割り切れる形で解決したがるので，だましだましというのはスッキリしないかもしれませんが，世の中割り切れることばかりでは当然ありませんから，その都度その都度与えられた状況で何とかやっていくことは，とても大事なことだと思います。

それと極端な話，たばこをどうしても吸いたい，吸わなきゃ死んでしまうっていう人と，たばこの煙を吸ったら死んでしまうという人とが出会ったときには，やっぱり困りますよね。養老先生の『バカの壁』の帯に「話せばわかり合えるのはウソ」といったようなことが書いてあったかと思うのですが，どうあがいてもわかり合えない人同士が一緒に暮らすことで，双方が苦しむだけということがある。

分かり合う必要があり，分かり合える可能性があるなら，関心相関的観点を駆使して「わかりあう筋道」を拓いていけばいい。ただし，必ず分かり合わなきゃいけないというわけではありませんから，関心に応じて「相互不干渉」という原理をおいて，「棲み分ける」と選択肢をとることも，もう一つの「わかりあい方」の選択肢となると思います。

現在，ボーダーレス社会，グローバル化ということがもてはやされていますが，これはいいことばかりではなく，ときに背反する感度（文化）を持った人が交流するということでもあって，その意味ではなかなか厄介な時代になったともいえるわけです。そうした時代だからこそ，関心相関的観点によって，「相互承認」や「相互不干渉」のいずれも柔軟に選択できる筋道を原理的に拓いておくことは大事になる。二つの一見背反する原理を使い分けていくしなやかさは，こうしたメタ的な視点に立つことにより得られるものでもあるわけです。

この鼎談は，「現実で生じているズレを新たな考え方（原理）を置くことによって解消する」という哲学的実践を高度に体現されていたように思います。会場の皆様にもこうした形で哲学は信念対立の解消に役立つという感じを掴んでいただけたのではないでしょうか。

では，時間になりましたので，以上で鼎談を終えたいと思います。ありがとうございました。

参加体験記

I-4 参加者の視点からみた第1回構造構成主義シンポジウム

門松 宏明

introduction

空気にも音や匂いがあるようで，もしかして，と思うとやはり雨だった。天気予報では確かにこの日に降ると言っていたのだが，それまでの数日，いや数週間に渡って雨を見ない日がつづいていたため，思いがけないスタートだった。よりによってこの日でなくても……と思えてくるが，その一方で，これも構造構成主義がもつ一つの宿命的な面白味であるようにも思えてくる。

構造構成主義は，誤解を恐れながら言えばちょっと上手くいき過ぎている。相当の内実があるためであったとしても，ややトントン拍子すぎではないか。ふとそんな風に感じるときもある。だから僕は構造構成主義に対して，「ぜんぶは上手くいかなくていい」と思っている。その意味において今朝の雨は，この「わかりあうための思想をわかちあうためのシンポジウム」と名づけられた華々しい会を開催する上では，むしろ望ましいロケーションですらあるかもしれない。そんなことをボーッとした頭でなんとなく考えたあと，顔を洗い，コーヒーを淹れ，乾いたパンをかじり，家を出た。

事前のアナウンスによれば，日曜日の大学近辺のお店はほとんど閉まっているという。それで駅までの道すがら，スモーク・チキンとレタスのサンドイッチ，ウーロン茶のペットボトル（500ml）と小さい缶コーヒー（微糖）を買った。

午前9時前のガラガラに空いている電車で，昨夜プリントアウトしておいたシンポジウムのタイムスケジュールと，前日に自宅へ送られてきた書籍『現代思想のレボリューション—構造構成主義研究1』を眺めた。静かな車中であてもなくそれらを読むうちに，音もなく何かのスイッチが入っていくような気がした。乗り換えを含めて約55分，東京メトロ東西線・早稲田駅へ到着した。

地上へ出ると，やはり雨が降っていて，さっきより幾分，風が強くなっているようだった。早稲田通りを進んでいくと，以前に西條さんのゼミで知り合ったS君が，会場への道案内として傘をさして立っていた。「寒いね」「冷たいです」と声をかけ合い，念のために大学までの道のりを確認して別れた。前を歩く誰もが，シンポジウムへ向かっているように感じられる。閑散とした，人工的な風景を辿る。構内の大きな地図で会場を確認して行くと，それは「こんなに大きいのか」と思わず声が出てしまうほど立派な校舎だった。長い階段を上がり，傘をたたんで中へ入ると暖気が体を包んだ。受付を済ませるまでのあいだに何人かの知り合いに挨拶をした。この日の撮影を担当することになっていた大和さんは「一睡もしていないんだ」と言った。

会場はコンサートホールのような仕様で，階段状に広がる客席からステージを見下ろせる。クラシックの演奏や演劇などをやるのにピッタリだな，と心地良くその広がりを見渡したが，この環境には2つの問題があった。1つは客席の光量がステージの明るさとほぼ同じだったことで，確かにそのようなかたちであれば，話し手と聞き手が同じ空間を共有できるようにも思われるが，それは同時に，聞き手に与える負担を増やしてしまうようにも感じられた。長丁場のイベントであるし，このような場合には客席の明かりをすこし落として（ノートを取ったり資料を読んだりすることはできる程度に），ステージの方だけを明るくしておくと，見る側の身体的・精神的ストレスがだいぶ緩和されるのではないかと思う。

もう一点は，机と椅子の隙間が随分詰まっていたために，長く横並びになった席の中の方に座ってしまった人は，外へ出るたびに脇の人たちに一旦外へ出てもらわなければならないということがあった。細かい点かもしれないが，これらの地味で切実な問題を解消することもまた，諸学の務めではないだろうか。

ステージ上で，スタッフの皆さんが右へ左へ準備に奔走する姿を眺めた。たまに袖から顔を出す西條さんを見て，余り寝ていないのだろうな，と勝手に想像した。やがて会が始まった。

開会の言葉

京極さんが壇上に立ち，登壇者を紹介した。養老先生，竹田先生が上手から姿を現した。拍手。登壇者がつづく。ステージを右から左へ一様に横切って歩き，階段を降りて最前列の席に入っていく。京極さんはタイムスケジュールを読み上げ，「開会の言葉」として池田先生の名前を呼んだ。

ステージの中央で，池田先生は椅子も机もマイクスタンドもないまま，時々左手をポケットに突っ込んだり，マイクを持ち替えて右手を首の後ろにあてたりしながら，エントロピーと秩序の話をした。エントロピーの増大を抑えることは，秩序を高めることである，秩序の高いものと低いものが戦えば，秩序の高いものが勝つ……。池田先生の話は耳に心地よく，内容も面白い。だが，「面白いなあ」なんて気を抜いて聞いていると，じつはそれが後々の前段になっていたり，いつの間にか難解な内容にフェードインしてしまっていたりするので油断していてはいけない。それは池田先生の著作についても言えることで，僕は『構造主義科学論の冒険』や『虫の思想誌』を読みながら，想像もしていなかった場所へ連れて行かれるようなトリップ感覚を何度も味わっている。

第1部（本書Ⅰ-2として収録）

第1部で講演を行った養老孟司先生は，軽やかな人だった。訥々とくり出されるお話は一語の無駄もなく体へ届いてくる。というのは，人によってはノイズとして受け取りうるような部分も含めて，すべての要素が全体にとって不可欠な役割を持っているように感じられるということだ。リズミカルにくり出される語りとステージを移動しながら話される様子まるで音楽で，僕はヒップホップのライブなどを思い出しながらそれを見ていた。

養老先生は，この講演でいくつもの重要なことをサラッと言った。具体的な内容については本書に掲載された養老先生の論文を参照して頂きたいが，1つだけ僕がこの講演から受け取ったことを挙げるなら，それは「自分の頭で考えつづけること」の肝要さである。例えば僕は，たった1つしかない「真理」というものを，あるいはそれに辿りつくための特効薬的なものの存在を，すぐに求めてしまう。考えつづけるということは，そうした自らの傾向を常に意識化し，そこから生まれる不安定さに耐えつづけることであるかもしれない。それはすこしキツいことだけど，その不安定さの中にこそ，ある種の希望は息づいているのではないだろうか。養老先生の話す姿を見ながらそう思った。

第2部（本書Ⅰ-3として収録）

ステージの中央に，2台の長机が置かれた。向かって左の机に西條さんが，右側の机に竹田先生と池田先生が着席した。西條さんはノートパソコンを開けて，その脇にノートやレジュメなどを置いて，ペンでメモを書きつけながら話を始めた。前日までのウェブ日記では，「あまり鼎談の用意をしていない」といったことを書かれていた西條さんは，哲学とは何か，科学とは何か，ソシュールは，現象学は，といった構造構成主義の要素を僕らの目の前で一つ一つ丁寧に俎上に乗せ，その両先生に語ってもらうという，贅沢と言えばそのようにも言える，しかし何よりこれ以上ない理に適ったかたちで場を進行した。

竹田青嗣先生のことを，今回初めて間近で見た。しかし心の中では，僕は10年前から彼の生徒だった。大学1年生で，空虚に押しつぶされそうになっていた僕に，ものを考えるきっかけと元気を与えてくれたのは竹田先生の著書『自分を知るための哲学入門』だった。そのような，本の中でだけずっと対話していた相手がそこにいるというのはなかなか得がたい経験だ。竹田先生は，途中で20分ぐらいほとんどノンストップでしゃべった。タフだなあと思ったが，それは驚きではない，やっぱりそうだよな，という確認だった。身振りをつけて，竹田先生は話した。僕はたぶん，竹田先生の言っていることを半分も理解していない。でも，わからないまま聞く話にも意味はあるだろう。それを聞きつづけるには少なからぬ体力が必要だが，その先には光がある。そのことは，山を苦しんで登るほど，振り返ったときに目に入る景色が益々絶していくことに近い。

池田先生にマイクが渡ると，場内の空気に鮮やかなコントラストが生じた。それは大きな刷毛で，バーッと色を塗り替えたかのようなじつに具体的な変化として僕の前に現れた。池田先生の話は聞いているのが気持良い。そこには中毒性があるのかもしれないとすら思えてきて，ちょっと怖いぐらいだ。そしてそのことは，池田先生のよく通る声の質とも大きく関わっているだろう。声の質感というものは，発話者の内面的なことと深く関わっているのではないだろうか。少なくとも僕はそのとき，池田先生の「精神」に触れているような気がしている。

西條さんによる，「哲学の役割をひと言で言えば，“ズレの解消”ということになる」という話に静かに興奮した。これは，今回のシンポジウム全体の向かう先を言い当てるキーワードとなっていたばかりか，後から気がついたところでは，2003年に刊行された養老先生の著書『まともな人』のあとがきにおいて，とても重なる以下のようなことが書かれていた。「自分の関心と相手の関心のズレ，それをなんとか埋めようとする。大げさにいえば，その作業が，私のこれまでの一生だったという思いがある」[1]。

僕は以前から，西條さんの数ある特性の中でも大きなものとして，「例示の卓抜さ」「本質を言い当てる力」があると思っていた。というのは，ある現象を他者へ伝えるための一種の「メディア」（媒介物）を適切に構築する能力があるということで，さらに言い換えればそれは，本来ならば身振りや図説によって伝えるような（それらを用いなければ伝えづらいような）内容物を，「喩え」や「キーワード化」といったかたちで言葉へと変換し伝達してしまうということだ。“ズレの解消”という西條さんの言い当ては，僕を含めた未来の多くの人々にとって，具体的な助けとなるだろう。

本書に掲載されている鼎談記事には載っていないが，この質疑応答の直前に第2部全体の司会の苫野さんが行っていた各発言の要約と，その後の段取りに関する提案をとても良い感じだと思った。あれだけの長く濃いやり取りを短い時間の中で要領よくまとめるということは，同じ時間を同じ場所で過ごしているとわかるが，相当に大変なことだろう。このことは第3部を進行した川野氏についても言えることで，進行役と言ってもただ相づちを打っていれば良いわけではないのだなあ，と僕はただ感心するばかりだった。

第3部

さて，じつを言えば，僕は第2部が終わった段階ですでに相当，疲れていた。第1部の養老先生の講演を聞き終えた時点でも多くの体力がなくなっていたけど，第2部の豊穣かつ精巧な時間を経たことで，それは決定的なものになっていた。さらに言うなら，第2部から第3部までの休憩時間は予定よりずっと短い10分程度しかなくて，僕はそれまでの疲れをほとんど回復することができずにいた。

しかし，そのようなコンディションであったにも拘らず，進行・川野氏によるユーモア機敏な卓抜とした進行とそのノリで，なけなしの僕の集中力は何とか体へ引き留められた。また，3名の話題提供者がそれぞれに使っていたパワーポイントによるプレゼンテーションの

▲(左から)京極　真氏，斎藤清二氏，高木廣文氏

面白さに惹かれるうち，時間はみるみる過ぎていった。最初に発表を行った京極さんに至っては，その次々変わるパワーポイントの資料を80枚ほど作成したと言う。個人的な印象から言えば，それら膨大かつ高速に展開されたスライドは，かえってそこで提供される話題を，受け手に吟味・浸透しづらくさせる働きを持ってしまっていたのではないかと感じられたが，その点について閉会後にご本人から聞いたところでは，第２部が長引いたことから主催者の一人として発表時間を短縮しつつ，同時に医療関係者に対して効果的に内容を訴えかけるために選択された方策であったとのことで，確かにそう考えてみると，発表全体に関しては，受け手が話を聞く際に被る負担をなるべく減らしながら，シビアな題材へ興味を惹きつけようとする姿勢を貫く妥当かつ意欲的なものであったようにも思われた。

斎藤先生は，物腰の柔らかい方だった。僕はその時間を，年上の知人の佇まいを思い出しながら懐かしいような気持で見ていた。斎藤先生の画像資料は，どれもヴィジュアル面における配慮が成されていて見やすいことが印象的だった。先生はそうした画像について，「暗くて見づらいですから，あんまり見なくていいです」と仰っていたが，京極さんや高木先生のものも含めて，僕はこの場で流されたこうした資料群を後から何度でも閲覧／吟味したいなと思った。

高木先生の発表を，僕は質的研究の置かれた状況についての報告といった体で捉えた。話される内容はいずれも「そうか」「そうだな」といった感じで，僕は専門家でも何でもないのにも拘らず，最後まですんなり聞けてしまった。高木先生も総じて柔らかい雰囲気の進行をされていたが，それは斎藤先生の進め方ともまた違う様子だったので，結果的にはそうした三者三様の語り口が，この話題提供タームを動きのあるものとしているように思われた。

話題提供が終わり，ステージ上の長机と椅子に，先の３名を含めた５名の発言者が並んだ。ここで加わった池田・井原両氏によるコメントもまた，非常に興味深いものだった。例えば池田先生による「マニュアル化」というキーワードを用いての京極さんへの指摘は，「むしろマニュアル化をせずに，どう信念対立を克服するかという視点で考えています」という京極さんの回答を呼び，また同じく池田先生による「どう記述するかが問題なんだ」という発言は，本会の全編を通して池田先生が発していたメッセージの中でも，とくに印象深いものとして聞くことができた。

井原氏による硬質な洞察に基づいたコメントは，後からメモした内容を見てみると非常に深い問題提起だったように思われるのだが，その場においては３名の話題提供者から芳しい反応を呼び込めなかったように見えた。そしてそれは，参加者に生じた疲労によるものではなかったか，と僕は思っている。

と言っても，僕は登壇者の態度を批判しているわけではない。ただ，会全体の構成の仕方として，この辺りではあえて時間的／空間的な間合いを広めに取って，登壇者にとっても，客席にいる聞き手にとっても，より適切な進行を探求する余地があったのではないか，ということだ。

第２部と同様に行われた質疑応答では，すでに予定時刻を大幅に超過していたため，川野氏の判断により，会場から挙がった数名の質問を先に取り，後から壇上の５名と西條氏が(西條氏の場合は閉会の前に言い添えるかたちで)，あわせて受け答えるかたちをとった。

この中で，いつまでも質問者の発言が終わらないというケースがあった。時間が足りないこともあり，川野氏が途中で割って入って簡潔にまとめるよう促したが，そこからさらに話はつづいた。僕はそこら辺のさじ加減というものを，本当に難しいと思った。質問者や進行係の，どちらが悪いという問題ではないのだ。こうしたときに重要なことは，その質問内容や進行方法の良し悪しを判断することではなく，それらの発言が場の内容に応じた時間を抱いているのか，そうではないのか，ということにあるだろう。それはいわゆる「空気を読めるか／否か」といった浅薄な議論と似てもいるが，例えば「空気を読む」といった見方が，基本的には発言者自身のために考慮されることに対して，質疑応答における有益な質問とは，「場に奉仕する」ようにして行われるかどうかが問われるものだろう。そしてこの観点から見れば，今回のシンポジウムを含めた数多の質疑応答の時間（質問）というものは，余り理想的なかたちでは供されてないように僕は感じている。

ところでしかし，僕はそのような長々とした，一見まとまりのない発言（質問）を忌避すべきものだとは思っていない。むしろ，重要なものだと思っている。言い換えれば，そうした「ひと言でまとめることが難しい声」を受け止められる場こそが，必要とされているのだ。今回提示された質問の内容や，それらに対する僕の考えについてここでは触れないが，そのような「場に合わない質問」を，どのようにすれば適切なかたちに配置できるのかと考え合うことが，社会全般のあり方として求められているのではないだろうか。

（第３部の詳しい内容は，以下の文献に掲載されているので関心のある方は参照してください。養老孟司・京極　真・斎藤清二・高木廣文　2007「特集　医療現場で『わかりあう』ための原理―構造構成主義の可能性」『看護学雑誌』71（8），692-715）

閉会の言葉

ステージ上のメンバーによる質疑への回答が終わり，最後の登壇者として西條さんが立った。休憩は挟まず，時間は午後６時を過ぎていた。「どうも始まる前に飲んだ栄養ドリンクが切れたようなのですが……」と始まった西條さんのコメントは，先の質疑応答のうち，まだ回答されていない１つ１つに対して向けられた後，おそらくはこれまでに経られた幾多の発表から培われたのであろう手際で，閉会の言葉へと切り換わっていった。

言葉を吟味しているのか，疲れに押し出されそうなのか，それとも，いつもこのような感じであったか，そこからの話は途切れ途切れに，ゆっくりと進められた。初めて会ったときから思っていたが，西條さんの声は非常に独特である。池田先生のそれともまた違う，しかし「よく通る」という点では似ているその声で，「これからは，民主主義の時代から構造構成主義の時代へ……」と，半ば冗談のようなフレーズを挿して会を締めくくった。

懇親会

閉会後，しばらく椅子に座ったままボーッとしていた。来場者がほとんどいなくなってか

ら，煌煌と電灯に照らされたフラットな場内を歩き，先ほどまで登壇者の皆さんが座っていた辺りからグルッと見回した。マフラーを巻いて手袋を重ねて持ち，傘を取って外へ出た。シンポジウムの行われた建物から数分歩き，懇親会の会場へ着くと，世代を越えていろいろな人がいろいろな話をしていた。

なぜかこのときのことで一番憶えているのは胸につける名札の存在で，僕は最初，それを付けることに何となく抵抗を感じていたのだが，徐々になかなか新鮮なものとして思われてきた。何しろ名札を胸に付けるだけで，本来であれば見知らぬ人と交わさなければならない前提的な挨拶項目が，いくつもショートカットされてしまう。シンポジウムとはほとんど関係のないそのようなことについて思いをめぐらせながら，僕の長い一日は終わった。

afterword

ここ数年，僕には頻繁に想像される動的モデルがある。それは主に，「垂直跳び」という競技の姿をとって表れる。もし「垂直跳び」を通して，世界中の人々が「どれだけ高く跳べるのか」ということを競うことがあれば，そこでは各自の能力の違いが歴然として表れるだろうし，厳密に順位をつけていくことも可能だろう。もちろんその順位とは，無数に存在するであろう人間への見方の1つに過ぎない。しかし，にも拘らず，現代において我々は，まるで「垂直跳び」というじつにシンプルな競技によって全人類に順番をつけていくかのように，限定的で一元的な見方によって，多くの現象を計りにかけてしまいがちであるように思われる。そして，今回の重厚にして長大な会を通して，僕はやはりそうではない，多様な物の見方を許容していく中でこそ，世界は（人々は）妥当なかたちで認識されていくように感じた。

正直なところ，僕はこのシンポジウムで話されたことのほとんどを，きちんと理解できていないと思う。と同時に，それを短い時間で，十全に，誰もが認めるようなかたちで理解するべきだとも思ってはいない。必要なのは，自分なりにそれを掴むということだろう。僕に適した「掴み方」は，こうしてそのときに感じたことを微かな記しとして残しながら，やがてまた，これをきっかけにその内実を反芻し，少しずつ知見を積み重ねていくという方法だ。それは時間のかかる，不安定なやり方だが，僕はこうした道筋に，大きな可能性とスリルを感じている。ここで過ごした時間を一つの契機として，さらにものを考え，表したいと思っている。そのための第一歩として，この体験記を記した次第である。

引用文献

［1］　養老孟司　2003　まともな人　中央公論新社　p. 229

関連文献

第1部

・養老孟司　2005　無思想の発見　筑摩書房

第2部
・池田清彦　1990　構造主義科学論の冒険　講談社
・池田清彦　1997　虫の思想誌　講談社
・竹田青嗣　1993　自分を知るための哲学入門　筑摩書房
・西條剛央　2005　構造構成主義とは何か―次世代人間科学の原理　北大路書房
・養老孟司　2003　まともな人　中央公論新社
第3部
・京極　真　2007　構造構成的医療論の構想―次世代医療の原理　構造構成主義研究, 1, 104-127
・斎藤清二・岸本寛史　2003　ナラティブ・ベイスト・メディスンの実践　金剛出版
・Takagi, H. 2007　A unified view about qualitative and quantitative methods by the structural constructivism, 8th International Interdisciplinary Conference : Advances in Qualitative Methods, Conference Program, 48 (22, Sept., Banff, Alberta, Canada)

写真：大和比呂志

第Ⅱ部

論文

原著論文（研究）

Ⅱ-1 総合知としての文学の本義 ——構造構成的言語行為論に基づく言表価値性の立ち現れ体系

浦田　剛

1節 はじめに

1．【問題】ポストモダニズムという閉塞状況：専門主義の陥穽，価値相対主義の蔓延

百家争鳴という言葉がある。——春秋戦国の時代，中国大陸の覇権を争う諸侯たちは，理論武装のブレーンとして多くの知識人たちを雇用していた。彼らは多くの学派に分かれ，各自の主張を展開していた。——百家争鳴。この言葉は，あるいは文学研究の現状にこそ相応しいものかもしれない。作品の意味を作者に還元する実証主義的研究から，新批評（ニュークリティシズム）に端を発する作品分析へ。そして1960年代，いわゆる言語論的転回に基づくポストモダニズム的な学問状況の幕開けによって，文学研究の地平は大きな変容を余儀なくされた。以後，構造主義に基づくテクスト論から，フェミニズム批評，ポストコロニアリズム，読者受容論，ディコンストラクションといったポスト構造主義批評に至るまで，その方法論は現代思想や哲学の流れと切り結びつつ，まさに複雑多様な様相を呈している。そして現在の文学研究の最前線は，さしあたり文化研究（カルチュラル・スタディーズ）にあるといってよいだろう。文化研究。——正確にいえば，その射程はもはや文学研究にとどまらない。言葉によるテクストに限らず，従来はサブカルチャーの範疇に含められていた音楽，絵画，ファッション，写真，そして映画といった複数のメディアについて領域横断的に読み解くことが，カルチ

ュラル・スタディーズの主眼である。文化的諸相の背後にある社会的な権力構造を問題とする“カルスタ”の流行は，近代文学という制度そのものが依拠している政治性・歴史性をも暴きだしている。

学問としての文学研究の発展を望むならば，方法論の複雑多様化は歓迎すべきことに相違ない。なぜと云うに，研究対象をより深く理解するためには，特定の限定された視点から対象にアプローチする方法論を用いたほうが効果的に違いないからである。事実，現代のあらゆる諸学問はおおよそ細分化＝専門分化（スペシャライゼーション）のベクトルを指向することで発展してきた。しかしながら，専門主義の展開は総合知の欠如というアポリアをも同時に含んでいる。――いわゆる学問のタコツボ化である[1]。分かりやすく言うならば，専門領域に則った教育を受けるほどに，自分の専門以外のものが見えなくなるという弊害のことを指している。西部邁の『知性の構造』では，現在の諸学問が共通して陥っている専門主義の弊害について，以下のような指摘がみられる。

> 経験的事実は円形状の複雑性を示しているのに，その上の一点にあたかも接線を引くように単純化の論理をほどこすやり方，それがアナリティシズムつまり分析主義である。そして学術におけるスペシャリティズムつまり専門主義はこの分析主義に依拠して成立している。[2]

引用文中の「経験的事実」に「文学作品」の語を代入すれば，西部の問題提起は文学研究にもそのまま該当しよう。――芥川龍之介が廬山の峰々に譬えたごとく，文学テクストは多様な観点から考察されうる複雑性を具備している[3]。それゆえに方法論も多種多様化したわけであるが，専門分化の代償として，作品を総合的に把握するアプローチがなおざりにされるという現状がある。西部の問題提起を踏まえつつ，その図示化を図るとするならば，以下のようになるだろう［図Ⅱ-1-1］。これに対する解決策としては，異なるアプローチ間のコラボレーションを計ることによって，専門領域の盲点を相互に補完しあうことがさしあたり正攻法だといえる［図Ⅱ-1-2］。

しかしながら，ただ複数の研究方法を併用するというだけでは問題の根本的な解決には至らない。異なる視点に依拠した研究方法の併用は，たしかに対象の理解可能範囲を広めはする。しかし同時に，複数視点のあいだの共通項はどんどん狭まってしまい，しばしば方法論上の信念対立が惹起されるのである。

文学研究における信念対立の代表的な一例としては，作品論とテクスト論という異なる方法論をめぐる対立が挙げられよう。前者は近代文学の解釈において伝統的な位置を占めるもので，作品の意味を作者の意図，あるいは社会的状況に還元する

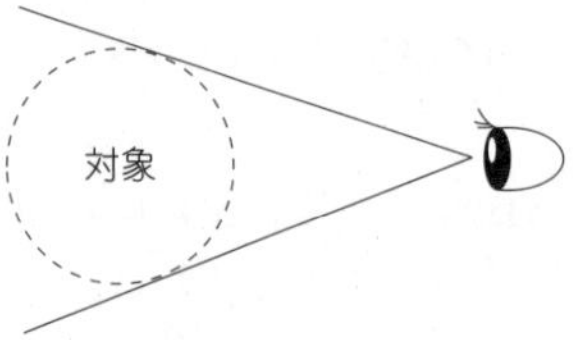

図Ⅱ-1-1　単独の視点からの研究

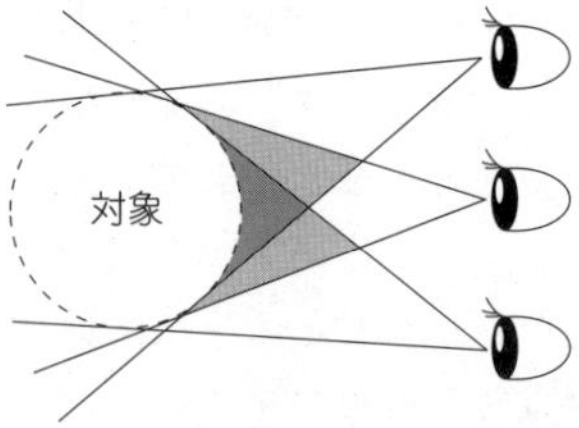

図Ⅱ-1-2　多様な視点からの研究

実証主義的な読みを指す。それに対して，後者はロラン・バルト（Roland Barthes）の「作者の死」という提言に端を発するもので，言語論的な観点に立ち，テクストの言説そのものの構造分析を試みる[4]。この信念対立に関する具体的な解法としては，すでに加藤典洋，柴田勝二らによる試みがある。加藤典洋の『テクストから遠く離れて』では，人格としての作者に代替するものとして，「作者の像」という概念を提示している[5]。また，柴田の『〈作者〉をめぐる冒険　テクスト論を超えて』では，加藤の脱テクスト論を継承しつつ，テクスト内部においてその表現を統括する〈機能としての作者〉という概念へと正常進化を試みている[6]。長らく文学研究の現状を呪縛しつづけた信念対立の“呪”を解く上で，両者の試みはたいへん貴重なものだといえるだろう。

文学の読解における方法論上の対立を解消しうるものとして，本論は加藤や柴田の試みを基本的に評価している。ただしここで，いま一歩の跳躍が必要とされるであろう。というのも，作品論／テクスト論という二項対立は単なる方法論の相違にとどまらず，両者の依拠する思想的基盤の相違によって生起している問題だからである。――学問分野における専門主義，価値相対主義という現状は，根本においてポストモダニティの隘路に端を発している。こと日本におけるテクスト論は，ロラン・バルトの主張に伏在していた神（絶対／普遍）への対抗というコンテクストを捨象するかたちで受容されたために，批評性の剥落した表層的な流行として消費されるに過ぎなかった。田中実と須貝千里は，この現状を「80年代問題」として俎上に載せ，ポストモダニズムからの脱却を標榜する文学運動を展開している。

> 「80年代問題」とは，日本における価値相対主義の歪みの問題である。1980年代にこの国に本格上陸したテクスト論は神（絶対・普遍）と闘う真正のアナキズムの主張としては受容されず，それが神（絶対・普遍）との闘いであったなどとは思いもよらずに，エセアナキズムの主張として受容されていった事態のことである。[7]

作品論とテクスト論に代表される方法論上の対立を解消するには，単純な折衷主義によっては根本的解決には至らない。文学研究に新機軸を打ち立てるためには，まず以ってポストモダン的な学問状況そのものからの脱却を企図しなければならないのである。本論の問題意識は，現状において表層批評に陥っている文学の本義を正すところに端を発する。

須貝はまた，上述の「歪み」は文学研究のみならず，東西冷戦構造の解体とバブル経済の崩壊を経験した日本社会の全体を覆う問題であると主張するが，ここで念頭に置くべきことは，文学テクストがもはや現実世界の問題を表象＝代弁（re-present）する力を失効しているという事実である。――2003年10月に開催された「近代文学の終わり」という連続講演のなかで，柄谷行人は近代文学＝小説に付与されていた「特殊な重要性，特殊な価値」について言及している[8]。それによれば，近代文学はさまざまな社会的階層を想像の共同体のもとに結びつけることによって，国民国家（Nation State）を形成する基盤として機能していたという。柄谷は，文学の周辺をめぐる諸問題を世界資本主義の展開において考察することで，「近代文学の終わり」は歴史的な必然であると断定している。

> 今日の状況において，文学（小説）がかつてもったような役割を果たすことはありえないと思います。ただ，近代文学が終わっても，われわれを動かしている資本主義と国家の運動は終らない。それはあらゆる人間的活動を破壊してでも続くでしょう。われわれはその中で対抗していく必要がある。しかし，その点にかんして，私はもう文学に何も期待していません。[9]

文学研究の新生面を切り拓かんと企図するためには，須貝や柄谷の現状認識を真摯に受け止める義務があるだろう。――2001年9月11日を発火点として，世界はその表情を変えた。人種差別，宗教対立，或いは経済的な不均衡といった現象に対して，ポストモダニズムによる知見は一切の指針たり得ていなかったことが世界中に暴露されたのである[10]。多様性や価値の相対化といった言説は，現実世界の諸対立を調停することに失敗していた。表層的な差異の戯れによる自己悦楽に浸っていられた時代は，すでに終焉を迎えたのである。――二十一世紀の文学の責任。それは偏に，現代の“百家争鳴”を調停しうる総合知としての本義を復権するところにあるのではないか。むろんそれは，制度としての文学に固執することによっては達成されまい。文学を形づくる言葉は，一方で日常生活，社会，政治，文化といった諸相を根柢から規定するものでもある。従って，文学研究の「歪み」を正すためには，まず言語活動の初歩に立ち返って思考することが不可欠なのである。

2．【目的】ポストモダニズム的な学問状況からの脱却：総合知としての文学の復権

文学研究におけるポストモダニズム的な学問状況の打破。――本論は，これを最終的な目標とする。それは専門主義と価値相対主義の隘路を脱却し，総合知としての文学の本義を再構築することにもつながるだろう。具体的な目処としては，言葉による表象がいかにして価値づけられるのか，すなわち言表価値性の立ち現われを体系化することによって，文学研究における個々の方法論の対立を解消し，建設的なコラボレーションを促進するための理路を構築する。

3．【方法】言表価値性の体系化：言語行為論，志向相関性，構造構成主義

前項の目的を達するため，まず二節において文学研究の歴史と現状，並びに今後の研究が目指すべき方向性を概観する。ポストモダニズムからの脱却という最終的目標を達成するためには，いわゆる言語論的転回（Linguistic Turn）と呼ばれる1960年代の思想状況について批判的に吟味する必要があるからである。

つづく三節では，ロラン・バルトの提起したテクスト論の意義と問題点を中心的議論とする。作品論とテクスト論による二項対立的な図式は，文学研究における信念対立の禍根をいまなお残存せしめているが，本論では身体論的な観点から読書行為を考察することによって，両者の差異を発展的に解消する。具体的解法としては，J・L・オースティン（J. L. Austin）[11]によって提起され，ジョン・R・サール（John R. Searle）[12]によって体系化された言語行為論（speech acts）を基軸としながら，個々の言語行為が「送信者（話し手／書き手）」と「受信者（聞き手／読み手）」を前提としていることを出発点とする。オースティン&サールの言語行為論に関してはジャック・デリダ（Jacques Derrida）[13]による鋭い批判があるが，本論ではデリダの提起した問題点についても積極的に導入したい。論理体系の異なる両者の知見を発展的に継承するために，本論では構造構成主義を採り入れる。――西條剛央によって体系化された構造構成主義は，「信念対立（二項対立図式）の超克，絶対化された方法論の相対化（方法論の多様化），科学性の担保」を可能とするメタ理論である[14]。以上の知見を踏まえ，本論における中核理論である構造構成的言語行為論の体系化を試みる。

四，五節においては，それぞれ発話／記述行為と受容／読解行為における志向性（intention）の問題を主軸とする。志向性とは，エドモント・フッサール（Edmund Husserl）によってまとめられた現象学の中核概念である[15]。本論では，言表の意味は発話／記述主体と受容／読解主体との志向性に相関して立ち現れると規定する。発話／記述行為の原理については，ジャック・デリダの『エクリチュールと差異』[16]と，松澤和宏の生成論[17]を踏まえることによって，言表が送信者の志向性に相関して発話／記述されるさまを体系化する。また，受容／読解行為の原理については，

綾目広治による脱ポストモダン的な読解の試みや[18]，ウォルフガング・イーザー（Wolfgang Iser）の読者受容理論を踏まえながら[19]，言表の意味が受信者の志向性に相関して立ち現れるさまを定式化する。最後の六節では，構造構成的言語行為論に基づく言表価値性の立ち現れを体系化し，文学研究における応用可能性について吟味するとともに，旧来の文学制度にとらわれない，総合知としての文学の可能性について言及する。

2節

文学研究の歴史と現状

1．文学研究の歴史

文学研究は一体いかなる方法的変遷をたどってきたのであろうか。――その変遷を紐解くにあたって，まずは近代西洋における文学研究がどのように推移してきたのかを見ていきたい。というのは，そもそも近代小説という概念は西洋からの輸入品であり，現在の日本文学研究の場において取り沙汰される「文学理論」なるものは，欧米からの輸入概念に他ならないからである。従って，以下に提示されるがごとき文学研究における諸派乱立の現状は，日本文学の研究が抱えている現状とも重なっていると言えるだろう。

(1) 実証的研究：作者還元主義の時代

文学研究の基礎を最初に築いたのは，しばしば「近代批評の父」あるいは「近代批評の創始者」と位置づけられるサント=ブーヴ（Charles Augustin de Sainte-Beuve）[20]である。彼が依拠した方法論は，作品の意味や存在価値をすべて作者の個別性に還元するというものであった。十九世紀において主流を成していた方法論は，主にこうした外在的批評である。作者の個別性を社会的背景や歴史的文脈に還元しようとしたイポリット・テーヌ（Hippolyte Adolphe Taine）[21]も然り，作品の解釈に外在的な情報を取り入れるこの系譜は，ギュスターヴ・ランソン（Gustave Lanson）[22]に引き継がれ，二十世紀の文学研究にも多大な影響を与え続けてきた。このような外在的批評の特長と問題点を象徴的に示す言説としては，トマス・カーライル（Thomas Carlyle）の『英雄崇拝論』を挙げることができるだろう。

> 則ち文人は代々相継いで，神がなお人間の生活の中に存在すること，あらゆる「現象」，世界に於いて吾等の眼に触れる一切のものは，「世界の神的概念」，「現象の根柢に伏在するもの」の，いわば衣裳に過ぎぬことを，万人に向って説くところの久遠の僧職である。かくして，世の認めると否とに拘らず，常に一種の神聖さがある。彼は世界の光明であり，世界の僧侶である，――

時の曠野を通って暗黒の巡礼をなしつつある世界を，神聖なる「火の柱」の如く饗導する。[23]

要約すれば次のようになろう。――あらゆる「現象」の根柢にある「神聖概念」，言い換えれば客観的真理を読み取り，且つそれを人々に解釈することが作家及び文学者の役割である，と。その意味において，当時の文学は本論でいう「総合知」としての役割を求められていたともいえる。現在において伝統的研究と称される作家還元主義的な解釈の類いは，基本的にはサント＝ブーヴやカーライルに端を発する流れを継承しているといってよい。しかし，作品から作者の意図（＝真理）を抽出することを解釈の目的とするこのような読みは，作者をある意味で神聖化し，その作品をキャノン（正典）として権威化するという一面があった。つまり，読者の側の反応が少なからず制約を受けてしまうのである。

(2) 新批評：作品の精読

1930－50年代にかけて，作品の客観的な意味分析を試みる新批評（ニュークリティシズム）がアメリカとイギリスにおいて流行する。代表的人物としては，I. A. リチャーズ（I. A. Richards）[24]やJ. C. ランサム（John Crowe Ransom）[25]，あるいはウィムザット（W. K. Wimsatt）[26]が挙げられよう。この方法論においては，テクストの統一性（unity）が特に重視され，精読（close reading）によって作品の客観的な意味を読み取ることが主眼とされる。「詩そのもの」を読解することを重視するニュークリティックたちは，伝統的な実証研究を「自伝」として，また読者の情動に基づく読みを「印象主義」として排除する。作品の精読，つまり内在的言説の分析に道を拓いた新批評の登場は，文学研究に大きな一線を画したといってよいだろう。

ただしこの新批評とて，今日的な視点に立てばいまだ旧批評的な側面を残してもいた。すなわち，作品の解釈において作者の情報を放棄した点では伝統的解釈を乗り越えようとしているものの，作品全体を調和させる客観性，すなわち作品の唯一の意味（＝真理）を求めている点においては，伝統的研究と変わるところがない。ただし，作者を特権化する伝統的価値観を解体した（少なくともそのきっかけとなった）という意味においては，新批評の正の遺産は今日でも積極的に評価されて然るべきである。のちのテクスト論につながる新たな読みの可能性は，他でもなく精読を重視する新批評によって開かれたことはまちがいない。

(3) テクスト論：作者の死と読者の誕生

1968年にロラン・バルトが発表した『作者の死』という評論を象徴的な臨界点として，文学研究は根本的な変革を余儀なくされた[27]。このパラダイム転換を簡潔に整理すれば，二つの意義が認められよう。一つは「作者から読者へ」，いま一つは「作品からテクストへ」という思想的転換である。

> 一編のテクストは，いくつもの文化からやって来る多元的なエクリチュールによって構成され，これらのエクリチュールは，互いに対話をおこない，他をパロディー化し，異議をとなえあう。しかし，この多元性が収斂する場がある。その場とは，これまで述べたように，作者ではなく，読者である。(中略) あるテクストの統一性は，テクストの起源ではなく，テクストのあて先にある。(中略) 読者の誕生は，「作者」の死によってあがなわれなければならないのだ。[28]

構造主義による言語論的転回を思想的な基軸とするテクスト論は，作者によって統括されていた文学解釈を記号論的な読みの可能性へと開かれたものにした。読者による多様な読解を可能にした点において，その意義は計り知れないものがあるだろう。しかしそれは，同時に深刻な対立の禍根ともなったのである。伝統的な実証研究と理論研究との信念対立は，主にバルトの『作者の死』をめぐって惹起されたと云ってよい。(これについては三節において詳しく論ずる)。

(4) ポスト構造主義批評：多様な読解と専門分化

文学理論の現在は，まさに百花繚乱の様相を呈している。ポスト構造主義の展開以降，脱構築，読者受容論，権力論，フェミニズム批評，ポストコロニアリズム，そして文化研究(カルチュラル・スタディーズ)といったさまざまな理論が提起されている。――個々の方法論に関する考察は省略せざるを得ないが，本論ではこうした理論の諸派乱立という現象そのものを問題としたい。以下は，この現状を的確に分析しているエドワード・W・サイード (Edward W. Said) の『知識人とは何か』からの引用である。

> たとえば文学研究という，わたしがとくに関心を寄せてきた分野では，研究が専門的になるということは，形式的な技法にのみ関心を寄せ，文学作品の形成にいかなる現実的経験が実際に関与したかを考える歴史的意識のほうを，なおざりにすることを意味する。研究が専門的になればなるほど，芸術なり思想なりをつくりあげるときのなまなましいいとなみは見失われてしまう。いきおい，あなたは非人格的な理論なり方法しか頼ることができず，知識人とか芸術を，一連の選択や決断，一連の関与と連帯の産物というふうにみることができなくなる。[29]

文学研究は他の諸学問と同様，多様化という名の細分化＝専門分化を押し進めている。上記の引用につづいて，ポストコロニアル批評の旗手でもあるサイードは政治的コミットメントの必要性を強く主張しているのだが，彼につづいたポストコロニアリストたちは，(まさしく綾目宏治が「微温的批評」と揶揄するように[30]) ラディカルな口振りと引き換えに現実世界へのアクチュアリティを喪失していった。かつて総合知としての役割を担っていた文学は，今日ではもはや表層的な読みによって大量消費される商品でしかない。本論の問題とする現状は，まさにここにある。

2．文学研究の現状

以上，文学研究の動向と，とりわけ近年における方法論の乱立という現状を確認してきた。日本文学においては，これらの方法論は大別して二つに分類される。一つは作品論と呼ばれ，実証的研究から新批評に影響を受けた作品分析までを含む。いま一つはテクスト論と呼ばれ，バルトが切り開いた理論的な読みから，ポスト構造主義的な読解までを包括している。これらの方法論を選択・使用するにあたって重要なのは，それらは決して無謬性を担保された真理ではないということである。──『岩波講座文学　別巻　文学理論』のまえがきとして「理論を携え，新しい世界文学に向けて旅立とう」を執筆した沼野充義は，一体どれが「一番正しい」理論なのか，という問いに対して次のように述べている。

> 一言で言えば，「一番正しい」ものは抽象的に，超歴史的には存在しない。理論は与えられたその場その場において，具体的な支配構造の下に隠されたものを新たに発見していく試みを通じていずれも正しいものになり得るし，そういった場が失われたところで単なる抽象的でペダンティックな知識として使われれば，いずれも正しくなくなってしまう。われわれが取るべき態度とは，どれか一つ「理論的立場」に固執して，それで決め打ちしてしまうことではない。こういった様々な──しばしば互いに矛盾しあう──成果を貴重な蓄えとして活用しながらも，自分が直面する新たな文学的現実に応じて，その場その場で自分なりの方法を選び，また新たに磨きあげていくという姿勢しかあり得ないのではないかと思う。[31]

この指摘は的確であり，本論の出発点となるポストモダン的な研究状況を的確に照らしだしてもいるだろう。──特権的に優れた理論などは存在しない。なぜならば，個々の「理論」は読解のための手段に過ぎず，目的はあくまで「読むこと」それ自体にあるからである。従って，いずれの理論を選択するかは読解の対象となるテクストに相関して決定されることになるが，現状においてはその価値判断の指針たる理路が整備されていないというのが実情であろう。今後の文学研究に問われているのは，個々の方法論を基礎づけつつ，価値相対主義に陥らないための共通の基礎論を構築することである。ポストモダニティの隘路から脱却するための第一歩は，まさにそこにあるだろう。そのために，本論では言語論的転回を象徴するロラン・

バルトの言説を批判的に再読することによって，その問題点を浮き彫りにすることを試みたい。

3節

言表行為（エノンシエイション）の原理——構造構成的言語行為論

1．テクスト論の批判的継承：ロラン・バルトを再読する

本章段においては，言葉による表現行為を理論的に体系化することを試みる。そのための手続きとして，まず1960年代に生起した言語論的転回の象徴的言説とされるロラン・バルトの『作者の死』[32]と『作品からテクストへ』[33]という二編の評論について，その論旨と問題点を確認する。——『作者の死』(原題：La mort de l'auteur）は1968年に，『作品からテクストへ』（De l'oeuvre au texte）は1971年にそれぞれ発表された。本論における引用は，二編とも『物語の構造分析』（花輪光訳，みすず書房，1979年）所収のものに拠っている[34]。

まず本論で強調しておきたいことは，「作者の死」という言葉に付与された反神学的な主張についてである。バルトによれば，作者という概念は「おそらく我々の社会によって生みだされた近代の登場人物である」という。——近世以前の土俗的な社会においては，物語とはシャーマンや語り部といった仲介者によって伝達され，継承されるものであった。つまり，作者は必ずしも語り手と同義ではなく，語り手が物語の所有者と看做されることはなかったのである。近代以降，作者という固有性に権威性が付与されるようになった背景には，イギリスの経験主義やフランスの合理主義，そして宗教改革による個人的信仰の称揚といった歴史が伏在しているとバルトは指摘する。彼は，作者の神聖化に疑義を呈していたマラルメやヴァレリー，そしてプルーストといった小説家たちの言説を顧みつつ，「それまで言語活動の所有者と見なされてきた者を，言語活動そのものによって置き換えることの必要性」を主張した。これがテクスト論の要諦，すなわち作家還元主義からテクスト内在分析への転換である。

> われわれは今や知っているが，テクストとは，一列に並んだ語から成り立ち，唯一のいわば神学的な意味（つまり，「作者＝神」の《メッセージ》ということになろう）を出現させるものではない。テクストとは多次元の空間であって，そこではさまざまなエクリチュールが，結びつき，異議をとなえあい，そのどれもが起源となることはない。テクストとは，無数にある文化の中心からやって来た引用の織物である。[35]

二節で引用したトマス・カーライルの言説が示唆するように，近代西洋における文学者は，かつて聖職者が担っていた啓蒙的な役割を代行する存在として機能していた。従ってバルトの念頭にあったのは，西洋近代社会における一神教的な価値観の転倒であったといえるだろう。——「意味を固定することを拒否することは，要するに，「神」や「神」と三位一体のもの，理性，知識，法を拒否することだからである」[36]。「彼（注：「作者」）の記名は，もはや特権的，父性的，真理論的なものではなく，遊戯的である」[37]。バルトの問題意識を方法論的な転換，——すなわち，実証主義的な作品論から言語分析に基づくテクスト論へのパラダイム転換だけに還元する見方は，間違いではない。しかしながら，その把握は不十分なものであろう。一神教的な価値体系の転倒というバルトの問題意識を無視していては，問題の所在を掴み損ねることにもつながる。1980年代，日本文学の領域においてもテクスト論が一世を風靡したが，畢竟それは表層的な受容，——バルトの言説に含まれていた批評性を剥落させた，表層的な流行という域を出なかった。

加藤典洋による『テクストから遠く離れて』は，作品論とテクスト論の二項対立を克服するための理論書である[38]。この著書において加藤が提起している「脱テクスト論」は，作者の像という新概念を提示することによって読解の新機軸を打ち立てんとしている。しかしながら，それは「作品／テクスト」という方法論的な対立に立脚する限りにおいて，問題の根柢を攫っているとは云いがたい。表層的な二項対立は，より大きな思想的対立の枝葉にすぎないのである。——田中実は，加藤典洋の脱テクスト論に一定の評価を示しながらも，「言語そのもの，言語の謎に向かわず，〈作家〉の復権に急で」あった点を指摘しつつ，「テクストから遠く離れるためには言語の始源，神・絶対・虚無との対峙が必要だったと私は考える」と，問題の所在を具体的に示唆している[39]。バーバラ・ジョンソン（Barbara Johnson）も言及するように，そもそも「〈作品〉と〈テクスト〉とは，二つの異なる対象ではなく，文字言語をめぐるふたつの異なる見方」に過ぎない[40]。同一の対象が，なぜ「見方」の相違による対立を生ぜしめるのか。——その原因を解決するには，先ず以って「言語の謎」，すなわち言語論的な考察を基軸とすることが必要不可欠なのである。

2．境界形相としての作品概念：言語の恣意性，言語行為論の失効可能性

フェルディナン・ド・ソシュール（Ferdinand de Saussure）によれば，言語におけるシニフィアン（発音／表記）とシニフィエ（同一性／指し示される意味内容）との関係は恣意的なものであるという[41]。これは言語の初歩的な原理だといえよう。また，これは発話と記述とを問わず共通している。喉の筋肉による空気振動であれ，紙面にインクの痕跡を書きつける行為であれ，それは実在的な現象によって

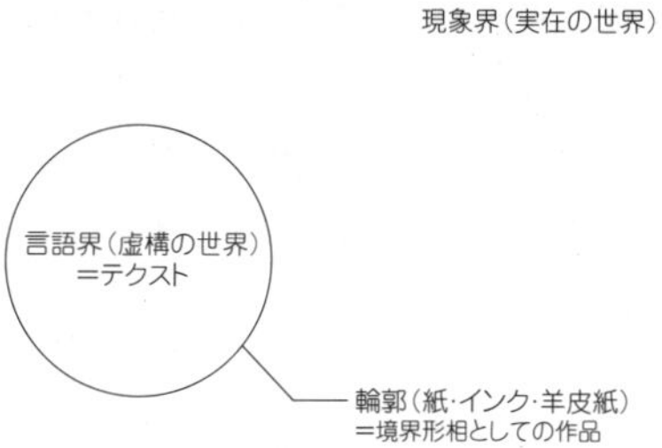

図Ⅱ-1-3　現象界と言語界：境界形相としての作品

意味内容を表象＝代弁（リプレゼント）する作業にほかならない。――表象＝代弁（re-presentation）とは，現前（present）しえないものを記号その他の媒体によって現前させる，つまり不在のまま現前させるというパラドクサルな行為である。

文学の読みにおいて現象界と言語界とのあいだに輪郭をつけるのは，作品(書物)だといえるだろう。書物は，現象界と言語界との境界上に位置している。本論ではそれを「境界形相としての作品」として扱うことにする。――境界形相としての作品は，実在的な現象にほかならない。極めて初歩的な事実として，それは紙であり，インクであり，羊皮紙であろう。従って，記述行為におけるテクスト（内容）と書物（形相）との関係は，発話行為における意味内容（内容）と意味記号（形相）との関係と同様に，恣意的なものである。しかしまた，両者がわかちがたく結びつけられていることに留意しなくてはならない。――古来，日本語の用法における「境界」に「身体」という意味が含まれていたことは示唆的であるが，読書行為の主体が人間である限りにおいて，あらゆる言表行為は身体論的な相のもとに理解されなければならないのである。

以上のことから，作品とは「物質の断片」であり，テクストは「言語活動の場」であるというかたちで二分法的な区分を行ったバルトは，いささか性急であったといわざるを得ない。テクストを含まない作品など（シュールレアリスムの実験を除外すれば）基本的に存在しないのと同様に，作品という形相を伴わないテクストは（手に取って読まれることがない以上）読者の側にとって存在化しない。――作品はテクストの「想像上の尻尾」であるというバルトの比喩は誤りであり，それはまさにテクストの現象的な尻尾に他ならないのである[42]。テクストを掴まえる（認識する）ためには尻尾（作品）に触れなくてはならない。文学の読解を行為論的な観点から考察するならば，「境界形相としての作品」は「作品／テクスト」という二項対立を発展的に止揚するものとして機能するようになるだろう。

ここで，文学研究の新機軸たりうる言語論として，オースティン[43]によって提唱され，サール[44]によって発展的に継承された言語行為論に基づく考察を試みたい。第一義的にいえば，コトバは何らかの意味内容を表象＝代表するための記号とされる。ここから，言葉によるコミュニケーションは伝達主体としての送信者（話し手／書き手）と被伝達主体としての受信者（聞き手／読み手）の存在を前提とする行為だといえるだろう。サールによる以下の言及は，その事実を簡略に述べている。

> 言語的コミュニケーションにおける基本的単位は，記号，語，文などという今まで一般にそうであると信じられてきたものではなく，またそのトークンでもない。むしろ正しくは，言語行為の遂行における記号，語，文の産出ないし発声である。記号，語，文のトークンを伝達内容（メッセージ）として理解することは，それを産出ないし発声されたトークンであると理解することにほかならない。[45]

オースティンとサールの言語行為論を図式的に表すならば，以下のようになる［図Ⅱ-1-4］。これに依拠すれば，言語行為は送信者（話し手／書き手）の志向性＝意図の伝達として捉えられる。もっとも，ここでジャック・デリダの提出した「コミュニケーションという語に，唯一の一義的な概念，厳密に統御可能で伝送可能な概念，つまり伝達可能な概念が対応するというのはたしかなことだろうか」という疑念を差し挟むことも可能であろう[46]。デリダによれば，すべての言語行為はつねに「失効可能性」に曝されており，送信者の志向性＝意図が損なわれることなく受信者に伝えられることはあり得ないという［図Ⅱ-1-5］。

デリダによるこの指摘は，言語における恣意性の原理を的確に照らし出しているだろう。先にも確認したように，コトバとは現象界を文節化することによって何らかの意味内容を表象＝代理する媒体である。――ここで，深谷昌弘・田中茂範による『コトバの〈意味づけ論〉―日常言語の生の営み―』を補助線として用いたい[47]。それによれば，発話／記述されたコトバの意味は送信者と受信者が依存する「情況」に相関して立ち現れるものであるという。ここでいう「情況」とは，主体の記憶によって意味づけられた状況を指す。言語によるコミュニケーションで共有されるのはシニフィアン（発音／表記）だけであり，シニフィエ（意味内容）は受信者側の記憶依存性に相関して〈多様性〉を持ちうるし，またコトバそのものの情況依存性に基づいて〈多義的〉となる。これを踏まえて云うならば，デリダの問題提起は言語行為論を発展的に精緻化するための提言として，肯定的に享受されるべきである。そもそもオースティン自身，デリダのいう「失効可能性」を認識していたし[48]，デリダでさえ，基本的にオースティンの言語行為論の意義を認めている[49]。以上のことから，言語行為論の基軸にデリダの提起した「失効可能性」を補填すること

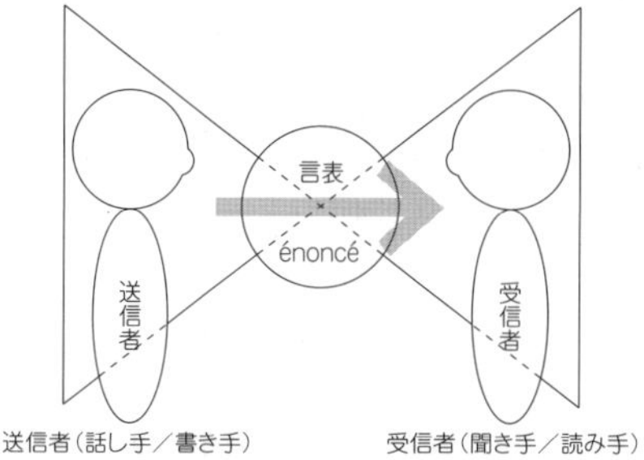

図Ⅱ-1-4　オースティンとサールによる言語行為論

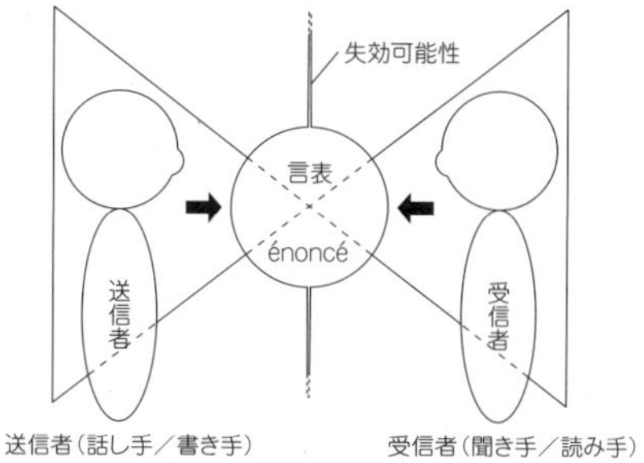

図Ⅱ-1-5　デリダによるオースティン＆サール論批判

は妥当であるばかりか，オースティンが企図した以上に言語行為を深く理解するための必要不可欠なプロセスだといえるだろう。

構造構成主義においては，「相違は必ずしも矛盾として捉えられるべきものではなく，視点や立ち位置の差異から生まれた結果として認識可能」なものとされており，対立はより高次の理解へと発展させるための契機とも捉えられている[50]。従って本論では，構造構成主義をメタ理論として導入することによって，これらの対立する理論を発展的に綜合しうる理路の構築を試みる。以下，理論構築の補助線として，結論を先取りするかたちで構造構成的言語行為論の要諦を示すこととする。

3．構造構成的言語行為論の要諦

本論の中核理論である構造構成的言語行為論の要諦は，大別して以下の二つの点に集約されるだろう。

[言表行為の恣意性] 構造構成的言語行為論は，音声言語（＝発音）と文字言語（＝表記）に共通する恣意性の原理に着目することにより，あらゆる言表行為を分析の対象とする。

[志向相関性] 構造構成的言語行為論における言表行為は，送信者（話し手／書き手）と受信者（聞き手／読み手）相互の志向性に相関して生成される。

第一の点，つまり言表行為の恣意性は，総合知としての文学が学際的発展を志向する上で欠かせない出発点だといえよう。愚にもつかない文学作品が数多存在する一方，日常会話の言葉のなかに感動を見出すこともある。また壁の落書きのような固有名も文脈も剥落した言葉に情動をかき立てられることもある。（境界形相としての作品は，必ずしも紙やインクでできているものに限られない)。――そもそも，「文学」や「詩」，或いは「小説」といったジャンル群は，実体的なモノとしては存在していない。あるのは個々の言表であって，それらの言表に「文学」という意味を付与しているのは，読者個人の志向性に他ならないのである。――小田切秀雄の『文学概論』は，「文学とは何か，ということは，遠い昔から実に多くのひとが思いを凝らしてきた大きな問題」であるとしながらも，「ひとたびそれに立ち入ってみると，極端にいえば読者の数だけ文学観がある，といっていいほどに多くのものがあり，そのうちでのきわめてすぐれたもののあいだにまた無数の深い対立がある」として，文学の本質をさぐる見方が多くの対立・葛藤を孕んでいることを指摘している[51]。これは原理的な論及であるといえよう。「文学とは何か？」という問いかけには，文学的言説と非文学的言説という二項対立が伏在している（さらにこれは，詩的言語と日常言語という古典的な対立でもある)。構造構成的言語行為論は，その適用範囲を言語表現一般にまで拡大することによって，かかる二項対立を発展的に解消する。もはや狭義の文学制度に固執することは，偏に文学の死を意味しよう。言語によるコミュニケーションを包括的に扱う原理的な理路に立つことによって，文化研究（カルチュラル・スタディーズ）を包摂することは言うに及ばず，日常会話，政治，社会，文化といった様々な分野における言表行為を領域横断的に分析することが可能となる。

第二の点，すなわち志向相関性に関しては4,5節において具体的に考察するが，これは文学研究における作者の支配を相対化しつつ，読者の専制をも忌避するための理路だといえる。あらゆる言表行為は送信者（話し手／書き手）と受信者（聞き手／読み手）の志向性に基づいており，コトバは送信者の志向性に規定されるとともに，受信者の志向性に基づいて意味づけられる。すなわち，言表（作品）の意味のすべてを送信者（作者）に還元することは不可能な反面，全権的な読みの自由が受信者（読者）に与えられるわけでもない。両者のあいだには常に意思疎通の「失効可能性」が横たわっており，意味伝達が成功するための責任は両者に等しくかかっている。重要となるのは，ここでいう責任の内実を探ることであろう。――サールは言語的コミュニケーションの成立条件として四つの適切性条件（命題内容条件，準備条件，誠実性条件，本質条件）を挙げ，オースティンの議論を継承しながら言語行為を規定する慣習（言語の根底に存在する共通の規則）の重要性を説いている[52]。しかし，個々の言語行為における意味づけをそのような外的要因によって規定することは原理的に不可能なはずである。というのも，誇張，皮肉，あるいは比喩といった表現方法は多少なりとも慣習（＝規則）からの逸脱を孕んでいるが，そのような場合においてもコミュニケーションは成立する（ただし，「皮肉が皮肉として通じない」といった事態は往々にして起こりうるが)。従って，慣習（＝規則）からの逸脱を乗り越えるかたちでコミュニケーションが成立する構造を分析しないことには，言語行為の原理的な理解にはつながらない。そのためには，言語そのものを考察するだけでは不徹底であり，意味づけを執行する送信者と受信者の役割について考察を試みる必要がある。以下，発話／記述行為と受容／読解行為について，考察を深めることとする。

4節
発話／記述行為の原理

1．送信者（話し手／書き手）の権限，責任

澱みなく話すのは難しい。書くこともまた然りである。発話と記述に伴う苦悶は，驢馬の背で詩作の推敲に耽っていた賈島のそれに擬え得よう。――ただしもちろん，始源的エクリチュールは「推／敲」という二項対立に回収されるものではない。ロラン・バルトがかつて指摘したように，「テクストは多次元の空間であって，そこではさまざまなエクリチュールが，結びつき，異議をとなえあい，そのどれもが起源となることはない」からである[53]。記述行為における産みの苦しみを書き付けたものとして，ジャック・デリダの以下の言説は再読するに値する。

> 創造的想像力の作用を最も近くから把握するためには，だから，詩的自由の内部にある不可視のものへと目を移していく必要がある。作品の闇の始源に，その夜の中で出会うためには，まず絶縁しなければならないのだ。文学行為（書く，または読む）の始めに必要なこうした転換の体験とは，次のようなものである。絶縁とか遠離とかいう言葉を使えば，これらは常に断絶と世界の内奥への歩みとをさすものなのだから，これらがそのまま直ちに転換体験を指すことにはならない。ただ，その由来一つをたずねるだけでも大変な考察に価しそうな一つの隠喩を使って，そうした体験の方を指し示すだけだ，ということなのだ。[54]

デリダは同じ文章の中で，「可能な限りの諸々の意味が押し合い邪魔し合っていることば（パロール）が通り抜けてゆくどうしようもない隘路，その狭さの苦悶（angustia）に対する作家の責任」という表現を用いている[55]。――作家の責任。むろんデリダは，ここで実体的人格としての「作者」を想定しているわけではない。彼がいう意味作用の高次共同可能性（surcompossibilité）は，実体としての〈作者＝神〉の固有性に還元できない多義性を孕んでいる。これはロラン・バルトがいう作者の権限，すなわち「いくつかのエクリチュールを混ぜあわせ，互いに衝突させ，決してその一つだけに頼らないようにすること」とも重なり合っているだろう[56]。作者に死

刑宣告を下したバルトでさえも，特定のエクリチュールを生起せしめる主体の存在には気づいていたのである。ミシェル・フーコーもまた，「作者の消滅によってこうして空無のまま残された空間を標定し，間隙と断層の配分の具合を眼で追い，この消滅が現出せしめる場所と自由な機能との動勢を窺うこと」の重要性を説いている[57]。以上の論点を踏まえ，本論では言表の送信者（話し手／書き手）の志向相関性についての定式化を試みたい。

2．送信者（話し手／書き手）の志向相関性：自己倒壊としての記述行為

構造構成的言語行為論に依拠するならば，言表には送信者（話し手／書き手）と受信者（聞き手／読み手）の存在が前提されている。両者による情報の受け渡しがなければ，言語記号はいかなる意味をも喪失してしまうからである。(この点に関しては三節で確認した)。以上を踏まえ，発話／記述行為の営為を構造化すれば，以下のようになるだろう［図Ⅱ-1-6］。

言表とは，まさに始源的エクリチュールが送信主体によって引用，混淆，合成せられたものにほかならない。ここで中核的な概念となるのが，志向相関性である。物語にせよ，日常会話の言葉にせよ，それらを構成する言表は発話／記述主体の志向性に基づいて構造化される。人間の意識における志向性の問題を主題化したものとしては，フッサールによる現象学が挙げられる。――「すなわち，その志向性なしには，対象と世界は，われわれにとって現存しないことになるであろうし，むしろ対象と世界とは，それがたえずこの主観的な能作から生じ，また生じてきたような意味と存在様相をもってのみわれわれにとって現前する，ということである」[58]。西條剛央は，フッサールの知見を踏まえつつ「すべての存在は主体の志向性と相関的に立ち現れる」という原理を提起している[59]。これが志向相関性である。(構造構成主義においては，研究者の「関心」というファクターに特化した「関心相関性」という表記が用いられている。本論では，志向性という言葉に主体の外在的状況をも含意しているため，より広範囲に適用可能な志向相関性という用語を関心相関的に選択する)。発話においても記述においても，言表は送信者の志向性に基づいて語彙選択される。ただし，ここでいう志向性とは作者に固有の意図だけを指すものではなく，外的要因をも含んでいる点に注意されたい。松澤和宏は，『生成論の探究』の「第2章　エクリチュールの生成の論理」において，「書き手と言葉との間に潜んでいる複雑なディアレクティークからいかにしてエクリチュールは成立するのであろうか」という問いを立て，「未完の種子の胎胚する書くという行為，とりわけ推敲の機制の解明」を試みている[60]。彼は記述行為における推敲過程に「書くことと読むこととの，螺旋状ともいうべき重なり合いとずれ」が存在することに着目し，作者という固有性に還元できないテクスト生成のダイナミズムに言及して

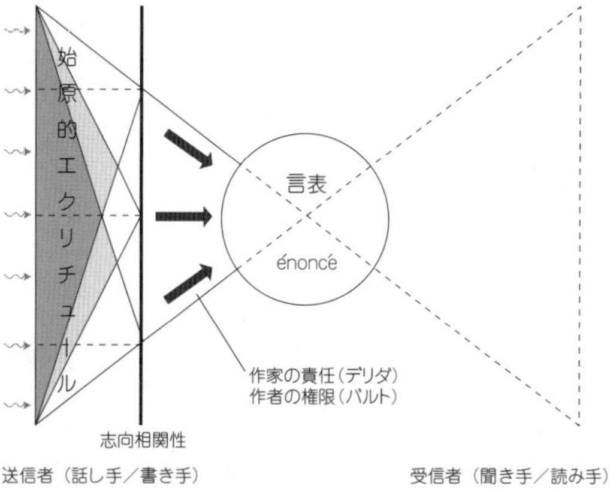

図Ⅱ-1-6　発話／記述行為の原理　構造図

いる。

> （推敲過程においては）書くことと読むこととの間に介在する時間的差異によって，書き手は書きつけた時点とは多かれ少なかれ異なった観点からテクストを眺めることになり，半ば他者の目でテクストを読むことになる。（中略）書くという行為はなにかを表現するという他動詞的活動であるばかりではなく，読むという契機を孕むがゆえに，書き手と書かれた言葉との間に変幻きわまりない錯綜した相互作用を惹き起こさずにはおかない再帰性＝反映性 reflexivite を顕してくる。それは絶えず自分に折り重なる自己二重化を行う活動であり，書き手は自らの裡に「早産の，しかも誤って産み落とされた読者」を擁し，その「読者」が書き始めるという独特の消息が窺われる。[61]

松澤は，推敲による「自己二重化」の要因を「他者の目でテクストを読む」ことに求めているが，これは書かれた文字群（シニフィアン）と書こうとしたイメージ（シニフィエ）との断絶に根本原因を見つけることができるだろう。第三節でも確認したように，言語行為とは物理的な指標（発声／筆記）による表象＝代弁によって意味内容の所在を示唆するものである。従って，コトバは原理的に意味内容そのものからズレざるを得ない。その意味において，ロラン・バルトによる「作者の死」はまったく適切な認識であったといえるだろう。発話／記述行為とは，単なる個人の自己表現ではなく，ある種の自己倒壊を伴うものなのである。以下に挙げるのは，ミシェル・フーコーによる『作者とは何か』という講演の内容からの引用である。

> よく知られているように，ある語り手による物語というかたちをとった小説では，一人称代名詞，直接法現在，時間的・空間的な位置決定の記号は決して正確には作者にも，彼が現に書いている時点にも，彼の書くという動作そのものには送り返しはしない。それらは，もうひとつの自己（アルテル・エゴ）へ，――そこから作家までのあいだに程度の差はあれ距離が存在するばかりか，その距離が作品の展開してゆく経緯そのものにおいても可変的でありうるようなもうひとつの自己へ，と送り返すのです。作者を現実の作家の側に探すのも，虚構の発話者の側に探すのも同様に誤りでしょう。機能としての作者はこの分裂そのもののなかで――この分裂と距離のなかで作用するのです。[62]

もうひとつの自我。――言表とは，つねに他者へと差し向けられるものである。そして同時に，言表そのものが自己を裏切る性質を原理的に内包している。従って，言表は送信者の志向性に相関して立ち現れるものの，言語化の過程でいったん送信者のシニフィエから遮断されてしまうのである。そのために，意識内に生起したイメージがコトバという記号に変換される過程で，送信者が言表に込めた微細なニュアンスは抹消される。推敲とはまさに記述者が自己の筆致のなかに他者性を発見していく現場であるといえる。書くことの苦悶は，まさにこのために立ち現れよう。自己による発声／筆記は，常に自己自身からズレざるをえない。そのズレを，デリダは差延（différance）という言葉で示唆している[63]。かかる理路に依拠するならば，作品の意味をすべて作者の意図に還元するという実証的な研究が，実際にはテクスト生成のダイナミズムを把握する上で十分な実証性を持ちえていなかったということが了解されるであろう。

3．生成論的アプローチに基づく志向性の分析

以上のように，発話／記述行為における遅疑逡巡の過程には，作者という固有性に還元することが不可能なブラックボックスが存在する。この深奥を覗くことのない実証的研究はまったく実証的ではないし，その点に限っていえば，言語論的転回によってエクリチュール生成の複雑性が暴露されたことはたいへん意義深いことであったといえよう。しかしながら，バルトは伝統的研究への対抗姿勢を鮮明にしようと躍起になるあまり，作者の項を完全に排除してしまった。結果的にそれは，テクスト生成過程への視野を閉ざすこととなり，テクスト論そのものを袋小路へと追いやったのである。本論では，記述行為の過程を受信者（聞き手／読み手）が読み取る方法論として，生成論的アプローチの可能性を提起したい。

生成論，あるいは生成批評という方法論は，草稿や異文を手がかりとしてテクストの生成過程を分析するものである。その歴史はフランス文学研究においては古く，

近年，松澤和宏の『生成論の探究』によって日本にも紹介されるようになった。——「生成論はまさしく，作者の意図を越えて「勝手に発展して思う通りに行かな」いこの創作過程を，その複数性を織りなす葛藤の劇をこそ復元しようとしているのである」[64]。

文学研究の根本原理は「テクストを読む」こと，——これがアルファであり，オメガである。それゆえ，これまでの文学研究においては，個々の読みの主観性を担保するための客観的な根拠として，テクストの校訂が重要視されてきた。古来，客観的な校訂に基づく本文批評は，古典文学の領域において重要視されてきたものである。——池田亀鑑の『古典学入門』は，古典作品のほとんどがその原本性を失っていることを指摘しつつ，作品解釈の前提としての文献学的批判，……つまり本文批評（テクストクリティック）の必要性を主張している[65]。ただし，こうした本文批評がしばしば「作者の意図がどのように推移したか」すなわち，作者の意図（＝真理）を探ることを含意していたことに関しては，改めて注意する必要があるだろう。従来の草稿研究は，決定稿の選定を基軸として，作者という「人格」が作品に込めた意図を抽出することを目的としていた。しかしながら，あらゆるテクストの生成には不可避的に外的要因，——社会的ないし時代的なコンテクストが反映されざるをえない。日本文学においては，戦前戦中の内務省検閲や戦後のGHQ/SCAPによる占領期検閲が代表的であろう。一例として，横光利一が第二次世界大戦の前後10年にわたって書き継いだ『旅愁』には，占領期検閲による改稿の結果として新聞・雑誌初出，戦前版単行本，戦後版単行本という三種類のテクストが存在する[66]。以下の引用は，十重田裕一の『旅愁——さまよえる本文』における言及である。

> 『旅愁』を考察するためには，評価の如何にかかわりなく，どの本文を選択するかが重要となってくる。論の立て方次第で，新聞・雑誌初出，戦前版，戦後版のどの本文をとりあげるか，その選択が異なってくるからである。本文の選択それ自体に，論じる側の問題意識や視点があらわれてくるのである。[67]

この事例においては，テクスト生成に影を落とした外在的要因が可視化されている。けれども実際には，あらゆる文学作品のテクストは（もちろん程度の相違はあるにせよ），作者を取りまく外的状況を反映せずには生成され得ない。異文（ヴァリアント）の存在は，テクストの多様性（ヴァラエティ）を担保しうる要素である。——それはいかなる未定稿であれ，厳然として立ち現れているテクストであることに違いはない。生成論的アプローチは，草稿，異文といった静止した痕跡によって，テクスト生成の動的な志向性の近似値をとる作業だといえる。異文の存在を尊重しつつ，それらが生起するに至った背景をさぐることによって，作者についてのみならず，彼が置かれた外在的状況についても把握することができるだろう。

これは，文献学的な本文批評において担保されていた実証性を否定するものではない。ただ，いままでは「客観的」な実在と看做されてきたテクストでさえ，実際には極めて動的な生成過程を経て現前しているものであることを指摘するものである。従って，本論で提起した生成論的テクスト批評を実践する読解は，これまでの実証主義的研究において素朴に信じられていた地平よりもなお，実証的になるであろう。

5節
受容／読解行為の原理

1．受容／読解行為における主観－客観問題

言語コミュニケーションにおける送信者（話し手／書き手）の志向性については，前章段において確認した。つづいて，受信者側の志向性について考察を試みる。

人間の価値観は人それぞれに異なるどころか，同一の人物においても容易に変動しうる要素である。――宮崎駿監督の長編アニメーション作品『紅の豚』を例に引こう（なぜなら筆者自身の価値観の変化を痛感した作品であるから）[68]。幼少の鑑賞者ならば，その興味・関心のあて先は飛行艇同士の空中戦や，劇中人物の人間模様を巡るものであるかもしれない。しかし十年後，あらためて同じ作品を見直した彼は，作品に向けられる自己のまなざしが変化していることに気づくであろう。第一次大戦後の荒廃と混沌，ヨーロッパ大恐慌による物価の高騰。ファシストの台頭と，劇中に使用されるパリ・コミューン時代の流行歌「さくらんぼの実る頃」。彼は，十年前とは異なる「意味」を作品から読み取っている。変わったのは作品ではない。彼自身が“変わった”のである。

こうした事例は，文学作品の読解においても該当するだろう。以下の引用は，綾目広治による「脱＝文学研究，もしくは文学研究についての方法論的考察」の一節である。

> 私たちは対象をある視点からしか見ることがない。もちろん，たとえば対象である物体を回転させたり，あるいは私たちが上下左右前後に移動すれば，その全体を見ることができる。しかし，その時点その時点ではある側面しか見ることができないのであり，私たちは物体を回転させた時のその都度の像を記憶して，そしてそれらを頭の中で統合するわけである。フッサール現象学の言葉で言えば，対象は無数の知覚的射映の志向的統一として認識される

> のである。（中略）このように私たちは，時間，空間の中である立場を取ることによってのみ対象を認識するのである。[69]

綾目の指摘は，西洋を中心として発展した学問一般における主観と客観の二項対立を照らしだしているだろう。その点に関してはフッサールによる『ヨーロッパ諸学の危機と超越論的現象学』の第二部，「近代における物理的客観主義と超越論的主観主義との対立起源の解明」に詳述されている[70]。すなわち，ガリレイ―デカルトを源流とする近代合理主義において，主観と客観が分離せられ，その結果として認識論の上に主観客観問題とよばれる排中律が生起したのである。あるいは文学研究を射程とするものを挙げるならば，T.S. エリオット（T.S.Eliot）の『形而上詩人』において，「感受性の分裂（dissociation of sensibility）」という言葉で主客問題が扱われている[71]。それによれば，思考と感情，理性と感性は本来一致する概念であったが，王政復古以降，ミルトンやドライデンの時代に至って，両者のあいだに亀裂が生じたという。日本文学の土壌においても，主観と客観をめぐる問題はかなり早い時期から論じられていた。以下に引用した文章は，魚住折蘆の評論「自然主義は窮せしや」の一節である。

> 古への哲人が巨人の戦ひと云った如く，主観と客観との闘争は思想史の一切である。主観は其統一性を誇りとして，客観は其多面性を楯として両々常に争うて来た。[72]

折蘆のこの評論は，専ら創作に関する言明である。従って，研究・批評に直接当てはめることには多少の注意を要するが，いずれにしても文学における主客問題を扱ったものである点に間違いはない。折蘆の論旨を要約すると，科学主義や客観性に立脚した自然主義文学が退潮したのは，行き過ぎた科学主義（客観主義）が精神文明の発展を阻害していることにあるという。また，彼の別の論考「真を求めたる結果」では，科学主義による客観的真理の追究に疑義を呈してもいる。以上にみてきたように，主観客観問題は他の諸学問においてと同様，文学研究にも深く根を張っている。

2．受信者（聞き手／読み手）の志向相関性

文学研究における主観―客観問題を解消する具体的試みの嚆矢としては，日本文学の文脈でいえば夏目漱石にまで遡上できよう。漱石は，主観的な読解と客観的な分析とをそれぞれ「観賞的（appreciative）」なスタンスと「批評的（critical）」なそれとに区別し，それらを止揚する「批評的観賞（critico-appreciative）」という概

念を提起している[73]。漱石の問題提起はフッサール現象学の知見を先取りしているようにも思われる。そこで，本論では現象学を基底に据える構造構成主義によって，読解における原理のさらなる精緻化を試みる。

ここで再び重要となるのが，構造構成主義の中核概念である志向（＝関心）相関性という概念である。フッサールの考察によれば，客観的真理に依拠していると考えられている学問でさえ，所与の生活世界における経験や思考に基づいているという。彼は「主観／客観」という二項対立を判断中止するものとして，超越論的主観主義への転回を主張している。――「それ自体として最初のものは，主観性である。しかも，世界の存在をあらかじめ与えておき，次いでそれを合理化し，あるいは，同じことであるが，客観化するものとしての主観性なのである」[74]。理論的（＝客観的）な公式に基づいた読解でさえ，人間の認識に立脚している限り，それは主体の心的構造（＝主観）の上に立脚したものに他ならない。構造構成主義では，個々の読者（＝研究者）の関心・目的を可視化する認識装置として，志向（＝関心）相関性を位置づけている。――「各人が関心相関的観点をもつことにより，相互の関心を可視化した上で，議論全体の目的を明確な形で共有し，常にそれを基準として妥当な方法などを選択しつつ，議論を押し進めていくことができる」[75]。これは理論的な読解の意義を少しも損なうものではなく，人間の認識構造自体が主観性に根ざしていることを示唆するものに他ならない。綾目による以下の言及を参照すれば，これは文学研究にも充分に接続可能な知見だといえる。――「神ならぬ私たちは純客観的な認識に到達することはないが，そのことは人間の認識の限界性を意味しているというよりはむしろ人間の認識の無限に開かれた生産性を意味しているとポジティブに考えるべきだろう」[76]。かかる理路に依拠するならば，理論（＝手段）はユーザーの関心ならびに方法論が内包する関心（有効性と限界，つまり，どのような目的において有効に機能しうるか）に相関して選択されるものだといえよう。個々の方法論を基礎づける志向相関性の導入によって，多様な読解の共約可能性を担保することが可能となり，建設的な議論を促進する理路が形成される。

これは決して，読者に（価値相対主義のごとき）無制限な読みの自由が与えられるというものではない。三節の議論を踏まえれば，テクストの意味は作者と読者の共犯関係によって立ち現れるものである。従って，作者の志向性を読み取ることは読者の権限＝責任なのである。むろんこれは，作者の志向性＝意図が（作者還元主義のように）作品のテクストを支配するというのではなく，少なくとも**重要なファクターの一つ**であることを提起するものである。

3．受容論的アプローチに基づく「空所＝失効可能性」の意味づけ

以上の議論を踏まえるならば，ウォルフガング・イーザーが提起した受容論的な

アプローチの有効性が再確認される。イーザーは『行為としての読書――美的作用の理論――』において，作品の意味を抽出しようとする解釈が取りこぼしてしまう〈空所〉の存在を指摘している。

> 美的作用の特徴は，既存のものとは結びつけてとらえることができないところにある。それどころか〈美的　asthetisch〉という語を，論証を目的とした文の中で用いるのは，混乱の元にもなりかねない。〈美的〉というだけではなんらの規定を行ったことにもならず，むしろどのように規定してもしきれない空所が存在することを示している。[77]

イーザーは，あらゆるテクストが読者による主体的な穴埋め＝意味づけを要請していることに注目して，テクストに内包されたそのような機構を「含意された読者(implied reader)」と定義している。イーザーのいう〈空所〉とは，デリダのいう「失効可能性」と重なり合っているだろう。送信者と受信者とのあいだには，相互理解を失効させうる「空所＝失効可能性」が口を開いている。受容論的な見地に立てば，それを穴埋めしてゆく作業こそが読書行為の原理に他ならない。その「空所＝失効可能性」には読者の数に相関した無数の意味が付与されうるであろう。しかしながら，いかなる意味を付与するのであれ「空所＝失効可能性」の穴埋めというところにおいては，原理的に共通しているといえるだろう。――服部康喜の『テクスト分析から「読む」ことへ』では，「こうして「文学テクスト」の意味〈決定不可能性〉の本来の意味するところは，そこに意味が不在なのではなく，また複数の意味が存在するのでもなく，「了解可能な他者」の紡ぎ出す意味の影を，かろうじて追うことができるという，まさに可能性を示唆している」とまとめられている[78]。言語に内包される「空所＝失効可能性」こそが，作者と読者の立ち位置を同定し，相互コミュニケーションの執行可能性を担保するものに他ならないのである。

6節
まとめ

1．構造構成的言語行為論に基づく言表価値性の立ち現れ体系の定式化

前章段までの議論をもとに，ここからは本論の中核理論となる構造構成的言語行為論についての体系化を試みたい。そして，その知見に基づきつつ，コトバが価値を付与されるダイナミズム，すなわち言表価値性の立ち現れについての定式化を試みる［図Ⅱ-1-7］。

構造構成的言語行為論によって定義されるコミュニケーションは，送信者（話し

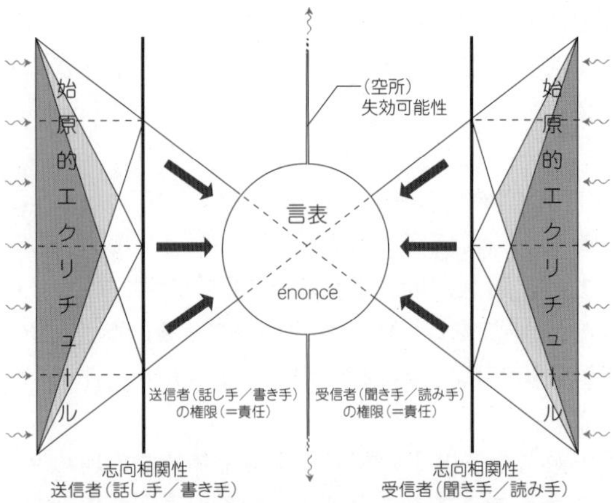

図Ⅱ-1-7　構造構成的言語行為論　構造図

手／書き手）と受信者（聞き手／読み手）の志向性に基づいて生起する。それは，決してオースティン＆サールの言語論にあるような慣習（＝規則）によって共通了解が確保されるものではない。両者のあいだには，常に「空所＝失効可能性」が横たわっている。――発話と記述とを問わず，コトバという「意味する形式（指示記号)」と「意味される内容（指示対象)」とのあいだには恣意的な関係しかないがゆえに，言語によるコミュニケーションは常に失効する危機に曝されているのである。しかし，それは否定的に捉えられるものではなく，コトバによって取り交わされた情報が送受信者の志向性に相関して意味づけられる余地を確保されているということでもある。いわば，「空所＝失効可能性」という緩衝材で独立懸架されることによって，作者と読者は相互に干渉しあうことなく権限＝責任を行使できるのである。「空所＝失効可能性」の否認は，ただちに（作者還元主義にみられるがごとき）解釈の硬直化を招くであろうし，逆に差延の無限退行へと逃げ込むならば，（テクスト論がしばしば陥るように）差異の戯れという相対主義の隘路に迷い込むであろう。構造構成的言語行為論は，そのいずれをも忌避するかたちでコミュニケーションの執行可能性を担保する。言表の意味・価値は，送信者と受信者の志向性に相関して立ち現れるものであり，また送受信者はコトバによる自己の他者化，他者の自己化というプロセスを経由することによって，意味内容を互いに共有する。

2．構造構成的言語行為論に基づく文学の読みの可能性

以上の議論を踏まえ，構造構成的言語行為論が文学の読みに与える新機軸の定式化を試みる。まず，言語を行為論的観点から考察するという点において，構造構成

的言語行為論に基づく読解は作者の項を排除しない。文学作品の言表は，作者の志向性に相関して構成された言語構造に他ならないからである。——ただし，ここでいう志向性には，作者を外在的に規定している個々の情況（主体の記憶に相関して編成された社会／時代的な状況）も含まれている。従って，これは伝統的な作家還元主義への揺れ戻しを意味するものではなく，作者の固有性に還元し得ないテクスト生成の複雑性にメスを入れるものとなろう。このような読解は，社会／時代的コンテクストを包括しうる点において，作家還元主義よりも包括的な実証性を確保しうる。

同時にまた，構造構成的言語行為論に基づく文学の読解は，読者による読みの自由をも保証する。テクストを作者の志向性に相関して分析することは，読者の志向性を排除することを意味していないからである。テクストはコトバによって構成されているがゆえに，作者と読者の共通了解を阻害する「空所＝失効可能性」を常に内包している。これを穴埋めするというかたちにおいて，読者は文学作品の意味形成に主体的に参与するのである。そこで重要となるのは，作者と読者による合意（コンセンサス）の形成であろう。一元論的な作者還元主義ではなく，多元論的な差異の戯れでもない，作者と読者の相互的且つ建設的なコミュニケーションの執行可能性。そこには常に，主体相互間における自己の他者化，他者の自己化という作用が働く。言葉は，第一義的には他者との意思疎通の媒体であり，同時にまた自己自身を常に裏切るものである。従って，それが的確なかたちで用いられたなら，読者自身に揺さぶりをかけるような価値観の転倒を引き起こしうる。価値のある読書体験とは，常にそのような自己倒壊を伴うものではないか。以下に引用した小田切秀雄の言及は，文学の価値性を直感的ながらも端的に示唆している。

> 芸術的にすぐれた文学作品とは，人間にとってつねに拘束的なものになり易い既成の秩序・状況にたいして（自分自身の内部の既成のものにたいしても），これに甘んじえない人間の生命力の反撥と要求とその活気とを，具体的な個人のがわから，その個人をめぐる具体的な状況との緊張関係において，形象的に表現しまたは描写したものである。[79]

ポストモダニズム批評に抗して文学の価値の復権を主張している田中実は，同じ見方をいくぶん論理的に述べている。——「読みの内部には対象の文章の影に当たるプレ〈本文〉が小説の仕掛けによって読み手をある一定の拘束や制約，方向性（ヴェクトル）に向かわせ，これによって読者共同体を瓦解させて〈読みの動的過程〉を辿らせてゆく」[80]。文学作品における作者の志向性は，あたかも影絵のように「空所＝失効可能性」という画面に投射される。読者はその「動的過程」を追うことによって，画面上に他者を知覚するのである。ここでいう他者とは必ずしも作者の意味ではなく，読者が自己自身のうちに見出す他者性のことも含意している。ここから，次のような定式が導き出されよう。テクストに書きつけられた（自己の置かれた情況に対する）反発や葛藤という緊張関係を追体験することによって，自己の他者化と他者の自己化という不可逆的な読書体験を可能にするテクストにこそ，高い価値性が付与されうるのである。そのような作品は，書き上げられた瞬間に作者自身の世界の見方を大きく変貌せしめていようし，読み終えられた瞬間に読者自身の世界観を変貌せしめているだろう。

今後の文学研究に対して，本論が何らかの新機軸を打ち立てうる可能性があるとすれば，従来はこのように直感的な表現によって示唆されるに過ぎなかった文学作品の価値について，言語行為論に基づく理論的な道筋を提示したことにあるのではないか。相対主義によって機能停止（フリーズ）状態に陥った文学研究を再起動するための，新たな言語論的転回を本論は提起する。

3．構造構成的言語行為論の射程と課題：総合知としての文学へ向けて

構造構成的言語行為論は，日常言語を基調とする弾性に富んだ理論である。従って，その適用範囲は狭義の文学に限られない。本論の最終的目標は，――「文章は経国の大業にして不朽の盛事なり」[81]という文脈における，――総合知としての文学の本義を復権するところにある。江藤淳はかつて，文学とはすなわち「表現としての政治」に他ならないとし，「現代の文士には，稗史小説の濫作に溺れず，政治や権力を「文章」にからめとるような，ノン・フィクションへの冒険をすすめたい」と提言していた[82]。ロラン・バルトの『作者の死』と同時期に成されたこの発言は，その後の文学（ノン・フィクション）が現実世界への積極的参与を断念していく過程を的確に予見していたのかもしれない。ポストモダニズム的な学問状況のなかで，文学は急進的な批評性を失い，表層的な差異の戯れに終始することとなった。エドワード・W・サイードの知識人観，すなわち「わたしが使う意味でいう知識人とは，その根底において，けっして調停者でもなければコンセンサス形成者でもなく，批判的センスにすべてを賭ける人間である」というまさに相対主義を体現する言説は，本論が最後に批判しなくてはならないものであろう[83]。総合知としての文学が現実社会に寄与しうるとすれば，それは建設的な議論醸成を可能にするような知見を提示できるかどうかにかかっている。構造構成的言語行為論は，送信者と受信者が行使しうる権限と，果たすべき責任を提起するものである。それは，日常の会話，議論といった場面においても応用可能な知見であろう。

構造構成的言語行為論に基づくコミュニケーションが重要視するのは，サイードが否定した合意（コンセンサス）の形成に他ならない。その実現を阻むファクターの一つは「誤解」

と呼ばれるものであろう。しかし構造構成主義においては，誤解はより高次の理解へと至る契機として位置づけられている。――「継続される対話の過程の中に位置づけられれば，誤解は，より適切な理解を得るための好機ともなりうるからである」[84]。これは文学のみならず，さまざまな領域において必要とされるスタンスであると考えられる。日常会話はいうに及ばず，国際社会における議論においてもまた，誤解に基づく信念対立は枚挙に暇がない。――国際紛争のごとき軍事的対立や，従軍慰安婦問題に代表される歴史認識[85]，あるいは未知の文明を「テロ支援国家」,「不安定の弧」あるいは「悪の枢軸」といった固有性に還元してしまう暴挙などである。最も回避されるべきは，そのような誤解に直面した際に対話を放棄してしまうことであろう。――米国によるイラク侵攻直前の2003年2月中旬，日本を仲介役とした和平調停のボードを開くべくバグダッドを訪問していた竹田恒泰氏は，当時の米国―イラク間に非公式を含めた一切の外交交渉が行われていなかった事実を指摘している[86]。同年9月，アメリカ中央情報局（CIA）のデヴィッド・ケイ博士がイラクにおける生物・化学兵器の存在を完全に否定し，またジョージ・W・ブッシュですら，イラクの旧バァス党政権と9.11の事件とを関連づける証拠はないと正式に認めた。米国が掲げた開戦理由に一切の正当性がなかったことで，合意形成の努力を放棄した当事者の責任が問われている。果たしてサッダーム・フセインは了解不可能な他者であったか。(頑迷なるアラブ社会にあって，彼はむしろ近代主義の推進者であったはずだ)。米国とイラクとのあいだには，言語の差異という「空所＝失効可能性」に端を発する歴史的ないし文化的コンテクストの相違が横たわっていただけなのではないか。もしそうであれば，選択すべき手段はコミュニケーションの放棄ではなく，合意形成を目指した建設的な議論の促進であった。他者に対する理解は，自己の倒壊と表裏一体である。他者の自己化，自己の他者化とは，双方向的な交流でなくてはならない。

9.11を象徴的な契機として，コミュニケーションのための言葉の復権という試みは，現実世界における急務となっているのではないか。最後に引用するのは，松澤和宏による文学研究の現状分析である。

> 今日の私たちが直面している文学研究や人文科学全般を覆う「混迷」なるものが実は根の深いところで，近代デモクラシーの社会における価値相対主義や個人主義の蔓延と繋がっていること，その意味では「混迷」はむしろ歴史的に不可避ですらあるという苦い認識なしには，少なくともわたしには「これからの文学研究と思想の地平」を遠望することなど到底できないように思えたのである。[87]

ポストモダニズム的な思想状況や，それ以前から近代社会が立脚しつづけてきたイデオロギーについて，根柢から検討しなおすべき時期が到来している。言語行為は，日常生活・社会・政治・文化といった諸相を根柢から規定するものであり，構造構成的言語行為論の課題は，このような「混迷」を打破しうる可能性を提示するところにある。総合知としての文学の本義が，いま，試されていると云えるだろう。

【註および文献】

［1］『構造構成主義研究』編集委員会　2007　『構造構成主義研究』刊行にあたって　西條剛央・京極真・池田清彦（編）　現代思想のレボリューション—構造構成主義研究1　北大路書房　pp. i -iv
［2］西部　邁　1996　知性の構造　角川書店　p.57-70
［3］芥川龍之介　1923　侏儒の言葉　紅野敏郎・海老井英次・石割　透（編）　1996　芥川龍之介全集第十三巻　岩波書店　pp.40-41
［4］Roland Barthes 1966 *INTRODUCTION A L'ANALYSE STRUCTURALE DES RECITS*. Paris : Editions Seuil.　花輪　光（訳）　1979　物語の構造分析　みすず書房
［5］加藤典洋　2004　テクストから遠く離れて　講談社
［6］柴田勝二　2004　〈作者〉をめぐる冒険　テクスト論を超えて　新曜社
［7］須貝千里　2005　「僕等の時代」宣言　田中　実・須貝千里（編）「これからの文学教育」のゆくえ　右文書院　pp.vi-xi
［8］柄谷行人　2005　近代文学の終わり　柄谷行人の現在　インスクリプト
［9］［8］の pp.35-80から引用。
［10］ポストコロニアル批評の観点に立てば，9.11によって顕在化された問題は二つ存在する。一つは，ツインタワーの瓦礫の中には中南米やアジア，「中近東」からの移民労働者や，「不法労働者」たちの遺体も散乱していたという事実である。世界システムの周縁的存在が中枢の機能を（アンダーグラウンドなかたちであれ）担っていたことにより，「マックワールド」vs.「ジハード」というベンジャミン・バーバが主張するような二項対立が喰い破られる現状が世界中に暴露された。いま一つの問題は，世界システムの外部として見捨てられていた厖大な数のアフガン難民の存在が，テロとそれに対する報復行動によって図らずも明らかになったという事実である。ニューヨークとアフガンという世界システムの中心／周縁は決して切断されたものではない。しかしながら，両者に対する関心／無関心というかたちで，その共時性はたえず分断の危機に曝されている。以下の著作を参照。姜尚中（編）　2001　『知の攻略　思想読本4　ポストコロニアリズム』　作品社　pp.001-004
［11］J. L. Austin 1960 *How to Do Things with Words*. Oxford : Oxford University Press. 坂本百大（訳）　1978　言語と行為　大修館書店
［12］John R. Searle 1969 *Speech Acts : An Essay in the Philosophy of Language*. Cambridge : Cambridge University Press. 坂本百大・土屋　俊（訳）　1986　言語行為　言語哲学への試論　勁草書房
［13］Jacques Derrida 1990 *LIMITED INC*. Paris : Editions Galilee　高橋哲哉・増田一夫・宮崎裕助　2002　有限責任会社　法政大学出版局
［14］西條剛央　2005　構造構成主義とは何か—次世代人間科学の原理　北大路書房
［15］Edmund Husserl 1954 *Die Krisis der europaischen Wissenschaften und die transzendentale Phanomenologie*. Haag : Martinus Nijihoff　細谷恒夫・木田　元（訳）　1995　ヨーロッパ諸学の危機と超越論的現象学　中央公論新社
［16］Jacques Derrida 1967 *L'ECRITURE ET LA DIFFERENCE*. Paris : Editions du Seuil　若桑　毅・野村英夫・阪上　脩・川久保輝興（訳）　エクリチュールと差異（上・下）　1977　法政大学出版局
［17］松澤和宏　2003　生成論の探求　名古屋大学出版会

［18］綾目宏治　1999　脱＝文学研究―ポストモダニズム批評に抗して　日本図書センター
［19］Wolfgang Iser 1976 *Der Akt des Lesens : Theorie ästhetischer Wirkung*. München : Wilhelm Fink Verlag.　轡田　収（訳）　1982　行為としての読書―美的作用の理論　岩波書店
［20］実証的研究の基礎を築いた人物であるにもかかわらず，サント＝ブーヴ，イポリット・テーヌ，そしてギュスターヴ・ランソンのまとまった翻訳はほとんど存在しないというのが実情である。本論においては以下の著作を参照した。石井洋二郎　2000　文学の思考―サント＝ブーヴからブルデューまで　東京大学出版会
［21］［20］の項目を参照。
［22］［20］の項目を参照。
［23］Thomas Carlyle 1841 *On heroes and hero-worship*　老田三郎（訳）　英雄崇拝論　1930　岩波書店 p.227
［24］I. A. Richards 1925 *Principles of Literary Criticism*. New York : Hervest-Harcourt,n.d.
［25］John Crowe Ransom 1941 *The New Criticism*. Norfolk, Conn. : New Directions
［26］Wimsatt, W. K.&Monroe Beardsley 1954 *The Varbal Icin : Studies in the Meaning of Poetry*. Lexington : University of Kentucky Press.
［27］［４］の pp.79-89に所収。
［28］［４］の pp.89より引用。
［29］Edward W. Said 1994 *Representations of the Intellectual*. London : Wylie Agency（UK）Limited. 大橋洋一（訳）　1998　知識人とは何か　平凡社　pp.127-128
［30］［18］の pp.363-378を参照。
［31］沼野充義　2004　理論を携え，新しい世界文学に向けて旅立とう　小森陽一（編）　岩波講座　文学　別巻　文学理論　岩波書店　p. 1 -17
［32］［４］の pp.79-89に所収。
［33］［４］の pp.91-105に所収。
［34］［４］と同一。
［35］［４］の pp.85-86から引用。
［36］［４］の pp.88から引用。
［37］［４］の pp.100から引用。
［38］［５］に同じ。
［39］田中　実　2005「80年代問題は超えられるか」―あとがきに代えて，「空転」への対応と〈深層批評〉の可能性　田中　実・須貝千里（編）「これからの文学教育」のゆくえ　右文書院　pp.458-475
［40］Barbara Johnson *Writing*. 1990 Frank Lentricchia and Thomas McLaughlin（Eds）*Critical Terms for Literary Study*. Chicago : The University of Chicago Press. 大橋洋一・正岡和恵・篠崎　実・利根川真紀・細谷　等・石塚久郎（訳）　1994　現代批評理論―22の基本概念　pp.25-111
［41］Ferdinand de Saussure 1983 *Course in General Linguistics*. London : Duckworth　小林英夫（訳）1972　一般言語学講義　岩波書店
［42］［４］の p.94を参照。
［43］［11］と同一。
［44］［12］と同一。
［45］［12］の p.27から引用。
［46］［13］の p. 9 を参照。
［47］深谷昌弘・田中茂範　1996　コトバの〈意味づけ論〉―日常言語の生の営み　紀伊國屋書店
［48］［11］の p.33を参照。
［49］［13］の pp.34-35を参照。
［50］［14］の p.154を参照。
［51］小田切秀雄　1972　文学概論　勁草書房　p.10

［52］これについては，たとえば以下の著作において考察されている。
野家啓一　1993　言語行為の現象学　勁草書房　pp.273-298
［53］［４］の p.85を参照。
［54］［16］の pp.13-14から引用。
［55］［16］の p.14を参照。
［56］［４］の p.86を参照。
［57］Michel Foucault 1969 *Qu'est-ce qu'un auteur ?* Daniel Defert et François Ewald（Eds）1994 *MICHEL FOUCAULT DITS ET ECRITS, Tomes I, II, III, et IV*. Paris:Editions Gallimard. 小林康夫・石田英教・松浦寿輝（編）1999　ミシェル・フーコー思考集成Ⅲ　歴史学／系譜学／考古学　筑摩書房　p.232
［58］［15］の p.292から引用。
［59］［14］の「４章　中核原理の定式化―関心相関性」(pp.51-81）を参照。
［60］［17］の p.472を参照。
［61］［17］の p.472から引用。
［62］［57］の pp.240-241から引用。
［63］Jacques Derrida 1972 *MARGES DE LA PHILOSOPHIE*. Paris : Les Editions de Minuit. 高橋允昭・藤本一勇（訳）2007　哲学の余白　法政大学出版局
［64］［17］の pp.23-24を参照。
［65］池田亀鑑　1991　古典学入門　岩波書店
［66］横光利一　1937-1946　旅愁　保昌正夫・井上　謙・栗坪良樹（編）1982　定本横光利一全集　第八－九巻　河出書房
［67］十重田裕一　2006　旅愁―さまよえる本文　石田仁志・渋谷香織・中村三春（編）横光利一の文学世界　翰林書房　pp.130-141
［68］宮崎　駿　1992　紅の豚　1999　ブエナ・ビスタ・ホームエンターテイメント
［69］［18］の pp.12-13を参照。
［70］［15］の pp.45-183を参照。
［71］T. S. Eliot 1932 Selected Essays : 1917-1932 *THE METAPHYSICAL POETS*. London : Faber　村岡　勇（訳）1960　形而上詩人　エリオット全集３巻　中央公論社
［72］魚住折蘆　1909　自然主義は窮せしや　1973　現代日本文学大系40　筑摩書房
［73］夏目漱石　1995　漱石全集　第十五巻　岩波書店
［74］［15］の p.126を参照。
［75］［14］の p.57から引用。
［76］［18］の p.13を参照。
［77］［19］の pp.35-36を参照。
［78］服部康喜　テクスト分析から「読む」ことへ　2003　田中　実（編）「読むことの倫理」をめぐって　文学・教育・思想の新たな地平　右文書院　pp.53-68
［79］［51］の p. 9 から引用。
［80］田中　実　2007　小説は何故（Why）に応答する　松澤和宏・田中　実（編）これからの文学研究と思想の地平　右文書院　pp.327-328
［81］中国における最初期の文学論である曹丕の「『典論』論文」にみられる言葉。現代語訳は「文章は国政に深いかかわりを持ち，永遠に朽ちることがない偉大なる営みである」となる。伊藤正文・一海知義（編訳）1970　中国古典文学大系　第23巻　漢・魏・六朝・唐・宋散文選　平凡社　pp.85-88
［82］江藤　淳　1969　表現としての政治　文藝春秋　pp.19-22
［83］［29］の p.54から引用。ただしここで，晩年のサイード自身がここに引用したような湾岸戦争直後の主張を修正しようと試みていたことに留意すべきである。こうした彼の転回は，まさに米国によるイラク侵攻をめぐって惹起された。以下の著作を併読されたい。Edward W. Said 2004 *HUMAN-*

ISM AND DEMOCRATIC CRITICISM. New York: Columbia University Press. 村山敏勝・三宅敦子（訳） 2006 人文学と批評の使命―デモクラシーのために pp.149-178
［84］［14］の p.201を参照。
［85］多田羅健志　歴史学の信念対立を読み解く―構造構成主義的アプローチ　2007　構造構成主義の展開―21世紀の思想のあり方　現代のエスプリ475　至文堂　pp.126-136
［86］以下の著作に，氏のイラク訪問に関する記述がある。竹田恒泰　語られなかった皇族たちの真実　2006　小学館　pp.22-25
［87］［80］に所収。松澤和宏　2007　テクストの解釈学へ―あとがきに代えて　pp.329-340

【本論の成立経緯，ならびに謝辞】

本論の基底には，2007年３月11日（日）に早稲田大学で開催された「わかりあうための思想をわかちあうためのシンポジウム　第一回構造構成主義シンポジウム」の事後に催された懇親会の席上でいただいたご批判が生きている。また，同年10月７－８日（土・日）に青山学院大学で開催された「無教会全国集会2007　真実の所在―いま，良心に生きるには―」における鷲見誠一先生の講話は，ポストモダニズム的な価値相対主義からの脱却という問題意識を芽生えさせるきっかけをつくって下さった。本論は，鷲見先生の問いかけに対する筆者なりの解答という側面も持っている。

本論は，西南学院大学での指導教授である斎藤末弘先生，また三回生の折，文学理論について講義をしてくださった挽地佳恵先生，ならびに現在お世話になっている早稲田大学大学院文学研究科の指導教員の皆さまによるご指導があっての賜物だと思います。また，査読をして下さった『構造構成主義研究』編集委員会の皆さま，さまざまなご意見を下さったネキダリス研究会の皆さまにも，心から感謝を申し上げます。それから，大学院入試のときに支えになってくれた村田理沙，山下由紀の二人にも，――本当にありがとうございました。

原著論文（研究）

Ⅱ-2 構造構成主義による教育学のアポリアの解消 ――教育学研究のメタ方法論

苫野 一徳

1節 問題設定

教育とは何か，そしてそれはどのようにあるのが最もよいのか，を，さまざまな観点からさまざまな方法をもって問い続けてきた教育学が，そもそも「教育学」とは何であるのか，自らのレゾン・デートルをかけて問い直しを試みるようになって久しい。各学会のシンポジウムでは，毎年のように「教育学を問い直す」「教育学はどこへ」「教育学の脱構築」といったテーマが取り上げられ，そしてほぼ例外なく，結局共通了解を得られないまままますます混迷が深まったといった感想が，討論のまとめとして報告されている。その混迷の理由は，いったいどこにあるのだろうか。

大雑把にいえば，ルソー（Rousseau, J-J.）やフレーベル（Froebel, F.）らの思想を受け継ぎ教育を「生成」から捉える論者と，デュルケーム（Durkheim, E.）らの思想を受け継ぎ「形成」として捉える論者の対立があったとはいえ（この対立は，一般にデューイの「成長」概念によって解消されたとされているが），近代教育学が，「無限の可能性」，「終わりなき前進」といった「無限性」と，「達成すべき自己」，「達成されるべき社会」といった「究極目的」の概念を，多かれ少なかれ有していたことは多くの研究者たちの同意するところであろう。近年における「教育学」の自己反省は，すべてこの近代教育学のパラダイムそれ自体を問題にしたものである。

「無限性」に関していえば，個々人の「無限性」の追求が，他者の抑圧と疎外を生み出したと否定されるようになった。「究極目的」に関しては，進行する価値の多様化が強力なドライバとなって，われわれはもはや哲学的のみならず，現実社会においても絶対確実な究極的到達目的を語ることができなくなった。遠くシュライエルマッハー（Schleiermacher, F. D. N.），ディルタイ（Dilthey, W. C. L.），あるいはデューイ（Dewey, J.）といった「相対主義」的教育論の伝統をもち，その上で「よりよい教育」を志向してきたはずの教育学ではあるが，今日のポストモダン的思想状況のなかでは，「よりよい教育」といった概念それ自体を脱構築しようとする動きさえみられるようになった[1]。そうした論者たちにとっては，「どんな『パラダイム』も，『ドグマ』ないし『フィクション』であるということの可能性と限界とを有している」がゆえに，教育学には，「現在や過去の『パラダイム』を『パラダイム』として確認すること」で，「現在および過去の学問研究が，ある時代やある場所にいかに拘束された相対的な存在であったか，言いかえれば，フィクションとして存在していたかを確認する作業」[2]こそが求められていることになる。

しかし，教育はどうあるのが最もよいかを探究し続ける「規範」的学問でもある教育学にとって，「たんに教育と教育哲学のフィクション性や神話性を暴きだし，意味や価値の破壊に終わることでは，ニヒリズムの事態を招来させるにすぎない」[3]といった指摘や，その上で，「確固とした共通了解を見失った状況下でも，なお全体的な立場から教育のあり方を描いていくことができるのであろうか」[4]という問題意識が提起されるのも，当然のことである。今日の教育学の「混迷」は，近代教育（学）において自明とされてきたことを相対化し続ける論者と，その上でいかにして共通了解可能な「価値」や「目的」などを構築していくかを探究する論者との間のずれと，このずれを解消するための「方法」の欠如によっているといえるであろう。

本稿の目的は，この「ずれ」を解消するために，多様な価値をめぐる信念対立を解消することをひとつの目的として体系化された構造構成主義を援用し，その「方法」を提示することにある。本論で明らかになるように，その「方法」は同時に教育学研究のメタ方法論ともなるであろう。今日における教育学のアポリアを構造構成主義によって解消し，その上で教育学の問題設定を一歩進めるための道筋を与えることが，本稿における最大の目的である。

2節
教育学の根本問題

1．相対主義，理想・当為主義，規範主義の対立，あるいは齟齬

(1) 相対主義とその問題

今日の教育学において，徹底的な相対主義はひとつの勢力を形成している。

70年代にはいわゆるリヴィジョニストたちの議論が一世を風靡し，教育は自由で平等な社会という達成されるべき社会を実現するどころか，資本主義における既存の不平等な社会秩序を再生産する権力機構の一端を担っていることが暴露された[5]。80年代以降には，とりわけフーコーの「規律的権力」理論に依拠した研究が量産され，教育を通して達成されるべき理性的で自律的な個人という目的が，実はそのような個人として規格化しようとする権力＝知的言説によって虚構的に形成されたものであることが暴露された[6]。このような近代教育批判は，90年代においても，そして今日においても教育学の強力な主流をなしており，これまで自明とされてきた教育目的や教育のあり方の「フィクション」性「ドグマ」性が，次々と暴かれている。

そうした立場の論者たちをパネリストに迎えて，1997年，日本教育学会は，「教育学はどこへ」と題したシンポジウムを開催した。気鋭の近代教育（学）批判者である鈴木は，ここで次のように発言している。

> 「フィクション」の反対語として「ノンフィクション」という語がありますが，教育（学）を含めてあらゆる科学は，「ノンフィクション」ではあり得ないというのが私の捉え方です。〔中略〕この相対化の知恵は，教育の日常実践において，人間の営み自体のもつ可能性だけではなくその限界にも眼を向けていくものとなるでしょう。人間や科学の発展可能性ばかりが論じられてきた近代への反省として，その限界にも眼をやる姿勢こそがいま求められているのではないでしょうか。そして，人間としての可能性と限界を知った上で，それでもなお人間はその生を享受していく勇気をもつ存在なのだ，ということを次世代に伝えていくこと，それが教育（学）の今後の使命ではないかと私は考えています。[2]

これまでの教育学が依拠していたパラダイムを「フィクション」として相対化し続けるという作業は，何らかの教育目的や方法が絶対化されることを防ぐという意味において，確かに有効であり続けるであろう。しかしこの相対化の方法は，それ

が相対化し続けるという方法にとどまる限り，ではわれわれはどのような教育を志向しうるか，という問いに答える方法を提示することができない。

実際，シンポジウムの全体討議において，会場からは結局教育学の「どこへ」がみえなかった，といった批判がなされることになった。これに対しパネリストたちは，「枠コワシ」「枠ハズシ」をしたあとに何かが見えてくるといったものではない，と答えたり，結局限界を意識しながらしかもオズオズと進むしかない，と答えたりしている[7]。

この，限界を意識しながらしかもオズオズと進むしかないその際の精神的態度が，「人間としての可能性と限界を知った上で，それでもなお人間はその生を享受していく勇気をもつ存在なのだ，ということを次世代に伝えていく」，という先の鈴木の提示した態度であろうが，しかしこの言明もまた，相対主義の立場からすればフィクションにほかならない。すべてがフィクションであることを自覚してもなお，われわれはどのように教育を論じることができるか。この問いに答えるにあたって，「人間はその生を享受していく勇気をもつ」などというフィクション（神話）に再び依拠したのでは，相対主義のいきつくところが単なる「信仰」であったことを暴露しているかのようである。

上記シンポジウムから10年後の2007年〔本論文執筆年〕，教育哲学会は，「教育哲学のこれからを考える」と題したシンポジウムを開催した。そしてここにおいても，議論は，「教育哲学」はもはや教育的価値を積極的に論ずることはできず，いまや教育社会学や教育心理学の「残余」を扱い，教育の語り口をたえず問い直し，「語り得ぬもの」を語り得ないと言い続けるところにその意義がある，という結論へと収拾していった。教育哲学会において，徹底的相対主義は依然として最大の勢力を形成しているといってよいだろう。

しかし繰り返すが，このような徹底的相対主義は，ではいったいどのような教育をわれわれは「よい」といえるのか，あるいはわれわれはどのような教育を構想しうるのか，といった問いに答える術を持ち得ない。相対主義を徹底したその上でなお，われわれはいかにして教育を論じることが可能か。この問いに答えることが，現代教育学の急務なのである。

(2) 理想・当為主義とその問題

以上のような，教育の具体的あり方を構想できない教育学に対して，積極的に真の教育のあり方を論じる者たちもいる。もっともこれは専門的教育学においてというよりは，実践的，政策的レベルでの議論に多い。藤田は次のように，現代社会における教育論について批評している。

教育に関する実践的・政策的議論はほとんど例外なく，『真正の学習』とか

> 『理想の教育』といった『理想・当為』を実現しようという意図によって導かれている。この意図の形式的共通性のゆえに，教育の在り方をめぐる議論は理想論・当為論として展開しがちであり，教育問題は『理想・当為』からの乖離・逸脱の問題としてとらえられがちである。つまり，当為問題として措定されがちである。[8]

あるいは苅谷は次のようにいう。

> 教育をめぐる議論には共通する特有のスタイルがある。あるべき理想の教育を想定し，そこから現状を批判する。批判そのものにはだれも異論はない。前提となるあるべき教育の理想には，だれも正面からは反対できない崇高な――抽象的な――価値が含まれている。一方，そうした教育の理想を掲げていれば，現実的な問題をどう解決するか，その過程でいかなる副作用が生じるかについての構造的把握を欠いたままでも，私たちは教育について多くを語ることができる。[9]

以上のような批評は，苅谷の著書のタイトルが端的に示すように，「なぜ教育論争は不毛なのか」という問いに対する本質的回答であるといえるであろう[10]。「個性尊重の教育」，「愛国心の教育」，「生きる力の教育」，「道徳心の教育」といった「理想」を掲げ，そこから教育のあり方を規定していこうとする議論は，確かに床屋政談から専門家たちの議論に至るまで，いつでもみられるものである。しかしこうしたそれぞれの理想が特権化され，到達しなければならない「理想理念」として固定されるとき，たとえば「個性」と「愛国心」はどのように関連づけられるのか，「生きる力」と「道徳心」が矛盾したときにはどうすればよいのか，といった対立が必然的に生じることになる。竹田がいうように，「理想理念」は「必ず任意の多数性をもつ」[11]。そしておのれの理想理念を支える論理のみによっては，それがまさにひとつの超越項として措定された「理想」であるがゆえに，他方の理想理念の論理を破壊する術をもたないのである。これが，教育論に限らずあらゆる信念対立の基本構造である。

(3) 規範主義とその問題

さて，今日，このような相対主義と理想・当為主義の対立を克服すべく，規範主義ともいうべき新たな教育学のあり方が問われるようになっている。それは，「教育の目的がさまざまな価値観から述べられていくなかで，『これこそが教育の目的論としてふさわしい』というようなことがどのような根拠からいえるのであろうか。」[4]という問いに答えることを目的とした，すなわち教育の「正当性」論の探究である。この「正当性」論は，理想・当為主義的観点から「正当性」の根拠を打ち出すことを自ら禁じ手とし，また当然，その根拠を相対化し続けることも是としない。規範的教育哲学の第一人者である宮寺は次のようにいう。

> （人びとのあいだの調停困難な多様性）を事実として受けとめた上で，それぞれの主張の妥当性を正当化理論にまで溯って示し合うこと。それを求めていくのが規範的教育哲学の基本的な戦略であった。〔中略〕主張内容の妥当性を価値観を超えて公共の場面でも受け入れさせようとするならば，何らかの客観的な規準に照らして正当性が証明されなければならない。そこで規範的な立場――たとえば「各自の宗教的信念は公共的決定に優先する」など――が必要になるのである。「規範的」（normative）というのは，「規準に照らして（according to *norm*）評価する」という意味に外ならない。
>
> そうなると当然問題になってくるのは，「その規準はどこに求められるのか」「規準自体はどのようにして正当化されるのか」ということであろう。こうした主題を分析の手法だけで探究していこうとすれば，言語や概念のなかから規準の規準を，さらにまたその規準をと限りなく紡ぎだしていかなければならず，メタ理論の次元で背進していかなければならないことになる。[4]

宮寺はこの「規準」を，リベラリズムの哲学に依拠して提示しようと試みている。しかしそれがリベラリズムであれコミュニタリアニズムであれ，この問に答えを与えようとするとき，われわれは次のようなアポリアを抱えることになる。

> ――お前のいう合理的正当化なるものも，お前自身は意識していないようだが，お前が所属する共同体の人倫による《正統化》にすぎない。お前をふくめてわれわれは，所詮多様化と相対化の渦から超絶できないのだ。[4]

今日われわれがどのような「正当性」の「規範」「基準」を持ち出したところで，それはあくまでも多元的価値の一つの「立場」に過ぎず，相対主義者たちによる「相対化」を回避することは不可能である。実際宮寺や英米の現代教育哲学者たちも，このアポリアを提示するにとどまりこれを解消する理路を積極的に打ち出してはいない[12]。現代教育哲学は，相対主義に抗する理路を創出するというよりは，むしろ多元的価値の一つの「立場」を言明していくという方法によって，今日教育の「正当性」を論じているのである[13]。

こうして，相対主義のデッドロックを乗り越えるべく提唱された規範主義もまた，自らを超越的な価値として打ち出せない一方で，再び相対主義の内部に取り込まれていく。われわれはいま，いかなる教育的価値も教育の「正当性」も，力強い説得力をもって論じる方法を見出せずにいるのである。これが規範主義のアポリアである。(これは言葉を換えれば，「正当性」や「規範」を説得力をもって論じる方法を見出すことができれば，規範主義のアポリアを克服する可能性が開かれるということである。)

ところで，以上のようなアポリアの派生系ともいうべき問題が，教育学においては古くから存在する。あるいはむしろ，古くから続く教育学における問題が，今日相対主義，理想・当為主義，規範主義の対立，という形で先鋭化しているともいえようか。一つに，教育学と教育科学の対立，二つに，理論と実践の対立という問題である。

2．教育学と教育科学

「教育学はなぜ科学になれないのか」といった発言が，教育関係の各学会においてしばしば聞かれることがある。他の人間科学・社会科学の分野と同様，教育学もまた，「科学」の名にふさわしい「客観性」「実証性」を追究すべきであるとする考えは，今日においてもなお広く共有されている。

よく知られているように，「教育学」と「教育科学」を峻別せよと論じたのは100年前のデュルケームである。「教育科学」は，社会のなかにおける「教育事象」を客観的・実証的に明らかにするものとされる。今日では，発達心理学や認知心理学の知見に基づく教育心理学や，教育社会学の分野などがその代表といえるであろう。

実証主義的社会学からみれば，教育とは端的に「未成年者の体系的社会化」[14]である。したがって，単純に図式化するなら，「教育科学」たる教育社会学は教育事象を客観的・実証的に分析し，その上で教育心理学等の「科学」が，そこで明らかにされた実証データに基づき「社会化」のための理論を客観的に明らかにしていくこととなる。

一方の「教育学」は，この「教育科学」の知見に基づいて個々の「教育実践」を扱うものとされる。したがって「教育学」は実践を導く教育目的や教育的価値もまた探究するが，しかしこれらは「科学的」とはいえないために，基本的には「教育科学」を基礎としなければならないとされる[15]。

しかし以上のような「教育学」と「教育科学」の峻別は，今日次のような問題，あるいは混乱を生んでいる。すなわち，教育はいかにあるのが最もよいかを探究する「規範」的学問でもあるはずの教育学が，はたしてほんとうに「教育科学」に従属すべきであるのか，あるいは従属しうるのか，という問題である。「教育科学」は確かに「未成年者の体系的社会化」のための説得力ある理論を提示することができるであろうが，しかしそうした理論はむしろわれわれがどのような「社会」や「教育」を「よい」と考えるのかという，教育学あるいは哲学の知見によってこそ基礎づけられるべきものではないのか。上田は，「教育科学の確立は，教育哲学の存在をしだいに無用にしていくと考えられているのではないであろうか。いや，教育科学の立場は根本的に教育哲学を否定すると信じられているのではないであろうか。」[16]と，早い時期からこの対立を問題視している。また原は次のようにいっている。

> 教育学は教育方法学に制覇されたようにも思われる。教育は何のために必要か，何を教育すべきか，という議論よりも，如何に教育するかということが教育学の中心的な課題であると，教育学の内にいる者も外にいる者も思っているように見える。〔中略〕教育学は，目的論的価値体系について明瞭な観念を失っただけでなく，かといって，臨床サービスの技術についてクライアントの期待にも添い得ていない。[17]

以上のような対立問題は，今日特に深刻な問題を生んでいる。たとえば近年,「学力低下」の現状が実証的に明らかにされ問題視されているが，その打開策として，「ゆとり教育」から「確かな学力」へ,「体験学習」から「詰め込み教育」へ，といった「揺り戻し」的な教育方法が説得力をもち始めている。いかに効率よく「確かな学力」を身につけさせるか，といった方法論の構築は,「教育科学」の得意とするところである。

しかし同時に,「学力」を測定可能な基準でのみ測ることへの抵抗を示す教育学者も多い。そもそもこれからの社会においてどのような「学力」が求められているのかという議論を抜きに，ただ「学力」が低下したからこれを向上させなければならないという今日の教育動向を警戒する向きもある[18]。しかし前節の規範主義のアポリアにみたように，相対主義に抗して何をもって「正当」な「学力」とするかを論じる方法をもたない教育学は，それゆえに，この対立を解消することができず問題はますます混迷を深めているといわざるをえない。宮寺はこうした対立問題解消の課題を,「教育研究における実証性と規範性の二元性の克服と，教育研究の全体性の回復」[19]として定式化している。実証性と規範性の二元性という観点からすれば，教育科学と教育学の対立は，むしろ先の上田の言葉にみられるように，教育科学と教育哲学の対立，といい換えたほうが分かりやすいであろう。

さて，本稿が構造構成主義を援用して提示する理路はこの対立問題もまた解消することを目的としているのだが，しかしその前に，教育学の伝統において，すでにその端緒が開かれていたこともここで明記しておきたい。たとえばデュルケームと同時代のデューイは,「科学上の発見は，究極的実在の，存在一般の固有な特性の開示であるという考えは，古い形而上学の残存である。」[20]と述べ，いわゆる真理対応説を否定している。デューイによれば，そもそも絶対客観的な科学という考え自体が誤りである。「こうして，現象を支配すると想定された不変の法則は，具体的な存在を有効に処理する方法，それらの存在とわれわれの関係を規制する様式になる。」[20]したがって，教育の「科学」というものがあるとするなら，その「知識」は絶対客観的な「知識」ではなく，個々の教育実践において得られた「知識」が他の実践においても有効でありうる場合に「知識」であると認められるものであり，またその「知識」は，たえず教育実践によって検証され続けるものとされる。

同様のことは，デューイと同じくプラグマティズムの哲学者であったジェームズ(James, W.) によっても述べられている。ケンブリッジ市の教師たちを対象にした講演会において，彼は，教育実践に有用な最新の心理学の知見を得ようと集まった多くの教師たちの期待に反して，社会学と並んで「教育科学」を導くものとされた当時の心理学を，「法則」を上から押し付け教育実践を教育科学に従属させるものとして痛烈に批判した。それがかえって人気を博し，その後も続けられることになったこの一連の講演において，ジェームズは，「法則」「理論」は，それ自体が実践に先立つのではなく，それは「実践」の中の「理論」なのであると，「理論」の性格を論じ続けた[21]。「教育科学」の「理論」は絶対客観的なものとして信奉されるべきものではなく，あくまでもよりよい実践を導くための，したがってある「規範」に基づいてこそ活かされるものであると，デューイやジェイムズは考えたのである。

このように，教育の「規範」的側面および教育学の先駆者たちの洞察の伝統のゆえに，教育学においては，絶対客観を前提とした過度の科学主義が支配的になることはほとんどなかった。しかしそれでもやはり，先にみたように，教育の正当性の「規範」もまた相対主義者による相対化を免れ得ず，さらには「科学」ですら相対的なものであるとすれば，ではわれわれはいかに教育を論じればよいのか，という問題が，根本的に解決されたことにはならない。「教育学」と「教育科学」の対立は，今日双方を相対化する相対主義者たちの出現によってますます複雑な様相を呈している。この複雑に絡み合った対立問題を，うまく解きほぐす理路はありうるであろうか。

3．理論と実践の乖離

教育学が「教育実践」に寄与しえていない，という批判は，教育学に従事する者なら嫌というほど聞かされ続けていることである。これはほとんど教育学の誕生にまで遡れるほどに古い問題であろうが，現在においてもなお各学会で頻繁に討論され，やはり結局は，その乖離に苦しみ続けこの問題を考え続けていくことが教育学に課せられた使命である，といった結論にいたりがちである[22]。

80年代，この教育における理論と実践の対立を象徴する運動があった。『跳び箱は誰でも跳ばせられる』という挑戦的なタイトルの本で一世を風靡した，当時小学校教諭であった向山洋一による「教育技術法則化運動」である。向山は，大学は「現実の問題を切りぬけていく力をつけるところで，１つ１つの技術を教えるべき所ではない」などといっていた結果，「跳び箱を跳ばす」法則や「漢字指導の原則」すら生み出すことができなかったと批判している。向山によると，当時の教育学者たちの多くはこの批判を無視したり反感を露わにしたりしたが，結局，「跳び箱をとばせる技術がなぜ教師の世界の常識にならなかったのか」に答えられた学者はいなかったという[23]。答えるまでもないと取り合わなかったのか，あるいはほんとうに答えられなかったのか，その理由は定かではないが，多くの教育学者たちにとって，この批判は耳の痛いものであったに違いない。

さて，この根の深い対立は，いわば前述した「教育学」と「教育科学」の対立の，位相を異にした一側面であると考えることができる。

「跳び箱は誰でも跳ばせられる」というように，「教育技術法則化運動」は，まさにより効果的な「実践」のために「教育技術」の「理論」を法則化する運動であった。従来の教育学が培ってきた「教育方法」に比べて，この「法則」が即効性と確実性を備えたものであったことは，その劇的な成功をみても明らかである。その成功の自信が，「現場」の教師たちをして，「教育学は役にたたない」「意味がない」と言わしめたのであろう。

ところが先述したように，教育学にはそもそも，教育とはいったい何であり，したがってどうあるのが最もよいのかを問うという，「規範」的側面がある。また，「理論」とは絶対客観的な「法則」ではなく，たえず「実践」において検証（構造構成主義的にいえば「継承」だが，この点については後述する）され再構築され続ける必要があるという自覚がある。前者についていえば，たとえば，なぜそもそも「跳び箱」が教育において必要なのか，なぜ全員跳べるようになる必要があるのか，といったところも含めて考える。それが「跳び箱」ではなくたとえば「分数」ならどうか。「天体の動き」ならどうか。より適切な仕方で説明するなら，諸々の教育内容や教育行為，あるいは教育行政のあり方も含めて，どのような教育であればそれを「正当」とよべるのか。１節で述べたこのテーマが，教育学において探究し続けなければならない大きな課題のひとつなのである。

後者，すなわち「理論」の絶対性を否定する教育学の見方についていえば，しかしそうはいっても，確かにそれまで有効な「教育技術」を「法則化」してこなかったことについて，教育学者は責めを負ってもよい。もっとも，「教育現場」の教師ひとりひとりの知見だけでは体系化することのできない「教育技術」を，「現場主義」の教育学者が体系化するという研究も，近年は盛んである。ただ問題は，やはりそのように体系化された「理論」もまた相対化されうるという点にあり，先にみたように，教育学はある程度そのことに自覚的であった。「教育科学」の理論であれ教育の「正当性」論であれ，すべてが相対化を免れ得ないとすれば，われわれはいかに教育「理論」を論ずることができるのか。

以上のように，「教育学」と「教育科学」の対立にせよ「理論」と「実践」の対立にせよ，今日その問題の根本は，こうして相対主義，理想・当為主義，規範主義の対立におけるアポリアにいきつくのである。

3節
構造構成主義による教育学のアポリアの解消

1．理論と実践の乖離，および教育学と教育科学の対立の解消

以上の問題を，本節では構造構成主義の理路を用いて解消することを試みる。ここで構造構成主義を援用する理由としては，（これからその有効性を随時確認していくが，）構造構成主義が，前章1節や3節におけるような信念対立や，2節における非厳密科学間の対立を巧みに回避する理路を整えているからである。

結論を先取りしていえば，先述した三つのアポリアを解消するための原理は，構造構成主義の中核概念である「関心相関性」の原理を援用して定式化することができる。

構造構成主義は，外部実在を前提とせずに構成されたメタ理論体系である。デカルトの有名な夢のたとえにあるように，われわれは，今われわれが生活しているこの世界が夢かも知れないという可能性を，原理的に否定することはできない。その意味で，外部世界の実在それ自体は疑うことが可能なものである。したがって，外部実在を前提とした理論もまた，同様に可疑性が高くなることになる。

さて，しかしわれわれは，この外部世界という経験対象それ自体は疑うことができても，われわれが何かを経験しているということを疑うことはできない。このわれわれが経験するすべてを構造構成主義では「現象」とよぶが，「関心相関性」は，この現象するあらゆる「存在・意味・価値は主体の身体・欲望・関心と相関的に規定される」[24]という原理である。

この原理を教育学の原理として援用すれば，次のようになる。すなわち，「すべての教育論は関心相関的である」。次にこの原理を基軸にして，前節3項，2項，1項の順に，実際にアポリアを解消することが可能かどうか検証していくことにしよう。

(1) 理論と実践の乖離の解消

前節3項における「理論」と「実践」の乖離として問題となったのは，教育学の「理論」が「教育実践」に寄与し得ていない，という指摘であった。しかしこれは，「関心相関性」の原理から次のようにいうことができる。

「教育技術」の「法則化」をすることができなかったと教育学を批判する論者にとっての教育学における関心は，いうまでもなく「教育技術」にある。これら論者たちが教育学に期待するものは，「教育現場」「教育実践」に役立つ「理論」，すなわち「教育科学」の知見である。一方で，教育はどうあるのが最もよいかを考究する教育（哲）学者たちにとっての関心は，たとえば教育の「目的」であったり社会や政治との連関における教育の「あり方」であったりする。両者の対立は単に両者の「関心」の相違にあるのであって，どちらが「正統」の教育学であるか，あるいはどちらが「優れた」教育論（理論）か，そう問うことに意味はない。さらに細かくいえば，ここでいう「教育技術」のあり方，教育「目的」や教育の社会や政治との連関についても，唯一絶対の答えはなく，個々の「関心」に応じて論じられるほかない。何度もいうように，「教育技術」という「理論」は絶対客観的なものではないし，教育の「目的」にも，絶対的究極目的といったようなものはない。個々の「理論」個々の「目的」は，個々の「関心」によって構成されるほかないのである。

以上は当たり前のことを論じたに過ぎないが，西條もいうように，いわれてみて当たり前と思うことと，当たり前のことに自覚的であるよう定式化することには，決定的な違いがある[24]。実際，これまでみてきたように，教育学の領域においてはいまもなお「理論」と「実践」という対立がみられるのである。この対立を解くために，「すべての教育論は関心相関的である」という原理を，このことにわれわれが自覚的であるよう定式化することは，自らの教育観・教育論を相対化し，そのうえでより妥当な教育のあり方，方法を相互に構築することを可能にするという意味において有効である。「関心相関性」の原理を基軸にすれば，「学校現場」に役立つ教育学と「社会」における教育のあり方を探究する教育学は，どちらもそれぞれその関心・目的に応じて提出された考え方（理論）の原理性，説得性によって，優劣がはかられることになる。（後に述べるように，その際，諸理論はどのような関心によってどのように構造化されたのか，つまり「構造化に至る軌跡」の明示が不可欠となる。）

ところでここで，徹底的相対主義の立場からすれば，関心相関性の原理もまた実は先験的に措定されたものであって，相対化可能なのではないかという疑義が示されるかも知れない。しかし西條によれば，この関心相関性の原理は「信じることを要請していない」[25]。つまりこの原理は，これが該当しない例外が一つでも提示されれば反証されることになるが，そのような例外は見出しえないはずである。そう西條はいうのである。筆者も，「すべての教育論は関心相関的である」というテーゼは反証不可能であると考えるが，これが要請原理でないことを明記することで，その原理性について公共の検証に開いておきたいと思う。（ちなみに，主体の関心相関性，というときのこの主体それ自体がアプリオリに措定されている，という批判も，構造構成主義が関心相関性の原理を継承した現象学に対して向けられているが，これについて（の反批判）は，本稿の主旨からずれるためまた稿を改めて論ずることにする[26]。）

(2) 教育（哲）学と教育科学の対立の解消

前節2項における教育（哲）学と教育科学の対立もまた，同様に関心相関性の原理によって解消することができる。先に述べた教育科学の素朴な確信は，極端にいえば，「社会化」のための客観的な方法がある，というものであった。ここにおいて，「社会」の実在や「到達されるべき人間像」は，アプリオリに措定されている。しかしこの「社会」とは何か，「到達されるべき人間像」とは何か。これらもまた，結局のところ関心相関的に構成されまた選択されるものである。したがってこの関心相関的に構成・選択された「社会」像や「人間」像に到達するための「理論」もまた，その関心下において妥当するかどうかという条件のもとでしか妥当性を担保することができない。同様に，教育哲学が探究する教育の「目的」や社会における教育のあり方もまた，原理的には個々の関心相関的にしか記述することができない。先にみたように，教育の目的を「個性を伸長するため」としても，「愛国心を育成するため」としても，「生きる力を育成するため」あるいは「経済的格差を是正するため」としても，いずれの目的も絶対的なものではありえない。その意味において，教育（哲）学と教育科学は，ともに関心相関性というメタレベルの原理において一元化される。

次節で詳論するが，ここで教育哲学と教育科学の関係性を定式化しておくなら，「教育哲学は関心相関的教育論の関心それ自体の妥当性を問い続けることを本領とし，教育科学はこの営みと相互作用しながら，構成・選択された関心を達成するための個別理論構成を本領とする」ということになろう。たとえば「個性を伸長する」ための個別理論を構成することを教育科学の本領とすれば，この教育関心それ自体の妥当性を吟味し続けることが教育哲学の本領である。そして両者はともに，「関心相関性」の原理によって一元的に基礎づけられている。「個性を伸長する」ための個別理論はこの関心下においてのみ妥当性がはかられるし，この関心それ自体の妥当性もまた，結局はこの関心がどれだけ共通了解あるいは相互承認可能であるかという関心に相関的にのみその妥当性がはかられるのである。（ただしこの関心それ自体の共通了解あるいは相互承認が絶対的に達成されることはありえない。したがって教育哲学は関心それ自体の妥当性を共通了解・相互承認へ向かって投げかける営みといえるであろうが，その際の方法が，後に論じるように教育学研究のメタ方法論となる。)

2．教育理論の科学性の担保

さて，ところがここで，確かにすべての教育論は関心相関的であるに違いないが，そうであるならば，関心相関的に構成された教育「理論」の「科学性」は，いったいどのように担保されるのであろうかという疑問が沸く。そこで本節では，教育「理論」の「科学性」の担保について論じておくことにしよう。

教育の「理論」，とりわけ教育科学の理論は「量的研究」によっても「質的研究」によっても構成されるが，どちらも先に述べたように関心相関的に構成されるものであって，絶対客観的な理論ではあり得ない。しかし大量のサンプルをもとに構成される「量的研究」の知見のほうが，比較的「科学的」であると一般には考えられている。認知心理学や発達心理学の知見に基づいて構築された理論はいうまでもなく，先に述べた「学力低下」の実証プロセスも「科学的」であると考えられているであろう。

それに対して，多くの研究者が従事している「授業研究」等のフィールドワークで得られた知見や，「協同的な学び」による「学びの共同体」づくり[27]の「理論」等，「質的研究」によって得られた知見は，「科学性」に欠けるとしばしば批判されている。「その事例研究の知見はどこまで一般化できるのか」という批判の前に，多くの実践的研究者たちは肩身の狭い思いをし続けており，またこの問いに明確に答えられる理路ももってはいなかった。構造構成主義は，こうした教育学における実践的研究の「科学性」を，「構造」概念および「構造化に至る軌跡」という考え方によって担保する理路を備えている[22]。

西條は，「関心相関的に立ち現れた何か」を広義の構造，また，「『同一性と同一性の関係性とそれらの総体』と言える存在論的な概念」を，狭義の構造として定義している。さしあたってここで重要なことは，構成された構造（理論）は，すべてわれわれの関心相関的に立ち現れた仮説であるということである。西條がいうように，「特定の事柄が○○であることを保証することはできない」が，それは単なるニヒリズムではなく，その「不可能性」を底においた戦略的ニヒリズムである[28]。「構造化に至る軌跡」の考えは，その上で，「構造化に影響すると考えられる諸条件」を（関心相関的に）開示することで，確かなものは何もないと単にニヒリズムをあげつらうのではなく，確かにこの場合においてこの理論は適切であろうという共通了解可能性を担保しようとするのである。「協同的な学び」を成功させる「理論」についていえば，たとえばそのときのクラスの大きさ，親密度，教師との関係，学年，生活環境等の諸条件を開示することで，その「理論」の射程（有効性や限界）

を判断することが可能になり，また広い意味での反証可能性も担保できるようになる。

この「構造化に至る軌跡」を明示する際の方法論として，構造構成主義は，「継承」と「アナロジー的思考に依る一般化」という概念を提示している[24]。

「継承」は，従来の客観主義的パラダイムで採用されてきた「検証」の概念を，人間科学全体に妥当するよう，研究対象とする「現象」に応じて発展的に「継承」するという方法論として定式化し直したものである。「検証」という概念には，現象は絶対客観的なものであって，したがってこれを説明する理論もまた客観的であるという構えがある。しかし「継承」の概念は，あらゆる現象が関心相関的であることを踏まえて，ある現象を説明する理論が，他の現象においてもある関心に基づけば十分妥当であることを明記することでこれを発展的に「継承」することを可能にするものである。

「アナロジー的思考に依る一般化」は，この「継承」の具体的方法といってよい。つまり「継承」の際，異なった現象（ここでは教育実践）Aとαにおいても，「Xという関心に基づけばAの理論はαにも妥当であろう」というアナロジー的思考に基づいて，ある「理論」を他の現象においても継承発展させながら援用していくことが可能になるのである。

教育理論は，それが「教育科学」の理論であっても，どこまでも仮説であることを免れ得ない。その意味であらゆる教育理論は相対化されうる。しかしこれら理論は，理論構成の際の「関心」を明示し，「継承」「アナロジー的思考に依る一般化」といった方法を駆使して「構造化に至る軌跡」を明示することで，その「科学性」を担保することができるのである。したがって教育理論に問われているのは，「構造化に至る軌跡」の明示によって，その理論を他者の批判が可能なように広く公共の検証に開くということなのである。

3．相対主義，理想・当為主義，規範主義の対立の解消

最後に，相対主義と理想・当為主義，および規範主義の対立を，構造構成主義の原理を援用して解消してみよう。

「すべての教育論は関心相関的である」という原理は，理想・当為主義的教育論を原理的に相対化する。たとえば「学力」をめぐる議論においても，われわれは真の「学力」とは何かを問うことはできず，それはいつでもそれぞれの論者たちの「関心」に相関的に構成されるほかない。広田も，「学力」をめぐる論者たちの立場（関心）について次のようにいっている。

　経済のグローバル化やIT化の趨勢を重視し，国家の経済的サバイバルのた

> めの人材育成をめざす立場や，これまでの日本の社会の強みである平等で質の高い知的基盤をプラスに評価し，今後の不平等の拡大や階層固定化を懸念する立場もあれば，従来の一元的基準での教育のあり方を大量生産時代の画一性を反映したものとみなし，新しい時代にふさわしい多元的で流動的な基準での人間形成を求める立場もある。[29]

広田は続けて，これら「複数の価値の錯綜した関係をどう論理的にほぐせるのかは，長期的に重要な，興味深い知的パズルである。」と述べている。

構造構成主義の中核概念である「関心相関性」は，こうした価値の錯綜関係を「論理的にほぐす」際の，最も原理的な視点となる。どのような「学力」観も絶対的特権的地位を得ることはできず，たえず「関心」に相関的に論じられるほかない。この「原理」が，真の「学力」とは何かという問い自体を相対化し，価値の錯綜を論理的に解きほぐすための認識装置となりうるのである。

しかしこのことは，先に論じたように，あらゆる教育論が徹底的な相対主義に行き着くということも意味しない。「すべての教育論は相対的である」ということと，「すべての教育論は関心相関的である」ということには，決定的な違いがある。「すべての教育論は相対的である」というにとどまる限り，われわれは，ただあらゆる教育論を相対化し続けることしかできない。しかし「関心相関性」の原理は，この「相対性」を十分に織り込んだ上で，さらに，あらゆる教育論が関心相関的に構成されていることをいい当てる。このことはつまり，「関心相関性」の原理が，ある教育論はある「関心」に基づけば妥当たりうるということを含意しているということである。とすれば次にわれわれは，いったいどのような「関心」であればこれを相互に承認しうるのか，あるいは調整することができるのか，と，問うことができるようになる。「関心相関性」の原理を基軸にすることで，教育論はただその「相対性」をあげつらいニヒリズムに陥るのではなく，個々の論者が提示するたとえば「学力」論ならその論拠となる「関心」の妥当性を問い合い共通了解を広げようとする方向に，議論を向かわせることができるのである。この方法を，関心相関的教育論の，「関心」それ自体の「構造化に至る軌跡」の明示とよぶことにしよう。

構造構成主義における「構造化に至る軌跡」の概念は，ある理論（構造）が，どのような関心に基づきどのようにして構造化されたのかを明示するための方法概念であった。しかしここでいう「関心」それ自体の「構造化に至る軌跡」は，ある教育論を教育論たらしめた「関心」それ自体が，どのようにして構造化されたかを明示するための方法概念である。

たとえば先の広田の言葉を借りて学力論を例にすれば，「国家の経済的サバイバルのための人材育成をめざす」という「関心」は，「経済のグローバル化やIT化の趨勢」という根拠から構造化されたと考えられるが，この「関心」それ自体の妥当性が広く受け入れられるには，グローバル化やIT化の趨勢をなぜ教育の世界が全面的に引き受ける必要があるのか，といったこと等も含めて，より詳細に，そして徹底的に「構造化に至る軌跡」を明示する必要がある。そしてこの方法以外に，教育をめぐる「価値」問題，とりわけ教育の「正当性」を論じようとする規範主義が抱えたアポリアを解消する方法はおそらくない。

次節で詳論するように，とりわけ教育の「正当性」論については，その「正当性」や「規範」を論じる際の「関心」それ自体が，どれだけ妥当なものとして共通了解を得られるかが鍵となってくる。このときの「関心」それ自体は，確かに相対化可能である。しかし「関心相関性」の原理を基軸におけば，われわれは徹底的な相対主義者のように，その関心それ自体をただ「相対化」し続けるのではなく，相対化可能性を十分自覚したうえで，どのような関心であればそれが妥当なものとして共有されうるか，と，仮説的に問い続けることが可能になるのである。「すべての教育論は関心相関的である」という原理は，こうして教育学における相対主義と理想・当為主義，および規範主義の対立を解消することができる。

4節
教育学研究のメタ方法論

1．公教育の「正当性」論の必要性とその方法

以上論じてきたように，教育学が「規範性」と「実証性」の二面性を備えていることを認めるならば，両者は「関心相関性」の原理によってメタレベルで一元化されるとはいえ，便宜上前者を本領とする「教育哲学」と，後者を本領とする「教育科学」とに分類することができる。そして教育哲学は，関心相関的教育論の「関心」それ自体の妥当性を問うという方法による以外に，その「規範」を打ち立てていく術はない。

さて，このように「関心」それ自体の妥当性を問わなければならないのは，とりわけ教育を「公的」なものと考える場合である。比較的「私的」なものとして考えた場合は，「子どもが生き生きと生きられるにはどうすればよいか」，とか，「子どもの学力向上のためにはどうすればよいか」，とかいった関心それ自体の妥当性を問う必要はあまりない。しかしこれを「公的」なレベルでみれば，この関心から構成された理論がある特定の子どもたちだけの学力を向上させたりある一部の子どもたちだけを生き生きとさせたりした場合，その関心それ自体の妥当性を問う必要が生じるのである。

したがって，関心相関的教育論の関心それ自体の妥当性を問い続ける営みは，主

として「公教育」の領域に設定される。とすれば，どのような「公教育」であればわれわれはそれを「正当」としうるか，すなわちこれまでにも述べてきた公教育の「正当性」論が，教育哲学最大のテーマの一つといえるのである。ではこのテーマを，われわれはどのように論じることができるであろうか。

かつてデューイは，われわれが社会やそのなかにおける教育（公教育）を論じるとき，あるべき理想の社会像からそのための社会理論を構築してはならないと論じた[30]。たとえば「多様な価値観をもった人間同士が共存しなければならない」とか，「教育によってすべての人が平等にならなければならない」とかいった「理想理念」をアプリオリに設定し，これを「正当性」の原理とすることは避けなければならない。このような「理想理念」も，原理的に関心相関的であることを免れ得ない。したがってこうした「理想理念」は，構造化に至る軌跡を明示したうえで構成されたひとつの「仮説的理念」として設定され直す必要がある。そうすれば，われわれはその軌跡を十分に吟味した上で，最も説得力ある「仮説的理念」を選び，そしてそのための「規範」を設定することが可能になるのである。教育の「正当性」論は，その「正当性」（仮説的理念）を導き出した関心が最も共通了解可能であるよう問い（関心それ自体の構造化に至る軌跡の明示），その上で「正当性」の（仮説的）原理およびそれをはかる「規範」の（仮説的）原理を提出するという，原理提出ゲームとして設定されるのである。公教育の「正当性」を何らかのアプリオリな理想理念によって措定することも，あるいはこれをただ相対化し続けることもせず，この「正当性」を導き出した関心それ自体の妥当性を問うという仕方以外に，公教育の「正当性」を論じる「方法」はないであろう。

2．メタ方法論の意義

ところで，このような教育学研究のメタ方法論，とりわけ教育の「正当性」論を問う際のメタ方法論の定式化が重要なのは，今日における教育の「正当性」論が，こうした方法論を提示しまたこれに基づいて論じるという論じ方をしないために，不用意に「理想理念」を設定し，克服不可能な信念対立を生み出してしまう傾向にあるからである。以下で少しこのことを論じておこう。

たとえば，ハウ（Howe, Kenneth R.）は今日における教育の「正当性」をめぐる理論を，①リバタリアニズム，②功利主義，③リベラル平等主義の三つとして捉え明晰に分析しているが[31]，筆者の考えでは，このいずれの立場も，自らが寄って立つ「関心」それ自体の「構造化に至る軌跡」を提示していない[32]。

リバタリアニズムは個々人の自由を最優先するという「関心」に基づくが，それゆえに，教育における結果の不平等があるからといって，それを理由に他者の福利の増進を目的として特定の個人から財産を取り上げることは正当化されえないとする。他方功利主義の「関心」は生産性の最大化にあるが，この「関心」からすれば，すべての子どもの教育結果の平等を目指すよりは，才能ある子どもたちの教育効果を最大化することのほうに教育の「正当性」がある。最後にハウが依拠するリベラル平等主義は，「どのような教育の結果がどの程度まで平等化されるべきか」という「関心」に基づき，これを参加的な話し合いに開こうとする。

ここで詳論はできないが，筆者はハウの考えに基本的に同意している。しかし彼の論じ方は，関心相関的教育論を徹底するという観点からいってやや不徹底である。ハウの提唱するリベラル平等主義の「関心」もまた，他の二つの理論が依拠する「関心」同様，その構造化に至る軌跡が明示されていないからである。つまり，リバタリアンはなぜ個々人の自由を最優先させねばならないのか，を，功利主義者はなぜ生産性を最大化させねばならないのか，を，その「関心」が構造化された軌跡を明示して説得的に論じる必要があるのと同様，リベラル平等主義者もまた，そもそもなぜ教育の結果がある程度平等化される必要があるのか，その「関心」が構造化された軌跡を明示する必要があるのである。

「関心」それ自体の妥当性を問うという作業を怠れば，この「関心」は容易に「理想理念」として超越項化されてしまう。それに対して「関心」それ自体の妥当性を，その構造化に至る軌跡を明示しながら問うていけば，それぞれの理論の「関心」を，相互に了解しまた承認しうる可能性の地平を開くという方向へと議論を進めることができる。つまり，自由の最優先も，生産性の最大化も，教育結果の平等も，どれが絶対的に正しい「関心」かと問い争うのではなく，これらを相互に調整することで互いに承認しうる「関心」は見出しうるか，という問いへと，問いの形を転換することができるのである。それはすなわち，個々の「関心」をさらにメタレベルで基礎づける「関心」を見出し，そしてこれを仮説的「原理」として提示しようとする営みである。

ところでこの仮説的「原理」となる「関心」の構造化は，上記のように，個々の「関心」の構造化に至る軌跡を明示し合うことで共通了解可能性を開いていくという方法によることも可能ではあるが，しかしこれを最も根本的に行うには，人間的生・経験・欲望の仮説的分析という仕方でなされることになるであろう。すなわち，われわれはどのような生・経験を欲するのか，その本質を仮説的に問い，そのための社会的および教育的条件を，構造化に至る軌跡を明示しながら明らかにする，という方法である。そしてこの方法こそが，教育の「本質論」（教育は本質的にどのような営みか）および「原理論」（したがってどうあるのが最もよいかの基礎原理）を構成する際の，基礎的方法となるはずである。何らかの超越的価値を措定する理想・当為主義に陥らないためには，われわれはどのような人間的生・経験を欲するのか，そしてそれを可能にする社会的・教育的条件は何か，を，仮説的に明らかにすることよりほかはない。

実はこのような方法は，ホッブズ，ロック，ルソー，ヘーゲルといった社会哲学の系譜において，たとえばロックにおける神のアプリオリな措定（天賦人権論）[33]やヘーゲルの汎神論的体系[34]など，各時代時代の制約ゆえの限界はあったにせよ，かなりの程度自覚的にとられてきた方法である。教育哲学が今日なお教育の「本質論」「原理論」を論じるだけの膂力を有するとすれば——これまで論じてきたように有することができなければならないのだが——彼らが提示した答えを吟味し直すことは今後の課題として重要であろう。

3．教育学研究のメタ方法論の定式化

以上の考察を踏まえて，ここに教育学研究のメタ方法論を定式化しておくことにしよう。

①教育哲学は関心相関的教育論の関心それ自体の妥当性を，その関心が構造化された軌跡を明示することで問い最も妥当な関心を仮説的「原理」として提示し続ける。

②その際の最も根本的な営みは，われわれがどのような人間的生・経験を欲するか，その本質を仮説的に明らかにし，そのための社会的・教育的条件を構造化に至る軌跡を明示しながら明らかにすることである。そうしてこれを教育の「本質論」および「原理論」として概念化することで，さまざまな関心相関的教育論の「関心」それ自体の妥当性（正当性）をはかるためのさしあたりの仮説的最終審級とすることができる。

③一方，教育科学はこの営みと相互作用しながら，構成・選択された関心を達成するための個別理論を，『継承』『アナロジー的思考による一般化』等の方法を用いて『構造化に至る軌跡』を明示しながら構成する。

5節
今後の課題

以上，関心相関性の原理を基軸に，今日における教育学のアポリアを解消し，そのうえで教育学研究のメタ方法論を定式化した。その過程において，現代教育哲学最大のテーマの一つが，公教育の「正当性」の仮説的「原理」を明らかにすることであることも理解されたであろう。

周知のように，今日いわゆる新自由主義的「教育改革」が急速に進められている。この教育改革を，評価するにしても批判するにしても，われわれはどのような基準から判断することができるのだろうか。換言すれば，いったいどのような「改革」

表Ⅱ-2-1　教育学のアポリアの構図とその解消

	相対主義	理想・当為主義	規範主義	構造構成主義
教育的価値の論じ方	相対化	超越項化	模索中	関心相関的（⇒教育学研究のメタ方法論①～③を活用）
例	・「教育は自由で平等な社会を実現させ得ない。」（リヴィジョニスト） ・「近代的な自律的個人というイメージは権力＝知的言説によって規格化されたものであって根拠がない。」（フーコーの規律的権力理論に依拠） ・「教育的価値はすべてフィクション，ドグマである」（ポストモダン） etc.	・「教育の目的は個性を伸ばすことである。」 ・「教育によって愛国心を育成しなければならない。」 ・「教育の目的は社会の生産を最大化することである。したがって能力主義に基づき才能ある子どもにより多くの教育資源を配分すべきである。」 etc.	・「『寛容』を教育的価値の規範とする？」（卓越主義的リベラリズム） ・「原初状態における公正な合意の帰結として，教育の機会均等は格差原理に基づく？」（ロールズ『正義論』に依拠） etc.	・○○という「関心」に基づけば，個性伸長の教育目的は妥当である。 ・○○という「関心」の妥当性は，△△という根拠が共通了解あるいは相互承認可能であれば担保される。（関心それ自体の構造化に至る軌跡の明示） ・人間的欲望の本質の根本仮説は○○であり，これを最も合理的に達成させる社会的・教育的条件は△△である。この△△という関心に基づけば，公教育の正当性の仮説的原理は□□である。
アポリア	教育的価値の提示が不可能	信念対立を惹き起こす・相対化を免れ得ない	価値提示の方法論を見出せていない	教育学研究のメタ方法論によって左記アポリアは解消

であればそれを「正当」としうるのか。その基準・規範を明らかにすることは，現代教育哲学における焦眉の課題である。本稿で定式化したメタ方法論に基づいて公教育の「正当性」の基準・規範を明らかにすること，これが今後の課題である。

【註および文献】

［1］たとえば，奥川義尚，川村覚昭ほか　2006　教育学の根本問題　ミネルヴァ書房を参照
［2］鈴木晶子　1997　フィクションとしての近代教育（学）　教育学研究，64（1），7.
［3］矢野智司　1996　教育哲学のデザイン　教育学研究，63（1），29.
［4］宮寺晃夫　2004　リベラリズムの教育哲学―多様性と選択　勁草書房
［5］代表的なものとして，Bowles, S. & Gintis, H., *Schooling in Capitalist America-Educational Reform and the Contradictions of Economic Life*. Routledge & K. Paul, 1976.　もっともリヴィジョニストを相対主義として位置づけることは難しい。しかし少なくとも系譜上はその先駆けの一端であったということに，多くの研究者は同意するであろう。

［6］以下を参照のこと。安川哲夫　1997　「公教育」論争の歴史的位相　近代教育フォーラム，6，123-136.

［7］小笠原道雄　1997　討論のまとめ　教育学研究，64（1），10.

［8］藤田英典　1997　教育改革　岩波書店

［9］苅谷剛彦　1995　大衆教育社会のゆくえ　中央公論社

［10］苅谷剛彦　2003　なぜ教育論争は不毛なのか―学力論争を超えて　中央公論新社

［11］竹田青嗣　2004　人間的自由の条件―ヘーゲルとポストモダン思想　講談社

［12］宮寺は，ラズ（Raz, J.）の提唱する卓越主義的リベラリズム（perfectionistic liberalism）にさしあたりの可能性を見出している。これはリベラリズムの価値である「寛容」を，普遍的価値として基礎づけるものである。従来，リベラリズムは「寛容」の価値を，「誰も自分の考えの正しさを証明できない」という懐疑論と，「その人の考えは，その人にとっては善いものである」という相対主義の二つによって基礎づけてきた。それに対して卓越主義的リベラリズムは，「寛容」の価値をより積極的に基礎づける。すなわち，相手が弱者であるがゆえに「寛容である」という，ある種愚弄的な「寛容」とは違って，相手の自律性を尊重しつつ，その自律性を実質化していくための具体的な手立て――教育はその手立ての一つ――を積極的に講じていくことを正当性の規範とするのである。しかしこの考えもまた，相対化から免れることはできないのである。第一に，なぜ積極的に「寛容」たらねばならないのか，なぜ単に「不干渉」「無関心」であってはならないのか，が，「寛容」の原理内部のみからは導き出すことができない。「寛容」の原理は「相手を尊重する」という前提があって初めて提示される原理だが，しかしなぜそもそも「相手を尊重する」必要があるのかどうかは「寛容」の原理内部からは導き出せず，こうして問いは無限に遡っていかざるを得ない。第二に，価値多元主義をとりながらも相手の自律性を実質化しようとするところには矛盾が生じる。「人間としての卓越性への志向を有する者同志」と宮寺はいうが，人によって「卓越性への志向性」は異なってくる。そして第三に，「寛容」の原理からは，どの程度まで「寛容」であるべきで，そしてどこからは「寛容」である必要がなくなるのかが導出され得ないのである。

［13］こうしたそれぞれの「立場」を詳細に検討したものとして，Howe, Kenneth R. 1997 *Understanding Equal Educational Opportunity : Social Justice, Democracy, and Schooling*. New York : Teachers College Press. がある。ハウは教育の機会の平等という観点から，リバタリアニズム，功利主義，リベラル平等主義の立場を検討し，リベラル平等主義の優位性を非常に説得的に論じている。しかし，ここで詳しく検証することはできないが，ハウの議論も，「平等」という「理想理念」から思考を出発しているニュアンスを否めない。「平等」に価値を置く限りにおいて，リベラル平等主義の「立場」は確かにリバタリアニズムや功利主義に対して優位である。しかしこうした平等主義は，平等を「理想理念」として措定する限り，なぜ平等であらねばならないのかという徹底的相対主義者の反問に応えることができない。超越的価値が相対化された今日において，教育の「正当性」を基礎づける「立場」を，相対主義にも理想・当為主義にも陥ることなく問うことは可能か，可能であれば，どのようにして問うことができるのか。管見の限り，その「方法論」はいまだどの論者によっても明らかにされていない。

［14］Durkheim, E. 1922 *Éducation et Sociologie*. Paris : Aclan.　佐々木交賢（訳）　1984　教育と社会学　誠信書房

［15］もっとも佐藤は，「教育学」と「教育科学」の区別は，デュルケームにおいては，「教育実践の学（教育学）を，『技術的合理性』から擁護する意図」によったものであると論じている。（佐藤　学　1996　実践的探究としての教育学―技術的合理性に対する批判の系譜　教育学研究，63（3），67.）

［16］上田　薫　1984　教育哲学の使命　教育学研究，27（2），11.

［17］原　聡介　1997　近代教育学再考―その出口を求めて　教育学研究，63（3），11.

［18］中井浩一（編）　2003　論争・学力崩壊2003　中央公論新社

［19］宮寺晃夫　2006　教育研究と「ポストモダンの視点」　新井保幸・高橋　勝（編）　教育哲学の再構築　19　学文社

［20］Dewey, J. 1984　*The Quest for Certainty : A Study of the Relation of Knowledge and Action*, in

The Later Works Vol. 4 . Carbondale : Southern Illinois University Press.
［21］ James, W. 1899 *Talks to Teachers on Psychology: And to Students on Some of Life's Ideals*. New York: Henry Holt and Co.
［22］ たとえば，加藤守通　2007　乖離の系譜学　教育哲学研究，95，20.
［23］ 向山洋一　1990　なぜ法則化運動は炸裂したか　教育学研究，57（1），26.
［24］ 西條剛央　2005　構造構成主義とは何か―次世代人間科学の原理　北大路書房
［25］ 西條剛央　2007　メタ理論を継承するとはどういうことか？―メタ理論の作り方　構造構成主義研究，1，11-27.
［26］ さしあたり以下の論文を参照されたい。苫野一徳　2007　デューイ経験哲学の現象学的再構築試論（教育哲学会第50回研究大会発表原稿）
［27］ 佐藤学が提唱し各学校の教師たちによって育まれ，全国的に広がっている新しい学校のあり方のモデル。各学校で大変な成果を挙げているが，たとえば広田は，「学ばないことを選択する子供が存在する余地が必ずある」と批判している（広田照幸　2006　教育には何ができないか―教育神話の解体と再生の試み　春秋社）
［28］ 西條剛央　2007　構造構成主義とはどのような理論か―今，その深化を問いなおす　現代のエスプリ，475，219.
［29］ 広田照幸　2006　教育には何ができないか―教育神話の解体と再生の試み　春秋社
［30］ Dewey, J. 1980　*The Quest for Certainty: A Study of the Relation of Knowledge and Action*, in *The Later Works* Vol. 9 . Carbondale : Southern Illinois University Press.
［31］ ハウは，この「正当性」をリベラル・デモクラシーの伝統における「分配の正義」として捉え論じている。
［32］ ［12］を参照。
［33］ ジョン・ロック（著），宮川　透（訳）　1980　統治論（世界の名著32）　中公バックス
［34］ 周知のように，ヘーゲルは歴史を，「絶対精神」から分離しまたこれを分有する「個別性」としての人間精神が，その内的本質を展開させるプロセスとして描いている。しかしこのような検証不可能な「形而上学的体系」は，この側面にのみ焦点を当てるならば，岩崎もいうように「まったく神秘的な『概念』の形而上学であると言われねばならない」（ヘーゲル（著），岩崎　稔（訳）　1978　ヘーゲル（世界の名著44）　中公バックス）。しかし竹田もいうように，こうしたヘーゲル体系の形而上学的側面ばかりがクローズアップされてきたがゆえに，「ヘーゲル哲学のもっとも重要な核心点が完全に覆われてきた」（竹田青嗣・西　研　2007　完全解読ヘーゲル『精神現象学』　講談社）ことも確かである。

原著論文（啓蒙）

Ⅱ-3 構造構成主義か独我論的体験研究か ——主客の難問 vs. 自他の難問

渡辺 恒夫

いささか挑発的な題になったが，人間科学・心理学の現在と未来についてかねてから考えていたことの一端を述べてみたい。その途上で，西條剛央の構造構成主義[1]や，その背景をなす池田清彦の科学論[2]やまた現象学一般についても，言及もしくは批判（？）を行うことになるが，それらがどれくらい的を射ているかは，またこの一文が全体としてどれくらい構造構成主義への批判になっているかは，読者の判断にゆだねることにしよう。

1節 独我論的体験とは自然発生的な現象学的還元である

まず，タイトルにある「独我論的体験」を説明することで，議論を始めよう。これは，先ごろ，私と金沢[3]が『質的心理学研究』誌上での論文化に成功することで，心理学研究においてテーマ化することに一歩を踏み出した，新たなる問題領域だ（論文化に当たっては西條にも貴重なコメントをいただいている）。その後，私は，木村敏[4]の「自明性」に関する議論を導入することで，「類的存在としての自己の自明性の破れ」——略して「類的自己の自明性の破れ」——という，この体験の最も簡明な記述的現象的定義に達するにいたった。

類的自己の自明性の破れとはどのような事態か。まず，次の事例を読んでいただきたい。

［独我論的体験自発例］ 余白がだいぶあるので，昔思ったことのあることですが，多分心理学的な事だと思うので書かせて下さい。いつだったかは忘れましたが，本当に人が存在するのかという事です。自分は認識できるので存在はしているのですが，他人は外見しか見る事ができないのだから，自分と同じようなのか中身は空なのかわからなくなったのです。結局出した仮定は，自分以外の物事は全て自分のために存在しているのではないかというものでした。周りの人には自分勝手で自己中心的な考えだと言われましたが，人がいて自分がいるという考え方は，常識ですが誰も絶対に知ることはできないで納得してしまっている事です。今の自分も結局「納得」してしまっている訳ですが……というより，どんな答えをもってしても「理解」する事はできないので，「納得」するしかしかたなかったのです。ひさしぶりに思い出したので書いてみましたが，あまりうまく書けなかったようです[5]。

理科系大学での私の教養ゼミ『夢の科学』が，人数制限があるために提出してもらった履修理由書に，文字通り偶発した自発例である。「人がいて自分がいる」とは，人々の中の一人として自分がいるという，つまり，人（類）がいて（その一員として）自分がいるという，類的存在としての暗黙の自己理解，「先－理解」だ。自己が類的存在として先－理解されるような世界を，木村から用語を借りて，常識的日常性の世界と呼ぼう。図Ⅱ-3-1は，そのような，私を含む人々が「類」として生きる世界の図解だ。読者は，A～Cのどれにでも，自己を同一視できる。A～Cがそれぞれ二重構造なのは，人々がそれぞれに「内面」を備えるという，暗黙の人

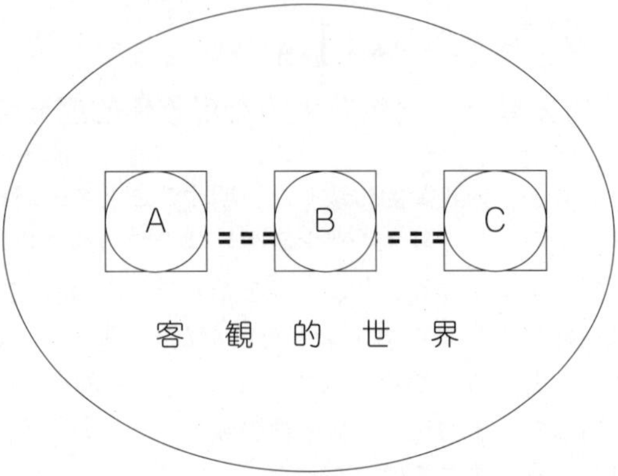

図Ⅱ-3-1　常識的日常的世界

内面（内円で表示）を備えたAは，同じように内面を備えた他の人々（B，C）と，客観的世界の中で個別的自己同一性をもって並存し，人「類」を形成している。二重点線は類的関係を示す。

間理解を表現している。このような人間観を私は，「箱型人間観」と呼ぶことにしている[6]。

ところが，この事例の報告者にとって，「人がいて自分がいるという考え方は，常識」ではあるが，「どんな答えをもってしても『理解』する事はできない」のだ。図Ⅱ-3-1のような常識的日常世界の自明さが破れているのである。では，どんな世界に住んでいるのかと想像してみると，図Ⅱ-3-2にその手がかりがある。これは，19世紀末の大科学者で実証主義の哲学者としても知られたマッハ（Mach, E.）の描いた「自画像」だ[7]。ギブソン（Gibson, J. J.）にも，これに倣った自画像がある[8]。世界は窓を通してみるように眼窩から遠近法を成してひらけている。遠近法が暗黙裡に指示する焦点として，「純粋自我」が，両眼視のばあいはちょうど眉間に定位される。

じっさい，世界が本当は客観的には図Ⅱ-3-1のような姿をしているなどという自然主義的な先入見を取り去ってみれば，世界はこのように，図Ⅱ-3-2のようにしか見えない筈だ。これはすでに，現象学的還元への途上にある世界なのだ。事実，フッサール（Husserl. E.）はマッハから大きな影響を受けていたし，「現象学」という名称もまた，マッハから継承したという説がある[9]。いずれにしても，今は人影のないこの世界に，「人」が，つまり「他人」が出現しても，それは，「人（類）がいて（その一員として）自分がいる」という，常識的日常性の世界とは，まったく異なる世界となってしまうだろう。1952年という早い時期に独我論者の心象風景を見事に描いたSF作家ハインライン（Heinlein, R. A.）の短編『かれら』[10]の一節を借りるならば，「ぼくはここに，内側に坐っている。世界はぼくから，外にむかって拡がっている。ぼくこそは，世界の中心」であるのに対し，「他人」はあそこ

図Ⅱ-3-2　マッハの自画像

に，外側にいて，表皮だけしか見せないのだから。

独我論的体験とは，言ってみれば，自然発生的な現象学的還元なのだ。誰でも一生のうちに一瞬は，たぶん，子供が大人になって常識的日常性の世界に組み入れられる直前か，年老いて死を自覚し，常識的日常性の世界から退場せんとする瞬間かに，独我論的体験を経験するのかもしれないと私は仮説を立てているが，残念ながら立証にはほど遠い。それどころか，私たちはけっして，類的存在としての自己理解から逃れることができない（私「たち」などとつい書いてしまう悪癖をも含めて）。

これこそが，私たち――まただ！――にかけられた根源的な呪なのだ。西條が依拠する竹田青嗣[11]を含む一部の論者によって西洋哲学に固有の思考法と見なされている主客の二分法にしても，この，私たちが類として生きるという人類に普遍的な呪（？）から派生した，やはり普遍的だが二次的なものなのだ。そのことを，図解を借りて示そう。

2節

主客問題とは「類的存在としての私」から派生した二次的な呪である

図Ⅱ-3-3を見ていただきたい。これは，マッハ風の自画像の中に，他人が登場したところを表している。他人を登場させて何をしようとしているのかというと，自画像の主である私は，これから認識論を始めようとしているのだ。視野の左端に，赤い花が見えるだろう。この赤い花がいかにして見えるかについての，つまりは視覚についての，認識論的な説明を企てようというのだ。

ここで，根本的な二者択一問題が，生じる「筈」だ。この認識論的説明は，誰についての説明なのか。つまり，この私の視覚についての説明なのか，それとも，あそこの他人の視覚についての説明なのか？　なぜなら，私についての，「一人称的」な認識論と，他人についての，「三人称的」な認識論とでは，まったく説明のタイプが異なってくるはずではないか？　私にとって，説明すべき赤い花の視覚像は，現に存在しているのだ。これに対してあそこの他人については，赤い花の視覚像は，なにやら彼女の頭の中のメカニズムらしいという以外，推測の域を出ることがないのだから。すでに現象として成立している事象を説明するのと，憶測以外のなにものでもない存在を説明するのとでは，説明のタイプが違っていて当然ではないか。

ところが，だ。ほぼ例外なく認識論者は，他人についての認識論を選択する。しかも，そのような重大な，自己か他者かという二者択一的選択をしたということさえ，気づかずに，だ。なぜなら，類的自己としての先－了解の中では，自己とは他人たちの間のもうひとりの他人に過ぎないのだから。あそこにいる他人について認識論を企てれば，それが，人「類」一般についての認識論となり，この私について

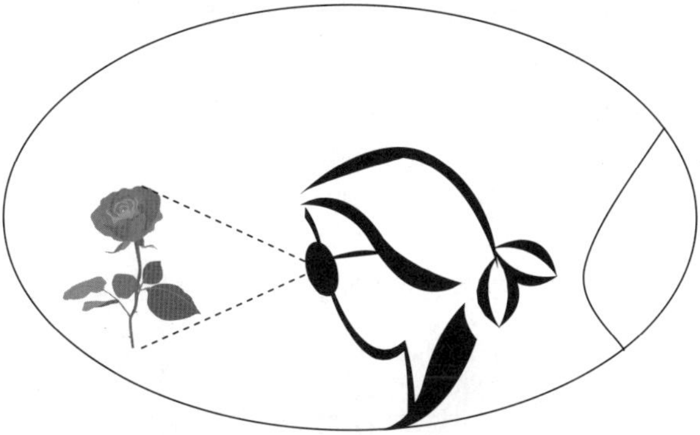

図Ⅱ-3-3　視野の中に他人が出現したところ。右端に見えるのは「私の鼻」。

の認識論にもなる，というわけだ。

かくして，人が赤い花を認識することの説明は，あそこの他人が赤い花を認識することの説明となり，次のようなものになる（私はだいぶ前，『オカルト流行の深層社会心理』[12]という本の中でこのことを論じたので，そこから引用しよう）。

> 赤い薔薇から発した波長700ナノメートル付近の光のパターンが，水晶体を通過して網膜に薔薇の倒立像を結ぶ。それが網膜の感覚細胞を刺激して興奮させる。興奮は電気パルスに変換されてニューロンによってまず大脳皮質視覚領に伝えられ，さらに皮質の様々な場所に送り込まれ，そのどこかで「赤い薔薇」という知覚像が生じる。(p.194)

このような認識論が，主客問題の源泉となることは，今やたやすく理解できるだろう。あそこにある赤い花が「客観」であり，あそこにいる他人の脳内の（私には見えない）「赤い花の知覚像」が「主観」として理解されてしまうのだから。そして，このような主客図式を，三人称的に形作っておいて，今度は，類的存在としての先－了解に基づき，無意識のうちに私についてそれを適用してしまう。そうやって，今や，図Ⅱ-3-3の私の体験領野それ自体が，私からは隔てられて直接到達できない「客観的世界」によって，因果的に生み出されたものだ，と考えてしまうのである。ちょうど，図Ⅱ-3-3で，あそこにいる他人の脳内の「赤い花の知覚像」が，「あそこにある赤い花」によって，因果的に生み出されたものである（と憶測された）ように。

主客問題とは，類的存在としての自己の自明性という，人類に普遍的な先－理解から派生した，二次的にしてしかも普遍的な呪なのだ。これを人間科学にとっての呪と見なすのでは，問題が普遍的になりすぎて拡散してしまう。人間科学にとっての呪を的確に捉えるためには，赤い花についての認識論ではなく，人間についての認識論から出発しなければならない。本稿後半では，ディルタイ（Dilthey, W.）以来の由緒正しい人間科学論争である，理解か説明かの問題に戻って，人間科学について反省してみよう。

が，その前に，ちょっと一休みし，幕間劇的な3節を入れて，前半部の締めくくりに代えよう。

3節
幕間劇

さて，前述の，『オカルト流行の深層社会心理』(1998) から引用したくだりであるが，本書の共編者の池田がその後出版した『科学とオカルト』(2000) の中で，次のような批判（？）を受けてしまった。

> 渡辺恒夫は前掲『オカルト流行の深層社会心理』の中で，高校生物学教科書が教える不合理な説として，赤いバラがどのようにして見えるのかについての次のような説明を引いて，近代科学的世界像の異様さを強調している。
>
> 赤い薔薇から発した波長700ナノメートル付近の光のパターンが，水晶体を通過して網膜に薔薇の倒立像を結ぶ。それが網膜の光受容細胞（＝感覚細胞）を刺激して興奮させる。興奮は電気パルスに変換されてニューロンによってまず大脳皮質視覚鎖に伝えられ，さらに皮質の様々な場所に送り込まれ，そのどこかで「赤い薔薇」という知覚像が生じる。そのように見えたという感覚が生じるのは脳内であるが，本人には赤い薔薇は外界に位置して感じられる。これをヘルムホルツの「投射の原理」という……。
>
> この科学的常識，科学的説明のどこが不合理か。
>
> 薔薇の花から大脳皮質にいたるまでのルートは，波長700ナノメートルの光だのニューロンを伝わる電気パルスだのと，すべて物理学の概念で描写されている。ところが最後の最後になって，突然，「大脳皮質のどこかで赤い薔薇という知覚像が生じる」などという，決して物理学の概念ではあり得ない現象が生起するのだ。
>
> 真に説明されるべきは，この，「赤い薔薇という知覚像が生じる」現象ではないか。ところが脳の中をいくらのぞき込んでも，ニューロンのネットワー

クをかけめぐる電気パルス以外のものは，観察されるはずがないのである。「赤い薔薇という知覚像が生じる」現象など，決して観察されないにちがいないのだ。（前掲書，pp.194-195）

こう述べたあと渡辺は，近代科学の発展とともに定着してきた科学的実在論は，赤いバラをはじめとする体験された世界のすべては脳の生み出した幻影であると主張している，と書き付けている。

渡辺の言う科学的実在論なるものが，本当に渡辺の言うようなものであるかどうか私はよく知らないが，科学は単に，赤いバラを見た時に，我々がどのようなプロセスでそれを赤いバラと認識するか，を記述しているにすぎないのであって，赤いバラは脳が生み出した幻影だなどといったことを主張しているわけではないだろう。

渡辺には恐らく，科学は因果関係を解明するものだ，との誤解かあるのだと思う。因果関係だと思うから「ニューロンのネットワークをかけめぐる電気パルス」と「赤い薔薇という知覚像」の間には何の関係もないと思ってしまうのであろう。しかし，元来科学は対応関係を解明しているので，因果関係を解明しているわけではないのである[13]。

これが，問題を取り違えた的外れの批判であることは，ここまで読み進んだ読者ならたやすく分かるだろう。そもそも，読めば分かるように，私は「科学」を批判しているのではない。科学の名を騙った粗雑な認識論（＝哲学）が（これを「科学的実在論」や「近代科学的世界像」と称したのだが），科学として高校の（少なくとも私の読まされた）教科書にも語られているのが問題だと言っているのだ[14]。

が，なぜ池田が，拙速な読みに基づいて的外れの批判をしたかの理由は，分からないでもない。一つには，きっと，自分の構造主義科学論という土俵に，「科学は因果関係ではなく対応関係を扱う」という自説に，とにかく問題を引っ張り込みたかったのだろう。そこで，池田の科学論にも一言することにする。

私は，科学が因果関係を扱うものだと見なされる理由は，近代科学が技術と結びつき，工学と化したからだと考えている。ヒューム（Hume, D.）が18世紀に完膚なきまでに論証しているように，因果関係そのものはけっして経験的に存在を立証できない。ある種の薬物の服用と幸福感に相関関係があったからといって，それが因果を意味しているわけではない。けれども，技術と結びつくことによって，「幸福感をもたらすためにプロザックを服用しよう」という実践的行為が生まれ，相関関係は因果関係として実践的に解釈される。因果とは実践的なカテゴリーなのだ。次節で詳しく述べるが，自然科学に対して，ディルタイが主張するような「理解」

を方法とする「精神科学」が劣勢に立たされるのは，それこそ，因果関係ではなくまさに対応関係にとどまってしまい，技術と結ぶことができないからだ。

いずれにしても，私の言わんとしていることを端的にいえば「主客問題も心身問題も，とどのつまりは自他問題に帰する」ということだ。認識論をやるのに「他人」から出発しておいて「自己」を説明しようとするから，難問が生じる，ということを指摘しているのだ。こんな指摘は新しくも何ともない。ここ日本で，大森荘蔵(1928-2002）が半世紀も前から，私などよりはるかに巧みな筆致で主張し続けてきたことだ。ちなみに大森の著作に接したいという人のためには，『時間と存在』[15]という題の著作に収録されている「無脳論の可能性」をまず薦めたい。養老孟司の「唯脳論」が話題になるという世相を背景に，自分自身の知覚世界を説明するのに自分の脳を因果論的に持ち出す必要などまったくないことを，平易な和文脈の文体で論じたエッセイだ。大森荘蔵という人は，現象学ではなく論理実証主義から出発しているのだが，言ってみれば，生まれながらにして「現象学的還元」のできてしまっている人なのだ。

話を元に戻すならば，認識論をやるのに他人から出発したら，他人のことだけに終始すればよいのだ。そして，マッハのように自己から出発したら他人のことは目もくれずに自己のことだけに終始すれば，心身問題や主客問題，クオリア問題などの一群の難問は生じないのだ。――けれども，それはそれで別の難問が起こってしまう。それが，他者についての存在論的問題であり，これこそが真の難問なのだ。

図Ⅱ-3-3の光景全体は，そこから出発して世界全体が構成される体験領野だ。ある意味で，世界そのものだ。問題は，この体験世界には中心が一つしかないことだ。この世界の遠近法が暗黙裡に指示する焦点は，つねに，唯一，この私なのだ。それなら他者もまた，他の，もう一つの体験世界の暗黙裡の中心として理解するべきではないだろうか。そして，何人もの他者が存在するのだから，いくつもの体験世界が存在し，全体として「大世界」を形づくっているのではないだろうか。

どうしてもそのように考えたくなるだろう。けれども，そのように考えたときにはすでに，図Ⅱ-3-1で示されたような常識的日常世界の自明性の罠に落ちてしまっているのだ。そもそも，「いくつもの体験世界が存在する」というためには，私は自分の体験世界の外部に出て，いくつもの体験世界を上空から鳥瞰する視点を取らなければならない（図Ⅱ-3-1がこの鳥瞰図だ）。しかし，このように，無自覚裡に常識的日常世界の視点を取ることが，「他の体験世界」を，この体験世界の中のあの他者の頭蓋のなかに，ミニチュア版として押し込める結果になり，心身問題が生じることになってしまうのだ。

存在論的他者問題が真に難問なのは，この世界の中にある私が，この世界の中にありつつ，この世界ではないものを把握しようとすることの困難さにある。この困難を直視させてくれるような概念を提供してくれる哲学者は，現象学者の中にも多くはいない。サルトル（Sartre, J. P.）が，ハイデガー（Heidegger, M.）にならって自己のあり方を「世界－内－存在」とする一方，他者を「世界－外－存在」としたのは，数少ない一例だ[16]。ハイデガー，サルトル，メルロー・ポンティ（Merleau-Ponty, M.）という，かつて日本で実存主義という文脈でよく読まれた現象学者の中で，死後評価に関して最も不遇なのはサルトルだが，３人のなかで唯一，他者の自明性に亀裂が入っているという点で，私はサルトルに最も共感している。

大学に入った年に読んだサルトルの未完の長編小説『自由への道』[17]の中に，いつまでも印象に残り，40年ののち，独我論的体験研究を始めてその意味が――作者サルトル自身にも隠されていたに違いない意味が――ようやく分かってきた場面がある。記憶に頼っての引用になるが，対独戦に兵士として出征することになった主人公マチウが，思いがけず，友人のダニエルから，一通の手紙を受け取る。ダニエルは，自分が男色家（＝ゲイのこと）として秘密の生活を送ってきたことを赤裸々に告白し，そして，漁色の際にしばしば，何ものかの視線に背後から見られているような感覚に悩まされてきたと述べる。「そしてあるとき，ぼくは，この視線の正体に気がついた。それは……」と，ここまで読み進んで，マチウは，「なんという陳腐な思想だ！」と呟いて，手紙を丸めて列車の窓から捨てる……。

もちろん，視線の正体とは「神」だ，とダニエルはいおうとしたのだ。ところが，このように，背後（もしくは真上）から，超越的視線で臨まれるという体験構造は，独我論的体験には稀ではない。図Ⅱ-3-4は，他の独我論的体験の事例テクストに添えられていた絵だ[18]。小学校４，５年まで，家族も友だちも，円筒世界の内壁スクリーンに描かれた影絵のようなもので，自分ひとりだけが人間であり，そのような円筒世界を上から誰かが見下ろしている，と思っていたというのが，この独我論的ファンタジーの体験構造だ。サルトルの『存在と無』の中の「対他存在」の章を読んで受ける印象も，この絵に似通ったところがある。サルトルの体験世界では，

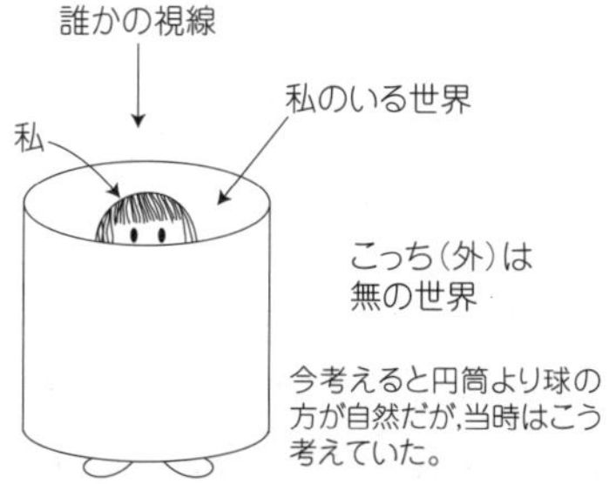

図Ⅱ-3-4　独我論的体験の事例

他者の自明性に，すなわち類的自己の自明性に，ひび割れが入っているのだ。晩年，マルクス主義へと転向に近い接近をしたのも，「人間とは類的存在である」（『経済学哲学草稿』）と厳かに宣言するマルクス思想によって，ひび割れに絆創膏を貼ろうという動機があったのではないかと，私は想像している。マチウがダニエルの手紙を投げ捨てて出征――つまり，アンガージュマン――してゆくのは，この転向の隠された意味を象徴する場面となっている，と思えるのだ。

ちなみに，類的自己の自明性が壊れてしまっている哲学者の代表が，ヴィトゲンシュタイン（Wittgenstein, L.）だろう。この壊れを自ら隠蔽せんとして言語ゲームなるものを作り上げ，自明性の破れなどにはさして縁のなさそうな大勢の哲学者や人間科学者を，今なお，たぶらかし続けている，というのが，私の穿った解釈だ。

4節

行為の理解と説明と――ディルタイに還る

構造構成主義の話に戻ると，西條は[19]，実証主義は「われわれとは独立して外部に世界が実在する」という「根本仮説」に依拠する立場で，これと対立するのが客観の実在を認めないポストモダンの立場である，といった旨の主張をしているが，これには首を傾げてしまう。そもそも，主観とは独立な客観の実在を主張するのは実在論であって，実証主義ではない。実証主義は，マッハがそうであったように，外界の実在の主張を含んではいないのだ。実証主義によれば，実証とは感覚による観察なのだが，この観察が正しいかどうかは，別の「感覚による観察」によって確かめるほかないから，どこまで行っても実証的観察は感覚から外部に出ることができず，外界の実在に達することができない。そこで，マッハのように，感覚相互に恒常的に見られる一定の構造連関をもって「実在」とみなそう，ということになる。これは，実在論どころかその反対の，観念論・唯心論だろう（事実，レーニン（Lenin）は，『唯物論と経験批判論』で，当時，マルクス主義哲学の中に輸入されかけたマッハ哲学を，観念論・唯心論として断罪している）。経験とは独立の外界の実在といった形而上学的前提なしで済まそうというのが，実証主義の本来の趣旨だったのだ。

実証主義の代表格のように見なされている論理実証主義も，1920年代のウィーンでの旗揚げの際には，「マッハ協会」と名乗っていたように，元々，反実在論的色彩が強かった。それが実在論と混同されるようになったのは，論理実証主義が統一科学運動の下に，物理学主義を取るようになったからかもしれない。

次の，ポストモダンは客観的実在を否定する，という言説だが，私の経験では，ポストモダンだろうがなんだろうが，人間科学の研究者というものは概して実在論的であって，外界が存在するのしないのといった独我論的な疑いとはあまり縁がない（仮想現実の影響か，極めて若い世代は別のようだが）。そのような，縁のない人間科学者の集まりに出て行って，主客問題が人間科学の呪であるといったようなことをいくら説いても，空回りの一人相撲になってしまうのではないかと心配になる。

空回りにしないためには，ポストモダン人間科学がある種の客観的実在を否定する現場を，確実に捉えなければならない。ポストモダン人間科学が否定するのは，他者の「行為」の客観的実在なのだ。ガーゲン（Gergen, K. J.）[20]が挙げている例をとるならば，「ロスは手を伸ばして，ちょっとローラの髪に触れた」という行為は，ローラの髪の埃を取ろうとしたのかもしれないし，愛情の表現かもしれないし，尋問の予告なのかもしれない。どんな行為であろうと，常に，展開しつつある文脈の中に埋め込まれて意味を持つのであって，行為それ自体を同定することはできない。しかも，全体的な文脈を理解するためには，私自身がそこに参与していなければならない。そもそも，彼女の行為の「真意」を実証する手段はあるだろうか。当人に訊ねても，彼女の答えは，調査者との人間関係を良くしようといった，それこそ文脈依存的な実践的行為にしかならないだろう。科学的に説明されるべき客観的実在は，そこには存在しないのだ。

かくして，問題は，他者の行為は客観的実在として説明されるべきか，それとも理解されるべきかという，ディルタイ以来の精神科学論争へと，戻ってゆく。「われわれは，自然を説明し，心的生を理解する」とは，『記述的分析的心理学』[21]の中のディルタイの有名な言葉だ。説明を方法とする自然科学と，理解を方法とする精神科学（人間科学）に，方法論上の二分法によって，諸科学をきっぱりと二分したのだ。これに対して，人間科学を含む諸科学の統一を唱えてきた実証主義の流れは，理解とは不完全な説明に過ぎないとして，二分法に反対する。中でも，論理実証主義の科学哲学者ヘンペル（Hempel, C. G.）は[22]，心についての言明を行動に還元し，さらに物理学的記述に還元するという，物理学主義を取ることで，統一科学の理想を達成せんとするプログラムを発進させた。現在でも，これが実験系心理学者の多くの無意識的科学哲学だろう。これに対し，臨床系心理学者の多くが無自覚裡に依拠しているのが，理解という方法だ。自然科学と人間科学（精神科学）の二分法に発した対立と論争は，いまなお，人間科学の中での自然科学的方法（説明）と人間科学固有の方法（理解・解釈）との対立として，形を変えて続いているのだ。

……

いささか図式的な説明になったが，問題は，説明と理解のちがいを，納得がいくように明快に理解し説明する（！）ことは，かならずしも容易ではないことだ（私は，説明とは出来事を一般法則に包摂すること，理解とは出来事の意味上の連関を明示化することと，とりあえず説明するようにしているが)。そして，この容易ではないこと，困難であることの中に，実は，「理解」という方法の認識論的脆弱さが隠れていると思われるのだ。便宜のため，ディルタイの原文を離れ，具体的な例で考えてみよう[23]。

たとえば，「彼女は教室の窓をあけた」という行為を目撃し，「暑いので風を入れるため教室の窓をあけたのだろう」と言う。これは「説明」だろうか「理解」だろうか。現代の議論の水準をも考慮し，「心の理論」や人工知能といった知見をも取り入れて考察すれば，以下のようになるだろう。

①「理解である」説——「ため」という理由ないし目的のカテゴリーが使われているし，「窓をあける」行為も，偶然の身体運動ではなく意味ある行為として知覚され，全体として有意味な構造連関を作り上げているから。

②「説明である」説——図Ⅱ-3-5のような因果的推論の理論にしたがって説明したのである。これは，現代の「心の理論」研究が明らかにしたところだ。無論，図Ⅱ-3-5のような「説明」は，素朴心理学的水準のものであり，一般法則に包摂する説明というにはほど遠い（したがって，すべての人間が同じ状況下で同じ行動を取るという確度の高い予測はできない)。けれども，科学的心理学は，たとえばコネクショニズムによって，多くの欲求と知識をニューラルネットワーク上に重み付けして位置づけ，計算することで，より確度の高い行動予測に迫ることができるだろう。

こうやって，①と②を並べると，なにやら②の方が旗色よく感じられるかもしれない。とはいえ，ここでディルタイに戻るならば，彼のいう理解とは，決してここで②と並列的に比較して優劣を競い合うような水準にあるものではなかった。なぜなら，「理解とは汝のうちに自己を再発見することである」というように，理解の源泉は「体験」であり，自分自身の体験の中に見出された内的構造連関を他者へと

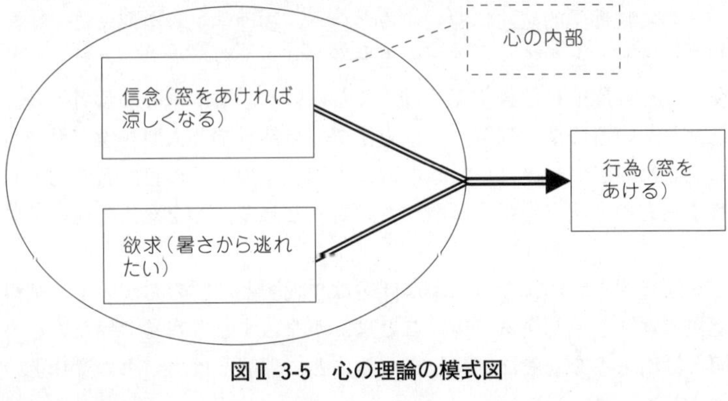

図Ⅱ-3-5　心の理論の模式図

「転移」することで理解が成立するのだから。

ディルタイ独自のこの「理解」を，例に戻って改めて考察してみよう。

まず，「彼女は暑いので涼風を入れるために窓を開けたのだろう」という理解の源泉は，「私は暑いので風を入れるために窓をあけた」ことの「体験」にある。この体験は「心的構造連関」をなしている。教室の中にいるという認知，教室にふさわしい態度への構え，暑いという感覚，涼しさを求める欲求，窓をあけるか出て行くかそれとも我慢するかの複数動機の比較・検討・決断，等など。この構造連関は，「膝を叩かれて足がピクンと上がった」といった反射の場合のような機械的な「因果連関」ではなく，「目的連関」だ。前者のような，前項が必然的に後項をもたらすという必然的な法則的関係は，後者にはないのである。

それでも，「目的連関」と見えても因果連関が複雑すぎてその全部を認識できないだけだ，という反論が出てくるかもしれない。ここでディルタイはこう説く。――そもそも，因果的説明に用いられ，自然認識を可能にする，因果性や実体といったカテゴリーは，「生のカテゴリー」の派生態にすぎない。生のカテゴリーとは，生に内在し，生を分節化し構造化していくと共に，生が自己を理解するはたらきだ。自己同一性，能動と受動，全体と部分，構造，連関，時間性，価値，意味，目的，発展，形態，本質などが，そうしたカテゴリーだ。たとえば，「実体（事物）」も「因果性」も，自然科学にとって最重要なカテゴリーだが，いずれも体験を究極の源泉として生み出されてくる。「自己意識」の体験に基づいて「自己同一性」の概念が生まれ，これが抽象化されて「実体」の概念となる。また，「抵抗」の体験に基づいて「能動と受動」の概念が生じ，これがさらに抽象化されて「因果性」の概念に変貌する……。したがって，実体や因果性の概念は，カントの言うような「自然の客観的形式」などではなく，私たちにとって疎遠な自然を認識するために知性が生み出した「補助概念」に過ぎない。ゆえに，「理解」は「説明」よりも根源的なのだ。

長くなってしまったので，「原因」による説明か「目的」による理解かに絞って，簡潔明瞭にまとめよう。――彼女の窓開け行為を，目撃者である私が，原因によって説明するのではなく目的によって理解してしまうのは，私自身，同様の行為をなしている最中には，その行為の「原因」や法則を体験できないからである。窓を開けようとしている最中には，私は常に，窓を開けて（＝手段）涼風を取り入れる（＝目的）ということしか，意識できず，体験できない。それゆえ，彼女の行為を目撃した私は，自分自身の体験の内なる心的構造連関を移入し，彼女の行為を目的連関として明示化することで理解する。しかも，「目的」という生のカテゴリーは，「原因」という自然的カテゴリーよりも根源的なので，目的による理解を，因果による説明の不完全形などとみなすことはできない。……

付け加えれば，ここで先に述べた，なぜ，理解に基づく精神科学（人間科学）が技術と結ぶことができないかの理由も，はっきりしてくる。行為理解の源泉である私自身の目的連関の体験には，「いくら暑くても，窓を開ければ涼しくなると分かっていても，窓を開けないこともできる」という，自由意志の先－理解が含まれているからだ。自由な行為として理解された対象には，技術は適用できないからだ。

5節
説明／理解の対立軸から，他者／自己の対立軸へ

以上，ディルタイの議論を長々と説明してきたが，この長さにすでに，ディルタイの議論の脆弱さが現れていることに気づかざるをえない。説明と理解という対立項を説明するのに，もう一つ別の対立項が使われているのだ。

つまり，他者と自己という対立項だ。自分自身の体験の中に見出された内的構造連関を他者へと「転移」することで理解が成立するのだから。先ほどは，認識論によって生じる主客の難問の根源として，自他問題という難問を指摘した。人間科学論においても，自他問題は避けることができないのである。

かつて，筆者は，「心理学の哲学」に関する論考[24]の中で，説明／解釈（理解）という「方法論上の対立軸」に加えて，「客観的視点／主観的視点」という「認識論上の対立軸」を入れ，４象限からなる２次平面上に心理学の諸潮流を位置づけようと，試みたことがある。

図Ⅱ-3-6がその図解である。ここで，方法論上の対立軸と認識論上の対立軸とは，同一平面上に描きこまれているが，後者の方がよりメタ的根源的な対立軸であるという意味で，実は水準の違う概念である。（また，私は歴史上の心理学の諸潮流にすべて通暁しているわけではなく，２次平面上での個々の潮流の位置づけはあくまで試みというにすぎない。批判を請いたいところだ。）

ここで，「客観的視点／主観的視点」の対立軸は，西條の「主客の対立」とはまったく意味を異にしているので注意を要する。それは，「観察対象と観察者が別であるような視点／観察対象と観察者が同じであるような視点」というような意味なのだ。この意味は，日常，「自分を客観的に見る」ことと「自分を他者の視点から見る」こととが，同義に理解されていることからも頷けるはずだ。客観的視点とは，観察対象が「他者の」心，すなわち観察者以外の存在の心理現象・過程となるような視点のことであり，主観的視点とは，観察対象が「私の」心，すなわち観察者自身の心理現象・過程となるような視点のことだ。したがって，認識論的な対立軸は，また，「他者の心理学／自己の心理学」の対立軸ともなる。

「他者の心理学」には，操作主義の立場に依拠したスチーヴンス（Stevens, S. S.）

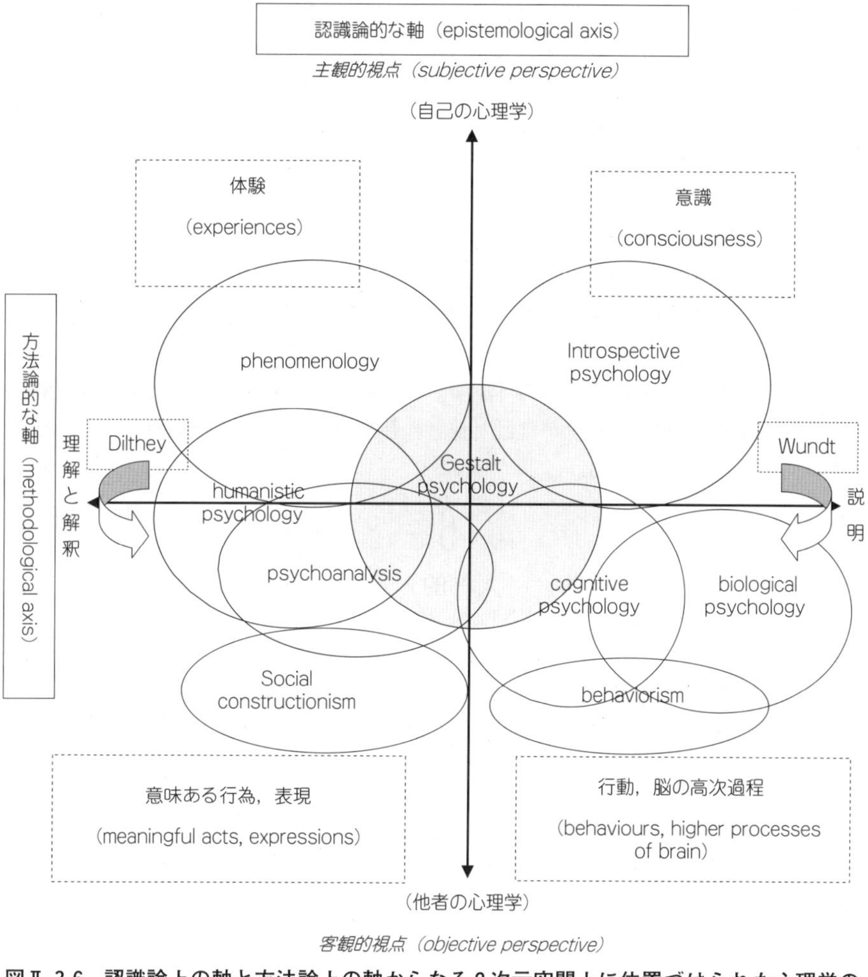

図Ⅱ-3-6　認識論上の軸と方法論上の軸からなる2次元空間上に位置づけられた心理学の諸潮流

4象限の「意識」「体験」「意味ある行為」「行動」は，心理学の「対象」を表す。各潮流の円の大きさは勢力の強さを示しているわけではなく，Dilthey，Wundtの矢印の向きに特に意味があるわけでもない。

が1930年代に発表した，「心理学は心理学者が自分についてなす観察を含めて，観察を他者についてなされたものと考える」という，極めて明快なテーゼがある（小川隆による紹介[25]）。この主張は現在に至るまで，実験系の科学的心理学の暗黙のパラダイムにもなっている。ところがこの主張には，「心理学は，心理学者にとって他者である被験者が自分についてなす観察を含めて，観察を自己についてなされたものと考える」という，代替案が成り立ってしまう。「自己の心理学」だ。たとえば，二つの円の大小を判断するという同じ課題でも，「他者の心理学」では，研究者自身が被験者になっても，「大きい」という反応をしたことが他者の視点から観察されたと理解されるが，「自己の心理学」では，被験者自身の自己観察の報告と見なされるわけだ。

じっさい，ダンジガー（Danziger, K.）[26]によると，19世紀末の心理学実験室では，被験者は研究者自身かその共同研究者や同僚があたるのがふつうだったという。まさに，「自己の心理学」としての実験心理学だろう。その一方，ヴント（Wundt, W.）の実験的内観法では観察されるべき刺激は生理学的に統制され，生理学的心理学と名づけられているのだから，ヴントの位置づけは，図のように主観的と客観的の視点を含んだ，方法論的軸の「説明」の側に置いておきたい。反対の「理解と解釈」の端の方でディルタイが自己と他者の往復運動をやっているのと，ちょうど対称的な構図になっている。

6節
一人称的／二人称的／三人称的心理学

「説明／理解」という，ディルタイに発する対立軸を考察しているうちに，ここでも，「他者／自己」の二項対立が，より根源的な対立軸として浮かび上がってきた。すると，いっそ説明／理解の対立軸は，他者／自己の対立軸へと，還元してしまえばよいのではないかという，疑問が出てくるかもしれない。他者理解とは，とどのつまりは，他者に移入された自己の理解だというのだから。

けれども，実際の心理学の，そして人間観の歴史を考察してゆくためには，説明／理解の対立軸はやはり簡単には還元しがたい。そもそも，他者といっても，2種類の他者があるのだ。親しい他者と，見知らぬ他者と。あるいは，コミュニケーションの相手としての他者と，無作為抽出された匿名の存在である刺激反応の測定対象としての他者と。フランスの哲学者ジャンケレヴィッチ（Jankélévitch, V.）は，死には，一人称の死（自己の死），二人称の死（親しい他者の死），三人称の死（見知らぬ他者の死）の3タイプがあり，それぞれ考察の性質も異なってくると論じた[27]。これに倣って，私は，1994年の論文で[28]，人間概念を次のように分類したのだった。

> 筆者の長年の観察によると，「人間について考察せよ」という課題を与えられたとして起こすと想像されるアクションのタイプによって，心理学者を，それどころか人間一般を，3タイプに分類することが可能なのである。第一

に，静かな部屋に一人こもり，自分自身を内省することから人間考察を始める部類の人がいる。このタイプにとって，「人間」の典型は自分自身なのである。このタイプがもっぱら依拠している暗黙の人間概念が一人称的人間概念である。第二に，パーティへ出かけて行き，いろんな人と交わりながら相手の心の動きや性格を見抜こうとすることから人間考察を始める人々がいる。このタイプにとって「人間」の典型は相互交流の相手方であり，「我―汝」関係における「汝」である。このタイプがもっぱら依拠している暗黙の人間概念が二人称的人間概念である。第三に，匿名の群衆を，あたかもUFOから地球表面を見おろす異星の科学者よろしく客観的に観察したり，いきずりの他人を実験材料にしたりすることで人間考察を始めたがる人もいる。このタイプにとって「人間」の典型は集団の一標本としての見知らぬ他者である。このタイプの暗黙に依拠する人間概念が三人称的人間概念である。(p. 171f)

そして，一人称的人間概念をパラダイムの最基底部として形成される心理学を一人称的心理学，同様に二人称的人間概念に暗黙裡に拠る心理学を二人称的心理学，三人称的人間概念によるそれを三人称的心理学，と分類した。

そこで，この分類を，図Ⅱ-3-6の2次元軸に重ね合わせて，図Ⅱ-3-7として示しておく。この図だと，一人称的心理学の対象は意識・体験で，二人称的心理学のそれは意味ある行為・表現，三人称的心理学のそれが行動・脳の高次過程，ということになってくる。ただし，図Ⅱ-3-6と図Ⅱ-3-7が完全に重ねあわされるわけではない。図Ⅱ-3-6は認識論的方法論的分類なのに対して，3タイプの人称的心理学とは，心理学的な分類だからだ。心理学によって心理学を分類しようというのだから，心理学の心理学，つまり，科学の心理学（psychology of science）による分類という事になる。

7節
人間科学と哲学の違いは公共性あるテクスト・データの有無にある

また，意識・体験が一人称的心理学の対象だとすると，一人称的心理学の多くは歴史的には科学ではなく哲学だったという事実も，指摘しておかなければならない。フッサールの『内的時間意識の現象学』[29]のような著作を読むと，その意識経験の精緻な分析に魅せられると共に，どうしてこれが心理学と呼ばれないのだろうか，これこそが心理学者のやるべき仕事だったのではないのか，と訝ってしまう。けれども，よく考えてみると，意識経験の精緻な分析の元になったデータが示されていない以上，やはり心理学（人間科学としての）ではないのだ。もちろん，主観的意

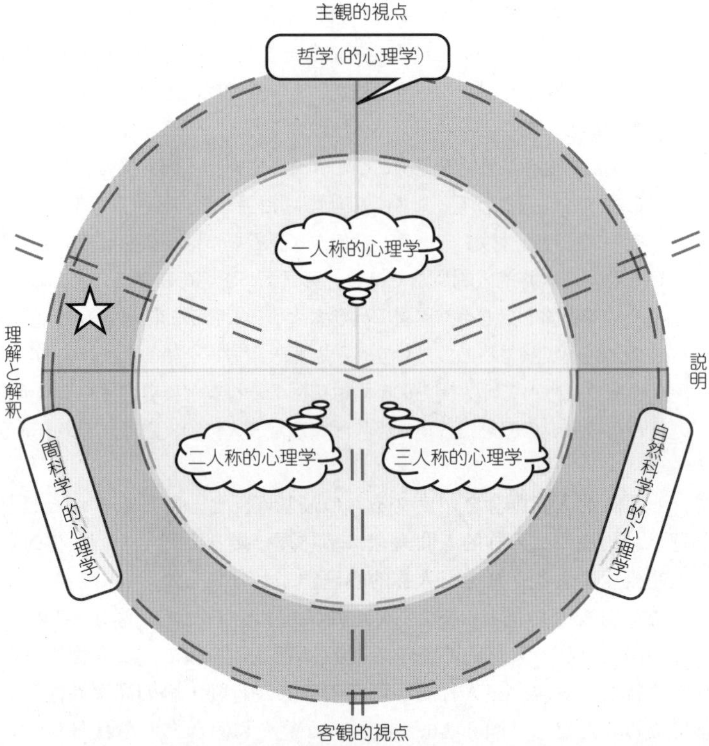

図Ⅱ-3-7　認識論×方法論の2次元空間（図Ⅱ-3-6）への3種の人称的心理学の重ね合せ

識体験は直接には，公共性あるデータにはならない。けれども，体験というものは，作品，つまりテクストとして表現することによって，データとしての公共性を獲得することができる。ディルタイのゲーテ論やヘルダーリン論[30]は，いかに現代の読者の目には心理学と縁遠いものに映ったとしても，元々，心理学研究として書かれたものなのだ。私たちの誰もが，ゲーテのテクストを読み，読むことを通じてゲーテの体験を再体験し，それを通じて，解釈をディルタイと競い合うことができるという，公共性ある科学の営みが，そこに成立するからだ。

そういうわけで，図Ⅱ-3-7の外円には，哲学（的心理学），人間科学（的心理学），自然科学（的心理学）を表示することにした。

人間科学と哲学との分れ目が，公共的にアクセス可能なテクスト・データの有無にあることを私が明確に自覚できたのも，独我論的体験の研究を通じてだった。この研究では，1節の冒頭で紹介したような事例テクストを，そのテクストの書き手である他者の体験を記録したものとして読むのではなく，自分自身が体験し，記録したものとして読むという，一人称的読みが要求される。なぜかというと，独我論的体験とは，他者の体験として三人称に変換して理解することの不可能な体験だからだ。たとえば，アメリカ大統領ジョージ・ブッシュが，「私以外の人間は存在しないのかもしれない」と呟いたとしても，この文を「彼（＝ジョージ・ブッシュ）以外の人間は存在しないのかもしれない」と人称変換することはできない。世界は夢まぼろしかもしれないと考える人のところに行って，「オレは夢でも幻でもないんだぜ」と抗議するという笑話があるが，これは独我論的体験の意味を取り違えているからこそ笑話になる。独我論的体験を有意味なものとして理解するための要件は，自分自身のこととして「世界は夢かもしれない」「他人は存在しないのかもしれない」と問い直すよう努めることだ。独我論的体験が，これまで散発的に報告されることがあったにもかかわらずテーマ化されることがなかったのは，研究者が，独我論的体験を一人称的に再体験しようと努めることを怠ったため，体験に含まれている主張内容それ自体が間違いであり従って異常であるとする前提に立ってしまい，発達段階上の退行や病理といった領域へと「異領域化」してきたからと思われるのだ。

ここで，「体験」を自分自身のものとして再体験することを要する研究とは，科学というよりは哲学（哲学的心理学）になってしまうのではないか，という疑問が出て来よう。そこで，鍵を握るのが，主観的体験を事例テクストとして公共化できるか否かだ。自分自身の生の体験に基づいて考察を展開しても，あなたは私の体験に直接アクセスできない以上，対等な議論には入れない。けれども，たとえば，渡辺・金沢（2005）論文で試みたように，私自身の体験事例をも公刊物からの引用テクストに限定し，他者の手になるテクスト事例と対等に並べて扱うなら，私の一人称的読みに基づいた解釈と，あなたの一人称的読みに基づいた解釈とは，原理的に対等な立場で優劣を競い合うことが可能となる。この意味でのデータの公共性こそが，科学と哲学の分れ目とみなすのだ。池田は，『構造主義的科学論の冒険』の末尾で，唯物論者でなくとも科学研究は可能だといった趣旨のことを述べているが，私はさらに，独我論者であってさえも人間科学の研究は可能だ，と言いたい。図Ⅱ-3-7には，このような考察に基づいて，独我論的体験研究の位置づけを，☆印でもってプロットしておいた。

8節

主客の難問ではなく自他の難問を

予定の枚数を超過してしまったので，結論に移るとしよう。

人間科学の呪とは，「人間一般」などというものはなく，「自己」と「他者」の二種類があるという，現象学的に自明な事実に発している。それに応じて，自己の心理学と他者の心理学という，認識論的視点を異にする共約不可能な心理学ができてしまうし，また，他者には親しい他者と見知らぬ他者とがいるという「科学の心理学」的な水準でいえば，３種の人称心理学ができてしまう。いずれにしても，統合は不可能だし，その必要もあるまいと思える。自分自身が無意識裡に，どのようなタイプのメタ・パラダイムに拠っているのかを，自覚するだけでよいと思うのだ。

ただし，ことが政治や権力がからむと，それだけでは済まなくなるのがやっかいなところだ。理科系大学に長年勤めているから実感するのだが，自然科学の底力は，ひとえに，「役に立つ」――もしくは役に立ちますよという作文ができる――というところにある。役に立ちますよという作文ができるから，予算やポストを獲得できるし，総合大学でも理科系学部の教授が学長になる傾向があるし，大学行政のトップを理科系出身者が占めることになる。それは，３節で示唆したことだが，近代自然科学の強みは，技術と結んで工学と化したところにあるからだ。池田や西條が挙げている例を借りると，なるほど，「水は酸素と水素から成っている」という言明は，A+B⊇C という形式において，A に酸素，B に水素，C に水を代入した構造だ[31]。けれども，この構造がわかったならば，単なる対応関係として放っておかないで，A と B から C を合成したり，逆に C を A と B に分解したりすることを実験してみるのが，近代科学というものなのだ。

科学が技術と一体であることを実感している自然科学者たちは，おそらくは構造主義科学論には関心を示すことはないだろう。むしろ，自然科学へ多少なりともコンプレクスを感じている人文社会系の研究者に迎えられる可能性がある（クーン（Kuhn. T.）のパラダイム論にしてもそうだったが）。くわしく検討したわけではないが，構造主義科学論は，科学論というより科学以前の学問論，さらには，独我論的哲学者同士がなぜ独我論について議論ができるか，といったことの説明も含めて，コミュニケーション論と解した方がよいという気がする。

西條は，構造主義科学論を，論理実証主義を代表とする第一世代の科学論とクーンに始まる第二世代の科学論の後に来るべき，第三世代の科学論を先取りするものと位置づけているようだが，それでは贔屓の引き倒しになってしまいかねない。第三世代の科学論は，むしろ，工学こそ実在論の最良の証明であるといった，限りなく道具主義に近い実在論，または，実践的解釈学といった方向に進み始めているように見えるからだ[32]。池田の科学論は，欧米の科学論の本流に無理に位置づけようとするのではなく，それとは別系の，コミュニケーション論の系譜に位置づけることこそが，人間科学論として生かす途だろう。なぜなら，人間科学とは結局コミュニケーションだからだ。酸素と水素を合成して水を作るのは技術であり工学だが，蒸し暑い教室の中で窓を開ければ涼しくなることを知っている学生に，窓を開ける行為を促したり禁じたりするのは，技術ではなくコミュニケーションだからだ。自然科学と人間科学は，まことにディルタイが主張したように，とどのつまりは相入れない。

本稿では，後半で，解釈学的パラダイム／自然科学的パラダイムという，現代の人間諸科学にもみられる方法論上の対立軸が，ディルタイによる，理解／説明の対立軸に遡るものであること，そして，この方法論的な対立軸の背後には，より深い，自己／他者という，認識論的な対立軸が潜んでいることを示そうとした。また，前半でも，主観／客観という難問もまた，自己／他者という難問から派生していることを示したつもりだ。

なぜ自他問題を強調するかというと，それは，独我論の時代が遠からずやってくると思うからだ。独我論の時代の到来の「予言」を，私はもう20年近く前から言っているのだが[33]，その後の時代の流れは，予想を裏書きする方向へ向かっているという気がする。学生の間から自然発生的に「独我論的体験事例」が集まってくるようになったのも，その徴候の一つだろう。現象学運動においても，真の難問が他者問題にあることが，しだいに認識されつつあるようである[34]。しかも，来るべき独我論の時代では，「世界の客観的実在性の自明さの破れ」という意味での独我論よりも，「他者の自明性の破れ」という意味での独我論が，中心問題となると予想されるのだ。後者の独我論では，前者の独我論に比べて，はるかに徹底的に類的自己の自明性が破れてしまう。自己の類的存在としての先－理解に亀裂が走りつつあるのが，現代という時代の特徴なのだ。

そのような流れの中で，人間認識ではなく自然認識をテーマとしてきた西洋哲学の認識論的伝統にあまりに忠実に，主客問題を出発点においた西條理論が，そのうち時代とはいささか外れたところに位置づけられてしまうのではないかと，惜しまれるのである。もっとも，構造構成主義の建物自体は甚だ堅牢なので，土台の部分でたとえば，構造主義的科学論をコミュニケーション論として作り変えるといったことは，不可能ではないだろう。くり返しになるが，人間科学にとっての真の難問は，「人間一般」などというものは存在せず，自己と他者がいるだけだという，現象学的に自明な事実にある。にもかかわらず人間科学が成り立つとしたら，それはどのようにしてか，という問いを出発点として土台の部分を組み替えるならば，構造構成主義もより未来的なものになるに違いない[35]。

【註および文献】

［1］西條剛央　2005　構造構成主義とは何か―次世代人間科学の原理　北大路書房

［2］池田清彦　1990　構造主義科学論の冒険　毎日新聞社

［3］渡辺恒夫・金沢　創　2005　想起された＜独我論的な体験とファンタジー＞の３次元構造：独我

論の心理学研究へ向けて　質的心理学研究，4, 115-135.
[4] 木村　敏　1973　異常の構造　講談社現代新書　講談社
[5] 渡辺恒夫・金沢　創　2005，より引用。
[6] 渡辺恒夫　2002　<私の死>の謎―世界観の心理学で独我を超える　ナカニシヤ出版　p. 192
[7] Mach, E. 須藤吾乃助・広松　渉（訳）1971　感覚の分析　法政大学出版局
[8] Gibson, J. J. 1979 *The Ecological Approach to Visual Perception*. Houghton Mifflin Company. 古崎　敬・古崎愛子・辻敬一郎・村瀬　晃（訳）1985　生態学的視覚論　サイエンス社　p.122
[9] 谷　徹　1998　意識の自然　勁草書房　p. 19
[10] Heinlein, R. A. 1982　かれら　輪廻の蛇（福島正美訳）所収。早川書房（Heinlein, R. A. 1959 *The Unpleasant Profession of Jonathan Hoag*. Noam Co.）
[11] 竹田青嗣　1998　現象学入門　日本放送出版協会
[12] 渡辺恒夫・中村雅彦　1998　オカルト流行の深層社会心理　ナカニシヤ出版
[13] 池田清彦　2000　科学とオカルト　PHP 研究所　p. 123
[14] そのような，科学の名を騙って性教育の時間に生物学の先生によって教えられている他の説に,「私は5億分の1の確率で生まれた」というのがある（渡辺恒夫　1997　「私は5億分の1の確率で生まれた」は本当か？　科学基礎論研究，24, 51-57.）。
[15] 大森荘蔵　1994　時間と存在　青土社
[16] Sartre, J. P. 1943 *L' être et le néant*. Paris : Gallimard. 松波信三郎（訳）1956　存在と無　人文書院
[17] Sartre, J. P. 1948 *Les chemin de la liberté*. Paris : Gallimard. 佐藤　朔・白井浩司（訳）1951　自由への道　人文書院
[18] 渡辺恒夫　1996　輪廻転生を考える　講談社現代新書　講談社
[19] たとえば，西條剛央　2005　構造構成主義とは何か―次世代人間科学の原理　北大路書房　p. 12
[20] Gergen, K.J. 1994 *Toward transformation in Social Knowledge*. London : Sage Pub. 杉万俊夫・矢守克也・渥美公秀（監訳）1998　もう一つの社会心理学　ナカニシヤ出版
[21] Dilthey, W. 1894 *Ideen über eine beschreibende und zergliedende Psychologie*. 丸山高司（訳）　2003　記述的分析的心理学　ディルタイ全集第3巻（pp.637-756）法政大学出版局
[22] Hempel, C. G. 1935 Analyse logique de la psychologie. *Revue de Synthese*, 10
[23] 4節における以下の議論は，渡辺恒夫　2007　ディルタイと現代心理学　ディルタイ研究，18, 3-21. を下敷きにしている。
[24] 渡辺恒夫　2002　心理学の哲学とは何か　渡辺恒夫・村田純一・高橋澪子（編）　心理学の哲学　北大路書房　pp.3-20
[25] 小川　隆　1995　操作主義：心理学の方法論的基礎　梅岡義貴・小川　隆・苧阪良二他（共著）　心理学基礎論文集―昭和記念集　新曜社　pp. 3-40
[26] Danziger, K. 1990 *Constructing the Subject : Historical Origins of Psychological Research*. Cambridge University Press.
[27] Jankélévitch, V. 1977 *La Mort*. Paris : Flammarion. 仲沢紀雄（訳）1978　死　みすず書房
[28] 渡辺恒夫　1994　心理学のメタサイエンス：序説　心理学評論，37, 164-191.
[29] Husserl. E. 1966 *Zur Phaenomenologie des inneren Zeitbewusstseins, hrg.* von R. Boehm　立松弘孝（訳）1967　内的時間意識の現象学　みすず書房
[30] Dilthey, W. 1905 *Das Erlebnis und die Dichtung*. 小牧健夫・柴田治三郎（訳）1961　体験と創作　岩波文庫　岩波書店
[31] 池田清彦　1990　構造主義科学論の冒険　p.91
[32] 石川幹人・渡辺恒夫（編）2004　入門マインドサイエンスの思想　p.108
[33] 渡辺恒夫（1989）　トランス・ジェンダーの文化　勁草書房
[34] 谷　徹　1998　意識の自然　勁草書房
[35] 本稿は2006年9月末日に編集部に送付されたため，2007年3月に出た『構造構成主義研究1』掲

原著論文（研究）

Ⅱ-4 構造構成主義の視点からみた精神医療の一考察 ——構造構成的精神医療の提唱

加藤　温

1節 問題提起

代医学はこれまで，身体に起きている病をいかに客観的に捉え，科学的に解明かに躍起になってきた。しかし医学の中でこうした流れにどうしてもそぐわな野がある。精神医学の世界である。言うまでもなく精神医学は，人の心を扱うであり，その捉え難さや曖昧さから完全に脱却することはできない。精神医学史を紐解くと，長年にわたり精神病理学[1]がその基盤にあり，ややもすると思になり哲学的な観点から精神障害を解明しようとする流れがあった。その一方心も詰まるところは脳から作られるものであるから，究極的には身体疾患と同，精神障害も科学的に解明しうるはずだとする自然科学的志向に基づく生物学神医学[2]が大きなうねりとなって登場し，現在ではむしろこちらが主流になっている。

なしながら精神医療の現場では，後者の考え方に疑問を投げかけ，従来の精神を礎として診療を行っている精神科医も多く存在し，この両者の対立は，しば診療の場を硬直化させてしまうことがある。常日頃からこうした場に身を置いる筆者であるが，構造構成主義的思考の導入により，これらの対立を解消しう能性があるのではないかと感じるに至った。

た，精神科における診察や治療というものは，外から見るとなかなかわかりに

載の西條論文（「『心理学の統一理論』の構築に向けた哲学的論考」）での，
には，言及できなかった。ただし，本稿を校正時に読み返してみて自ずと批
いると感じたので，付け加えることは何もない。また，本誌とほぼ同時に刊
研究』第 7 巻（pp. 138-156）に，「独我論的体験とは何か：自発的事例に基づ
理解」と題して，独我論的体験研究の，「自己の自明性の破れ」をキーワー
た形態を示しておいたので，参照していただきたい。

【編集委員付記】

本論文は，本誌 2 号に寄稿していただくよう編集委員からお願いした依頼論文
裁は十分に整っており，内容が渡辺の言う「独我論的体験研究」の観点から構造
学論を批判的に吟味するというものだったため，査読過程において編集委員から
となく，そのまま掲載することにした。これは内容の是非は読者の判断に委ねる
が活性化することを期待してのものである。寄稿していただいた渡辺恒夫氏には
造構成主義研究』編集委員会）

現
する
い分
分野
の歴
弁的
で，
様に
的精
てき

医学
しい
てい
る可

くく，とかく名人芸などといわれがちであるが，これについても構造構成主義の考え方をもとに，かみ砕いた考察ができると思われる。以下問題提起の上，論を進めていきたい。

1．精神医療の現場には信念対立の問題がある。ここには科学性の捉え方を契機とする部分もある

精神科臨床の場でしばしば議論のテーマとなるのが，DSMに代表される操作的診断基準[3]の是非を問うものである。科学的な精神医学を目指そうとする精神科医にとって，今や操作診断を使うことは当然のことであり，彼らは，これまで長らく使われてきた従来診断[4]は主観的で科学的ではないとの批判を行う。一方，精神病理学的観点を重視する精神科医は，操作診断は表面的であり，人の心を深く追究すべき精神医学にとって最も重要な部分が欠落している，心は科学で割り切れるものではないとの批判を行う。このような両者の信念対立は日常診療の場において決して珍しいことではない。その原因のひとつとして，科学性というものをいかに考えるかという問題がある。対立する両者間には信念対立を減じようとする発想はなく，そこには一方が他方を批判し，お互いが自らの優位性を主張し，相手の欠点をつくといった不毛な議論の繰り返ししかない。

そうした中で加藤[5]は「生物学的精神医学と精神病理学の架橋の試み」と題した論考において，生物学的精神医学は生物学的次元での記述としてみるのが適当であり，精神病理学の記述に引き続いてなされ，これを重ね書きしたものといえるとしている。さらにDSMも基本的に言語レベルの記述的エビデンスにより形づけられているとし，記述という観点からこれらを結びつける試みを行っている。その他，様々な学派の考え方を統合して診療していこうとする論考もいくつか存在する。このような考え方は，診療の場における不毛な信念対立解消の手がかりとなるものである。しかしながら，精神医学の分野において，信念対立の低減化という観点からそれを実現しようとする理路に関する研究は，代表的な医学文献検索ツールである医学中央雑誌，PubMedでも見つけることができない。

2．精神医療の現場で行われている診療は「患者の状態をみながら，治療法などは，その都度適切に判断していきます」というものであるが，それを基礎づける理論がない

精神医療の現場では，特定の専門治療に固執するよりも，種々の治療法を適宜選択したり，そのエッセンスをうまく併用していく柔軟なスタンスによる診療形式が主流であり，実際に成果を上げてきている。しかし，こうした立場は，ややもするといいかげんで何でもありの「折衷主義」と揶揄されかねない。現在，こうした立

場を基礎づける包括的な枠組みは見当たらない。したがって，いまひとつ見えにくい精神科診療の理解を深めるためにも，これらを学的に基礎づける試みが必要となってくる。それを実現する上でも，前述した1の問題を含めて解決していけるような理路が望まれるところである。

2節
目的

まずは精神医療の現場における信念対立の代表例として「操作診断」と「従来診断」の問題について取り上げて詳細に検討し，さらには科学性，ひいては主観性客観性というものの捉え方に対する検討も加えながら，その対立を乗り越える方向性を求めたい。

次に，精神医療の現場において，特定の専門的治療ではない通常行われている一般的な精神科診療について考察し，それを基礎づける新たな理論構築をはかってみたい。

3節
方法

上述した問題をうまく解決するために，信念対立や科学性などの難問を解消する理路を備えた構造構成主義をツールとして導入することによって論じていきたい。

信念対立については構造構成主義の中心概念である「関心相関性」の観点から，また科学性については構造構成主義の基礎理論にもなっている池田による構造主義科学論の考え方を踏まえて検討したい。

そして，精神科診療については，構造構成主義のキーワードである「現象」「構造」「関心相関性」といった概念を用いて考察し，構造構成的精神医療論の提唱へと展開し，精神医療の基礎づけを行ってみたい。

4節
精神医療の現場における信念対立

1．精神科診療会議の一風景

精神医療の現場における信念対立がどのように起こるのか，その具体例として精神科診療会議の一風景を描いてみたい。

A 医師：25歳の女性が昨日入院しました。うつ病と診断したので，抗うつ薬の処方を開始しようと思います。
B 医師：ちょっと待ってください。どうしてうつ病なのですか？これはうつ状態ではあるけれど，うつ病とは言えないでしょう。うつ病とした根拠は？
A 医師：診断基準である DSM に照らし合わせてしっかり診断しましたよ。
B 医師：あんなものは意味がないでしょう。何の根拠もない単なる症状の数合わせでしょう。ちゃんと患者の内面にある精神病理を考えて診断しないと。これはうつ病ではなく，抑うつ反応ですよ。
A 医師：何をそんな時代遅れのことを言っているのですか。DSM は世界中で使われている診断基準ですよ。

こうしたやりとりは精神医療の現場では日常茶飯に行われている。このようなかみ合わない議論は，なぜ起こるのであろうか。

実はわが国の精神医学における診断は，以前から行われてきた「従来診断」に基づくものと，近年その隆盛を極めている DSM に代表される「操作診断」に基づくものの二つが並立しているという混乱した状況にある。その現状を反映してか，あるいは一家言ある数々の精神科医に気を遣ってのことか，わが国の精神医学関連学会で中心的役割を担っている日本精神神経学会においても，専門医試験の際に提出が求められるケースレポートに記載する診断名については，操作診断の範疇にはいる ICD－10診断が必須としながらも，従来診断等の付記も可としている。

つまり上述した A 医師は，操作的診断基準に基づいて病因は考えず，症状を数え上げて「うつ病」と診断したが，B 医師は，マニュアル的に診断することを受け入れず，病因論的観点を含む従来診断に基づいて「抑うつ反応」と診断したのである。従来診断による見立てを行う場合，病因論に沿った観点から，身体因性→内因性（現時点で原因不明）→心因性（性格・環境因）という流れで診察を進めていくのが一般的であり，抑うつ状態にある患者の診断では，内因性のものを狭義の「うつ病」とし，心因性のものを「抑うつ反応（反応性うつ）」とすることが多い。つまり，AB 両医師の「うつ病」の指す意味が異なっているのである。これではいつまでたっても収拾がつかないのは当然である。量的観点を重視する A 医師と質的観点を重視する B 医師は，各々が拠りどころとしている診断基準そのものが異なっているため，このままでは両者に妥協点はなく，お互いが支持している診断基準の優劣のみを競う議論がいつまでも続くのである。

2．精神医学の現状

現在，精神医学の世界においては，先に述べた生物学的精神医学領域の発展がめざましい。そこには精神医学の自然科学化志向がみてとれ，さらにはそれらを合理的に体現化し，マニュアル志向へと推し進めた操作的診断基準や治療アルゴリズム[6]の普及がある。もともと精神医学においては，旧来から精神病理学に基づいた診療が行われていたが，これらはどうしても人文社会科学的な方法論に立脚するところがあるため，自然科学的志向に対して旗色が悪い。しかも，個別症例経験重視であることから多数例の統計学的解釈にも弱く，診断や治療もしばしば名人芸的で共通語となりにくい弱点がありマニュアル志向に対しても対抗しにくい現状がある[7]。それを象徴するかのように，現在発行されている精神医学領域の代表的雑誌をみても，生物学的精神医学や綿密な統計処理がなされた臨床研究など量的研究に基づく論文が優勢であり，精神病理学をはじめとした質的研究に基づく論文は脇に追いやられてきている。特にインパクトファクター[8]の高い雑誌にその傾向が強い。業績として評価されるために，多くの医師の目が前者へ向くのはやむを得ない現状にあるといえよう。

とはいえ，患者の治療を行う場合には，やはり質的観点を無視することはできないとする医師も当然存在しており，少なからずこの両者の対立を目にすることがある。それが最も顕著にあらわれるのは，先の例に述べたような精神科診断の場においてである。つまり「生物学的精神医学志向からマニュアル志向へという流れをくむ量的診断である『操作診断』」対「従来からの精神病理に基づく質的診断である『従来診断』」という構図である。

精神科診療においては，診断に至るまでの面接そのものが治療につながる場合もあるが，一般的に診療とは，診断がなされてから治療へ進むというのが原則である。内科や外科などでは，診断基準が複数存在し，その優劣を競うという状況は考えにくい。しかしながら精神科においては，診療にとって最も大事な入り口にあたる診断を行う際の根拠となるべき基準がひとつではないため，現場を混乱させてしまっている現状がある。これはわが国の精神医学における根本問題のひとつといっても過言ではない。

3．量的精神医学の象徴「操作診断」と質的精神医学の象徴「従来診断」

(1) 操作的診断基準の誕生とそれをめぐる議論

量的精神医学の象徴である操作的診断基準の代表的なものは米国精神医学会によるDSMである。もともとは一般医に対して普及開発をもくろみ，それを通して研究用診断基準（RDC : Research Diagnostic Criteria）として存在していたものが，1980年にDSM-IIIとして登場し，その後のDSM-IV（現在はDSM-IV-TR）へと改訂されるに至り，現在では研究はもちろんのこと診断や治療においてもバイブル的存在となっている。特に論文を発表する場合には，今や操作的診断基準にのっとった診断がなされなければ世界を相手に勝負することもできなくなってしまった。

もともとつかみ所のない精神医学，精神症状の捉え方や考え方にはどうしても主観が入る。従来診断は，個々の精神病理に根ざすものではあったが，勘や経験に頼らざるを得ない部分もあり，診療する医師のものの考え方やコトバの使い方，さらには文化背景にも影響されることを否めないという難点があった。とすると極論すれば，私とあなたが言う「うつ病」，日本とアメリカでいう「うつ病」が異なるものを指している可能性が出てくる。しかしこれでは医学として成り立たない。そこで一定の診断基準をつくり，世界中が同じ土俵で議論できるようにしようという操作的診断基準のコンセプトは評価すべきところではある。

しかしながら，従来診断でなければ意味がないと考える質的精神医学支持者は，そうした誕生の経緯や意義を全く汲もうとせず，真っ向から批判を展開する。彼らは，量的精神医学支持者に対して「患者を人全体としてみていない，症状という要素をひとつの項目として，その数合わせでしか診断していない，このマニュアル化が精神医学を空洞化させてしまう」という。しかし，臨床研究をはじめとして，世界の中で発言していくという観点に立てば，疾患概念がある程度統一化されていることの意義はあるのである。それによって，世界レベルでの疫学調査が可能となり，ある疾患に有効とされる治療法が見つかった場合にも，それを広く普及させられやすいなどの利点もある。

一方で量的精神医学支持者は，質的精神医学支持者に対して「従来診断は主観的で医師間の診断一致率が低い，同じ疾患でも医師によってそれを指す概念が異なっては議論のしようがない，いつまでも哲学者みたいなことを言っていては客観性を求める科学としての医学でなくなる」と批判する。しかし，操作的診断基準で診断を行ったとしても，患者にみられる病状が，どこから生じてきているのかといった病因論も踏まえて治療を考えていこうという観点に立てば，従来診断の存在意義も否定すべきものではないといえるのである。

これらの議論の根底には，操作診断は客観的（＝科学的研究を行う前提）なものであり，従来診断は主観的（＝科学的ではない）なものであるという前提が横たわっている。しかしこれらの前提に対して疑問を抱かず，そのまま鵜呑みにしてよいのであろうか？

(2) 操作診断は「客観的」なのか？

操作的診断基準の導入によって，精神医学の世界にもEBM[9]の波が押し寄せてきた。精神科診断のいわゆる客観性が保証されたことで，統計処理が可能となり，精神医学の世界では困難と思われたRCT[10]をはじめとした臨床研究も数多く行われる時代になった。これらの研究においては，例えば「『大うつ病』[11]と診断された患者を対象として……」と操作的診断基準による診断をもとに行われるのが大原則である。データはしっかりと統計処理され，客観化された結果を導き出すことができるのであるが，問題はやはり診断にある。DSM–IV–TRに準じて，症状を拾い，数え上げることで診断を行うのであるが，この過程において決定的な主観的作業が伴うのである。実際に診察する医師によって，症状をどうとるかに差が出てくることもある。診療の第一歩である出発点が最もあやふやなのであるから，その後いくら統計処理が完璧でも，その客観性を声高らかに言うことはできないのである。

例えばDSM–IV–TRの大うつ病の診断においては「抑うつ気分」「興味または喜びの喪失」のうち少なくとも一つが存在していることが必須とされている。しかしそれらを的確に捉えるのは決して容易ではない。見る人によって，それが「存在する」と判断する場合，逆に「存在しない」と判断する場合は当然あるのである。DSM–IV–TRには「抑うつ気分」などひとつひとつの症状に対して，どういうものを指すかについて，具体的な説明がなされていて客観的な部分をより増やそうとする努力はみてとれるが，主観性を完全に排除することはできない。しかもそれを「ある」「なし」と置き換えて数え上げるのであるから，小さな差が大きな差になってしまう可能性もあるのである。精神症状というアナログ的なものを正確にデジタル化することは極めて難しい作業である。したがって操作的診断基準を客観的科学性の旗印的に扱うこと自体には無理があるのである。あくまでその特性を知った上で，ひとつの指標としてうまく活用することこそ賢い使い方なのである。

(3) 従来診断は「科学的ではない」のか？

従来診断は勘や経験によって行われるもので客観性がないとされ，精神医学自体が，医学という科学の世界にはそぐわないとされる風潮があった。その反動からか精神医学も他の医学分野に追いついて科学にならねばならないと考える精神科医も少なくなく，現在のように操作診断が必要とされる時代へと流れてきた印象がある。確かに従来診断は操作診断と比較すれば主観性が高いのは事実であろう。しかし本当に「科学的ではない」と言い切れるのだろうか？

構造構成主義の基となった池田[12]による構造主義科学論の立場からみると，科学とは同一性（構造や形式）を追求するものとされる。つまり「現象」（体験そのもの）をできるだけ適切に「構造化」（コトバとコトバの関係性で明示化）する試みということができる。

精神病理学について，松本[13]は「コトバを通して病める心のありようを《わかろうとする》学問」と定義しているが，これは構造主義科学論からすると，まさに科学の営みである。従来診断とは，先人の精神病理学者達が長い歴史の中でじっくりと時間をかけて患者の精神状態を詳細に観察し，そこに起きている「現象」に共通する部分を見いだし，その同一性をコトバで「構造化」したそのものである。そしてこれらは，コトバのシニフィアンの同一性に支えられて「構造」において共通了解可能性をもちうる診断体系ともなっているのである。この意味において，従来診断は，精神病理学という科学的営為の中から生み出された結晶ともいえるのである。

従来診断の中には，その国独自のものもある。これでは国を越えての議論ができないではないかという批判が聞こえてきそうであるが，実際に治療をうける患者にとっては不都合というよりも利点となる部分の方が大きい。例えばわが国には思春期妄想症（植元，村上ら：1967）という診断名がある。これは「自分の身体的異常のために周囲の人に不快感を与え，避けられている」という妄想的確信を主題とする臨床単位であり，症状は対人恐怖症的特徴を有し状況依存的なところがあるとされる[14]。思春期妄想症は，操作診断では妄想性障害に分類され，統合失調症に準じた治療が行われることになるが，それでは十分な治療効果が期待できないことも少なくない。思春期心性を踏まえ，日本人に多いとされる対人恐怖の観点からのアプローチを組み合わせることがより効果的な治療につながるのである。

構造主義科学論においては「構造」が「現象」をうまく説明できればできるほど科学は深化していくとされる[15]。そういう意味においては，日本というコミュニティにおいて診療を行うという観点に立てば，前述した症状を持つ患者に対して，操作診断による「妄想性障害」よりも，従来診断による「思春期妄想症」とした方が，よりうまく患者の「現象」を言い当てていることになり，診断自体の科学性も深いと考えられるのである。

4.「操作診断」対「従来診断」という信念対立は解消できるか？

構造構成主義的思考の導入は，この問題を解決する大きな武器になりうる。その中心概念である関心相関性とは「存在や意味や価値といったものは，すべて身体や欲望，関心，目的といったものと相関的に規定される」という原理である[15]。つまり関心に応じて価値が決まってくるのだという関心相関的観点をもつことで信念対立を解消できる可能性が出てくるのである。

先の例で言えば，A医師が「B医師は従来診断で考えているのだな。患者の精神病理に重きを置いた考え方の持ち主なのだな」と考える。一方，B医師は「A医師は操作的診断基準に基づいて考えているのだな。その利点を認めているのだな」とわずかでも考えることができれば，対立をやわらげることができ，不毛な議論を避けることが可能になるかもしれない。

もちろんこれで全てが解決されるわけではない。しかしこうした関心相関的観点を信念対立低減に向けてのひとつのツールとして身につけておくことは，議論の場における空しい口論や感情的摩擦を減らせうる可能性につながっていく。言われてみれば当たり前のことのように思われるかもしれないが，意外と気づけていないものである。関心相関的観点を意識し，時々「ちょっと待てよ」と立ち止まって考えることができるだけでも十分に意味がある。

対立する両者がともに関心相関的観点を理解していることが最も理想的ではあるが，現実にはなかなかそうもいかないことが多い。しかしそうした場合でも，両者のうち一方だけが関心相関的視点を有していれば，ガチガチの信念対立から逃れうる確率は高まってくるであろう。

5．いかに信念対立に対処するか？

信念対立をきたす要因としては，双方の感情の問題が大きいが，個々のパーソナリティ特性による部分も少なくない。そもそも対立することなく何とかうまく話し合っていこうという調整型志向のパーソナリティを持つ者同士であれば，問題は起こりにくいであろう。それは自然と相手の立場を理解した上での議論ができているからである。この場合，両者間には無意識ながら関心相関的観点が働いているはずである。逆に相手の話を理解しようとする気が全くなければ，議論どころか喧嘩と同レベルの状況に陥ってしまう危険性がある。深夜のテレビ討論番組をみているとよくわかるが，パネリストは，場の流れを読んで相手をしっかり見て話すタイプ，単に自己主張するタイプに大別できる。前者のタイプが話している時は不思議と場が静まり，皆が耳を傾けていることが多い。逆に後者の場合は，軽く受け流されるか大反発を受けて話を途中で遮られてしまい，議論の場が硬直してしまう傾向がある。こうした後者のような人たちに，いかに対処していくか，これが大きな問題として残ってくる。

特に医療の場においては主役はあくまで患者である。治療方針を決める診療会議において，医師同士の自己主張をぶつけ合うことに夢中になり，患者不在の議論になることだけは避けたいところである。

では，具体的にはどのようにすればよいのだろうか？これはなかなか一筋縄では行かない。「対策マニュアル」的なものには抵抗があるが，ここでは構造構成主義の観点から，現場において簡単に実践できる一方法を示してみたいと思う。これは議論の場で，ひとりでも身につけていれば効果のあるやり方である。

まずは関心相関的観点を導入し，相手の関心や欲望がどこにあるかを考えるのが第一歩である。それにより，議論の相手が，自らが主張する考え方自体を優れていると感じて主張しているのか，あるいはその考え方は単なるツールにすぎず，実は自分自身の存在を前面に出してアピールしたいという欲望が中心なのかが何となくみえてくる。そして相手が後者のような欲望を伴う場合には，感情面でも激しい対立をきたしうる。そこに隠れているキーワードは「自己愛」である。

議論の場において，反発する感情が生じるパターンとしては「自分は正しい，自分はこれを礎にこの世界で生きてきた」などという自己愛が傷つけられることが誘因となることが多い。特に相手がもともと自己愛の強いパーソナリティの持ち主の場合，信念対立という結果をうみだす確率が高くなる。この場合，不毛な対立に向かいそうだと感じた時には，相手の主張のよい点を軽く持ち上げることである。これにより，相手の自己愛は守られることになり，こちら側を攻撃しようとする勢いが若干は減少する。このようなパーソナリティを持つ人々は，責められる時には攻撃というかたちで自分を守ろうとするが，ほめられることには弱く，気を許す傾向がある。こうしたちょっとした工夫で，わずかながらの和解がもたらされ，相手側もこちら側の話に少しは耳を傾けてくれる望みが出てくるのである。やや下手に出て，相手の関心相関的観点や相手自身をプラスに評価することは，彼らの自尊心をくすぐることになり，結果としてこちら側の関心相関的観点にも目を向けさせることにつながるのである。

もちろん最も望ましいのは，議論の場に，関心相関的観点を身につけていて司会者としての役割を担える第三者を入れることである。感情にとらわれにくい「操舵者」を置くことで，議論の進行，調整，促進を円滑に行うことが可能となる[16]。とは言うものの，現実的にはいつもそうした理想的な状況を確保できるわけではない。しかしながら上述した点をわずかでも意識していることで，無意味に対立しそうになる展開を回避できる可能性は高まる。

5節
構造構成主義による精神医療の基礎づけ

次に，精神医療について，構造構成主義の観点から「現象」「構造」「関心相関性」というキーワードを用いながら考察してみたい。まずは精神科診療について検討し，構造構成的精神医療論へと進めていきたい。

ここでいう「現象」とは，各人に立ち現れる経験そのものであり，外部世界も夢も幻も全て含まれているとされる[15]。この「現象」を捉えることが，精神科面接においても第一歩となる。この意味での「現象」の存在は疑うことはできず，それが事実かどうかという議論の余地はない。患者側に立ち現れる「現象」のみならず治療者である医師側にも立ち現れてくる「現象」があり，それらを捉えること，これが精神科診療を行う上での全ての始まりとなる。

「構造」は，精神医学においては様々な使われ方をしている。例えば，DSMの鑑別診断用に作られたSCID（Structural Clinical Interview of DSM）に代表される「構造化面接」である。これは，診断の信頼性や妥当性を重視し，面接における観察点，質問事項，その順序などの形式が定められた面接法である。また，精神分析家にとってはラカンに代表される「構造論的精神分析」の方がなじみ深いかもしれない。これは人間の無意識は言語と同じように「構造化」されているとする考え方を基盤としており，人間の「心の構造」を「言語の構造」から読み解こうとするものである。あるいは解剖学や薬理学研究者は「脳構造」という視点で神経細胞の形や受容体などを想定するかもしれない。このように精神医学の世界においては様々な「構造」が飛び交うが，ここでは西條[15]が定義した構造構成主義における「構造」概念を用いて考えたい。西條は「構造」を「広義の構造」と「狭義の構造」に分類し，前者を「関心相関的に立ち現れた何か」とし，それに名前がつけられたものを「同一性」（コトバ）と考え，後者を「同一性と同一性の関係性とそれらの総体」と定義している。

1．精神科診療について

精神科医の頭の中には，個々の精神障害概念についての基礎知識がある。例えば「うつ病」「統合失調症」などが，どのような症状を呈して，どのような経過をたどり，いかなる治療が必要なのかという知識を「構造化」して，自らの基準枠として持っている。そして「現象」としての患者の精神状態を「構造」として捉え，それを医師自身の診断や治療の基準枠である「構造」と照らし合わせていく作業を日々行っているが，この作業そのものが診療行為といえる。以下，実際の診療の流れに沿って考えてみたい。

(1) 診察の第一歩として患者の表出を捉える

精神科における診察は，患者が診察室に入ってくるところ（時には待合室での様子から観察を開始することもある）から始まる。もちろん他院からの紹介状や初診時の問診票などにより若干の予備情報が頭に入っている場合もあるが，実際には直接患者を目にするところから診察は始まる。まずは入室してくる患者の髪型，服装，体型，歩き方，表情，態度などを観察する。これらは非言語的表出といわれ，心の内面を推し量る上での重要な手がかりとなる。これらは，患者本人に意識される経験ではなく，診察する医師側に立ち現れてくる経験であり「現象」といえる。そして医師はそれをただ漫然と体験しているわけではなく，診断する目的から，ある疾患に特徴的な表出を示していないかなどと，関心相関的観点から病態を把握しようと試み，いわば「広義の構造化」の作業をしているともいえるのである。そしてそれらを最終的にはコトバに置き換えて整理して考えているのである。つまり「狭義の構造化」の作業といえる。

経験が浅いうちは，表出をひとつひとつコトバに置き換えて，それらを積み上げていく作業を行うが，ベテランになってくると，そうした作業は無意識のうちに行われ，患者の姿つまり「形」をみるだけで瞬時に「構造化」ができるようになってくる。患者を一目みて「これはうつだな」というコトバだけが心のつぶやきとして浮かび上がってくるのである。西條[15]は，モノマネのうまい人は，モノマネの対象とする人間の全体としての特徴を「構造」として把握していると述べているが，患者の表出を捉えるということは，直観的に「構造」を把握するという点で基本的にこれと同じ理屈といえよう。

(2) 患者と対し面接を進める

患者が席につくと簡単な自己紹介をし，いよいよコトバを交わすことになる。まずは患者が今もっとも困っていること，気になっていることを聴く。例えば患者が「憂うつです」と口を開いた場合，医師は「なるほど，憂うつなんですね」などと患者のコトバを一度受け入れて，そのまま患者に返していく。このやりとりが精神科診療における最も基本的な支持的精神療法のかたちである。このようにして患者は医師との対話の中で，自らの心に問いながらコトバを探し始める。そうした流れの中で次第に心の姿が見えだしてくるのである。

この際，できるだけ患者自身のコトバで語らせる（いわゆる open question）ようにし，途中で話を遮ることなく聴くようにし，適宜「なるほど」「…なのですね」などと合いの手を入れる。もし患者が話しにくくコトバに詰まるようであれば「はい，いいえ」で答えられるような質問（いわゆる closed question）をはさんでいく。このような面接は，患者にとっても医師にとっても問題を明確化し，双方に立ち現れてくる「現象」をコトバとして「構造化」していくのをたすける効果がある。さらにこうした面接は診断目的にとどまらず，治療効果をもたらすこともある。フロイトは，心の奥に隠されたものをコトバにすることによってカタルシスとなり神経症症状が軽減すると説いている[17]が，これはまさに心をコトバとして表現すること，つまり「構造化」することの効用を指していることに他ならない。

もちろん心の出来事をコトバにするのは容易なことではない。しかしそれを理解するには最終的にコトバに頼るしかないのも事実である[17]。結果を焦らず，ゆっくり時間をかけ，患者に立ち現れている体験としての「現象」をコトバを通して表現してもらい，それを受け取った医師が，自らに立ち現れる「現象」をさらにコトバで「構造化」していく作業が精神科における面接といえる。

(3) 精神症状を捉える

こうした面接の中で，精神科医は，非言語的表出とコトバによる面接を通していくつかの特徴的な精神症状を捉え，少しずつ病像を明らかにしていく。

例えば，患者が「憂うつです」という。これは患者の中に何らかの感情が生じていて，それが「憂うつ」というコトバに置き換えられて発せられたものと考えられよう。「憂うつ」という確固たる外部実在があるかどうかが問題なのではない。何らかの心の動きがあり，それが「憂うつ」というコトバで表現されているという事実が大事である。もちろん「憂うつ」というコトバを，全ての人が全く同じ意味で使用しているかどうかの保証はない。しかし，少なくともコトバの使い方の同型性という観点に立ち，コミュニケーション上の齟齬をきたしていないのであれば，ほぼ同じ状況を指しているということは控えめにはいえるであろう。

それとともに先に述べたように診察する医師側にも立ち現れてくる「現象」がある。患者から発せられたコトバをコトバとして受け止めるとともに，患者の容姿や振る舞い，語り口調など非言語的表出から立ち上がるものである。精神科医はそれらを統合し「『憂うつって言ってたな』，うつむいていて声も小さいし表情も乏しいから『抑うつ気分』があるな」などと考えながら「現象」を「構造化」し，心の状態に対して命名（つまり「構造化」）されている精神症状名である「抑うつ気分」「興味および喜びの喪失」「早朝覚醒」「食欲不振」などに置き換えていくのである。

(4) 精神症状から精神科診断へ

「抑うつ気分」「興味および喜びの喪失」など個々の専門用語としての精神症状名は「現象」をうまく言い当てるコトバとして抽象化したものであり一種の「小さな構造」といえる。そして疾患概念である「うつ病」などの最終診断名は，これら「小さな構造」をいくつかつなぎ合わせた「大きな構造」と考えることができる。

やや乱暴な言い方になるが，操作診断の考え方は，症状名がいくつ存在するかというわば横並びの「二次元的な構造」から診断を行うものといえる。一方，従来診断では，患者の病前性格や生活史などを参考として，これらの症状がどのような位置関係で強弱をもって存在しているか，どこから生じてきていてどのように絡み合っているのかという立体的な形，つまり「三次元的な構造」から考える診断といえるのではないだろうか。

診断の深みという点では「三次元構造」である従来診断が勝るが，やや複雑な印象は否めない。DSM-IV-TR[18]においては，逆にそうした三次元の立体を分解し，よりわかりやすく患者を捉えようと，多軸評定（Ⅰ軸：臨床疾患，Ⅱ軸：パーソナリティ障害および精神遅滞，Ⅲ軸：一般身体疾患，Ⅳ軸：心理社会的および環境的問題，Ⅴ軸：機能の全体的評定）が採用されている（通常の診察ではⅡ軸までしか評価しない場合も多い）。しかしどうしても断片的な印象はぬぐえず，Ⅰ～Ⅴ軸までを含めてひとつの診断名で言い表される従来診断という「三次元構造」の方が，逆に一目で理解できる場合もある。

関心相関的観点から考えると，世界レベルで学会発表したり論文を発信する場合には，より簡潔な「二次元構造」が機能的であるし，逆に目の前の患者をじっくりみて適切な治療を施す場合には，ややわかりにくいとしても「三次元構造」としてものを捉える方が機能的といえる。

いずれにしても，患者の精神状態を評価すること，つまり二次元あるいは三次元レベルの「構造」を捉えるには，十分な訓練が必要である。その過程で，主観が入るのをどうしても避けることができないからである。精神科医は，数多くの患者を診ることで，患者に生ずる何らかの「現象」を同一性を持ったコトバで表現された「構造」，つまり精神症状名や診断名に置き換える訓練をし，試行錯誤の過程で，徐々に自身の疾患概念というものを明確にしていく。こうした作業の中で，共通了解が可能な精神科診断というものがおぼろげながらみえてくるのである。

(5) 精神科治療について

精神症状とは，様々な背景の中で浮かび上がってくるものである。「抑うつ気分」ひとつとっても，その出所や重さは個々で異なる。そうした症状がいくつか組み合わさって「うつ病」なるものを想定することになる。同じうつ病患者でも，みな異なる顔を持っているのである。しかし多数例を対象とした臨床研究を支える統計の世界では，ひとりのうつ病患者はn＝1と考える。うつ病患者n＝1000となれば，個々の背景は様々であるはずなのに，あくまで同じ顔をしたうつ病患者1000人と考える。もっともこうした研究を計画する際には，これらの背景（年齢，性別など）を調整するのであるが，家族背景や生活環境などまで揃えることは困難である。ある種の抗うつ薬の大規模研究によって，同薬が有意差をもって有効となれば，うつ病患者に有効な薬と認知される。しかし，ここには問題がある。この薬が効くか効かないかは，個々人の状況に左右される部分も大きい。例えば1000人中70%に有効と言っても，その個人に70%効くということではない。操作的診断基準でうつ病と診断された1000人中の700人に有効だったというにすぎないのである。もちろん研究結果を否定するものではないが，これらのことも念頭に置き，研究論文を吟味して読むことが必要である。

臨床の現場で患者を診ていると，同じうつ病でも，このタイプのうつ病にはこの薬が効くというのは，経験の中で徐々にわかってくるものである。大規模研究ではこうだけど，この患者にはこうだろうというのは，感覚としてわかってくるのである。これは各医師が先輩医師の経験なども参考にして，実際に治療してみた結果，自らの失敗や成功の繰り返しの中から，自身の頭の中にひとつの治療のかたち，つまり「構造」として熟成されてくるものである。新薬が発売されるとなると，製薬会社の担当者から，その薬理作用や治験結果などの説明がある。なるほどこれはいい薬だと思って処方してみても，なかなか理屈通りにいかないことは珍しくない。何人かに同薬を繰り返し処方してみて，その薬の振る舞い方つまり効き方を知り，それが，治療者自身の「構造」に組み込まれて，はじめて自信を持って処方できるようになるのである。池田[19]は，いい医者は自分なりの理屈みたいなものを立てて，いろいろ試行錯誤みたいなことをやりながら，とりあえず一番よいと思う治療を試みるが，あまりよくない医者は，他人の作ったマニュアル通りに検査したり薬を出したりしているだけと指摘しているが，後者のように，エビデンスレベルの高い臨床研究に基づく治療法だから間違いないはずだとそれのみに拘っていると「よくならない患者の方がおかしい」という本末転倒な事態に陥ってしまう危険性もある。

RCTには決して絶対性の真理があるわけではない。あくまでいくつかの同じ特性を持った一群に，ある薬物を使ってみたら，こういう結果が出たというものである。エビデンスレベルの高いRCTで有効とされた薬を投与しなければならないということではないし，エビデンスレベルが低いとされている一例報告で効果があった薬なんて意味がないとも言えないのである。池田[12]が指摘するように，データに基づく帰納法では「一回起性の出来事には，あらかじめ共通な事実が含まれている」という前提があり，この原則は一例報告のような単数研究においても例外ではない。むしろ目の前にいる患者の「構造」に似たような症例報告があれば，こちらの方がRCTに勝る可能性がある。特に精神科の場合，症例報告は患者の背景をはじめとして治療経過が極めて詳細に記述されているため，それと似た「構造」を持つ患者を前にした場合には，同じ治療が奏功する可能性も高くなるのである。つまり，エビデンスの質はどういう状況でどう使うかによって変化しうるものなのである[20]。

したがって，診療の場では，患者の「現象」としての症状を把握していきながら，それらを積み上げて「構造」を形としてみる，つまりその人全体を俯瞰して，どこに注目（治療効果を第一に考えるのか？副作用が少ないことを主眼にするのか？など）して治療するかに応じて適切な治療法を決めていけばよいのである。もちろん現在のような訴訟社会になると，一定のコンセンサスが得られているいわゆる治療指針から大きくはずれてしまうと問題になるおそれもあるかもしれないが，最低限の原則を守りつつ，柔軟に対応することが，臨床の場では必要であろう。それが医療の質の向上にもつながるのである。

2．構造構成主義派というスタンスの可能性

学会などで「先生はEBMについては？」と問われ「私はもちろんEBM派です」「僕は反EBM派ですね」などと答えればしっくり聞こえるが，「うーん，まあ中間派というか…」というと「何だ？」という顔をされるだろうし，実際聞こえも悪い。こんなとき「構造構成主義派です」と答えられるようになると，何となく聞こえもいいし，ちょっといいかもしれない。一般に物事を強く主張する人は，極端な論を展開することが多い。そうでないと目立たないからかもしれないが。しかし構造構成的思考は，そうした両極端な考え方を結びつけ，最も強固な理論体系になる可能性を秘めている。

西條[21]は，内田[22]のいう「中腰で耐える」という表現を基にした「中腰の思想」という思想のあり方を提起したが，これはどちらにも振り切れずおさまりが悪いかもしれないが，実はどちらにもいける能力を持っているということを示している。この中腰の状態を保つことは，かなりきつく，相当の筋力を要し，これに耐えるには強固な身体が必要である。逆に言えば，強靭な身体と精神力がなければ中間を保つことはできないのである。表向き中立で主張がないように見えるかもしれないが，実は最も力を要し，積極的にかつ静かに主張している姿ともいえるのである。この中腰思想はまさに構造構成主義の考え方に通じるものである。

3．構造構成的精神医療の提唱

臨床家として最も大事なのは，いかに患者を診るかである。精神科の世界では，精神分析，認知療法などと名のつく様々な専門的治療法がある。これらを専門にやっていますというと，何かしっかりした治療をやっているという印象を与える。しかし多くの精神科医が普段やっているのは，極々一般的な短時間の支持的対応を基本とした精神療法と，状態に応じた薬物療法である。これらには特に名前はない。あえて言うなら「一般臨床精神医療」とでも言うのか，何となく「何もできないのか」という響きがある。しかしこうした営みは「構造構成的精神医療」と名付けることができるのではないだろうか。

精神科医は，言語的および非言語的双方含めて患者から発せられるもの，それらが正しいかどうかではなく，患者に起きていることとして捉えた上で病態を把握し，その過程で何らかの精神障害を想定し，それに応じた適切な治療法を施していく。患者の語りや表出を手がかりに「現象」から「構造化」をはかり，医師自身の頭の中にある疾患概念や治療概念としての「構造」と重ね合わせていきながら，患者診察を進めていくのである。しかし患者の状況は常に動いている。その動きを鋭敏に感じ取り，臨機応変に対応していくことが必要とされる。そこには常に患者に対する関心が働いている。症状の変化だけではなく，家族との関わり，仕事場での関わりなども時間単位で動いている。その場その場において，患者を取り巻く様々な要因を「関心相関的観点」から意識的に捉え，必要に応じて薬物調整をしたり，部分的に家族療法，認知療法，精神分析などのエッセンスを取り入れたりしながら治療を進めていくのである。こうした動的プロセスそのものが「構造構成的精神医療」の営みといえる。

高橋[23]は，構造構成的臨床心理学の考察において，人の心という曖昧で揺れ動くものを対象とするカウンセリングにおいては，ケースに応じて柔軟にアプローチ法を使い分けることを志向する「折衷主義」が支持されているとした上で，オーダーメイド治療の本質的なエッセンスは，複数のものを組み合わせる「折衷」ではなく，目の前のクライエントに対して「機能」する方法を選択するという点であるとしている。そしてカウンセリングにおけるメタ理論としての「関心相関的機能主義」を提唱しているが，これは精神医療においても通じる考え方である。精神科診療の面接という場において「関心相関的観点」から患者の問題点を「構造化」し，その患者にうまく機能する治療法を選択していく過程は，まさに「関心相関的機能主義」そのものである。

上述したように，これまで理論体系なしにやってきた通常の名無しの精神科診療は，いいかげんで適当と思われることも少なくなかった。しかし構造構成主義の考え方を導入すれば「構造構成的精神医療」というかたちで説明することが可能となる。学会の講演会を聴いていると，大家といわれている精神科医ほど「うーん，私はなんとか派ではないんですよね」と発言することが多いことに気づかされる。これはあらゆるタイプの精神科診療を基礎づける理路となりうる「構造構成的精神医療」を実践していることに他ならないのではないだろうか。構造構成主義の考え方を意識し「構造構成的精神医療」を行っていこうとすることは，名医への足がかりをつかむことにもなるかもしれない。

4．構造構成的観点による名人芸を持つ名医についての一考察

精神科診療の場において，その診断から治療に向かう流れは，とかく名人芸と思われがちである。最後に，構造構成主義の観点から，名人芸および名医について簡単に考察してみたい。

例えば，簡単なうつ病チェックリストへの記入結果からうつ病と診断し，抗うつ薬を処方したからといって，なかなかうまく治療できるものではない。もちろんある程度共通了解されている疾患概念であるうつ病であるから，大筋としての治療法の基本はあるが，名人芸を持つ名医というのは，それを取り巻く状況因までも含めて勘案し，絶妙なタイミングで，患者への語りとともに，処方薬の種類や量を決定し，実に効果的な治療を行う。いったいそうした名人芸はどこから来るのであろうか。

先に述べたように精神科医は，基礎知識としての疾病概念という基準枠を持っているが，この基準枠に拘り続けてしまうといわゆるマニュアル医師になってしまう。池田[19]は，名医とは，経験を蓄積して自分なりの治療マニュアルを持っていると述べているが，これを裏付けるものは自らの治療の基準枠となる「構造」を様々な臨床経験を通して，少しずつ改変できる柔軟性である。そして「構造」の一部を壊して一部を作るというこれまでの過去の道程をしっかりと「構造内」に刻み込んでいて，あらゆる患者を前にして，必要な治療法を「構造化」された引き出しの中からすぐさま取り出すことができることが名人芸を持つ名医の要件ではないだろうか。

いわゆるマニュアル医師は，患者をみる時に，症状や検査値などを細かな要素にわけて，それを横並びに数えて診断基準に当てはまるかどうかをみている。すると治療法は自ずと決まってくるのである。しかし名医は，患者全体をひとかたまりのものとしてみて，過去に自分がみた患者のどれに最も似ているかを考える。すると診断と治療が一体となって頭の中に浮かび上がってくるのである。そして，一部過去の例と異なる部分がある場合には，改めて別の過去の経験例に照らし合わせてみるなどして推測し，治療を施すのである。

西條[15]は「アナロジーに基づく一般化」という考え方を提唱し，その継承可能性を指摘したが，これは名人芸の基礎づけにも応用できる。「あれはこれに似ているような気がするから同じこと（構造）があてはまるのではないか」という「アナロジー思考」をうまく運用できることは，名人芸そのものである。

名医の営みを明示的に表現することは難しい。そして経験のない医師がいくら名人芸を理屈でわかったからといって，真似できるわけではない。しかしそうした考え方や仕組みをコトバに置き換え理解しておくこと，つまり「構造化」しておくことは，継承していくという側面を含んだ臨床の知の発展からも意義深いことである[19]。

6節
おわりに

以上，構造構成主義の視点から現在の精神医療について考察した。診療現場における信念対立の問題をはじめ，多くの精神科医が行っている通常の診療を「現象」「構造」「関心相関性」というキーワードなどをもとに，実践的なレベルで読み解くことが可能となった意義は大きい。新しい潮流となりうる将来性を秘めた構造構成主義の観点から，今後も精神医学分野における論をさらに進めていきたいと考えている。

【註および文献】

[1] 精神病理学：主に心理学的側面からアプローチする精神医学の研究方法の一つ。精神症状の記述（症候学），診断（診断学），分類，命名（疾病分類学）などの記述的精神病理学や，解釈を用いて患者の心の中に入っていく力動的精神病理学，了解精神病理学，人間学的精神病理学などがある。（精神科ポケット辞典　新訂版　2006　弘文堂　pp.218-219.）

[2] 生物学的精神医学：精神障害を生物学的，自然科学的方法によって解明しようとする精神医学の領域。精神分析的精神医学の隆盛による心理社会的側面に重きを置く流れに対し，1960年頃からの精神科薬物療法の発展などを背景に精神障害の生物学的側面の研究が活発に行われるようになり生物学的精神医学と呼ばれるようになった。この分野としては，遺伝生物学，神経病理学，神経生理

学，神経薬理学などがある。（新版　精神医学事典　1993　弘文堂　pp.474-475.）

［3］操作的診断基準：従来行われていた診断は，記述が抽象的で，診断者の主観的判断に任されている部分が大きく，診断基準の信頼性（診断の一致率）も高くないとされていた。したがってこれを高めるためには，各精神障害の範疇について，具体的な基準に従って診断を行えば一定の結論に達しうるような客観的で操作的な診断基準を作る必要があるとのことで登場したのが操作的診断基準である。（現代臨床精神医学　改訂第6版　1995　金原出版　pp.152.）

その代表的なものが米国精神医学会によるDSM（Diagnostic and Statistic Manual of Mental Disorders）である。現在は第4版であるDSM－Ⅳの解説（Text）部分を改訂（Revision）したDSM-IV-TRが運用されている。その他，WHOによる国際疾病分類（International Classification of Disease）であるICD-10もここに分類される。

これら操作的診断基準に基づく診断が操作診断である。

［4］従来診断：営々と築かれてきた精神病理学の知見や病因論的視点を中心に据えて行われてきた診断。操作的診断基準の登場後，それに対比するかたちで，以前から行われていた診断方法を「従来診断」という用語で表した。「従来」というのが漠然としていてわかりにくいかもしれないが，精神医学の世界では日常的に使用されている術語である。

［5］加藤　敏　2005　第8章生物学的精神医学と精神病理学の架橋の試み　統合失調症の語りと傾聴―EBMからNBMへ　金剛出版　pp.217-233.

［6］治療アルゴリズム：各種臨床試験の結果などの実証的根拠に基づく実践的な治療指針である治療ガイドラインに含まれるもので，薬物療法を主な対象としており，具体的な薬物選択法を臨床経過に沿ったフローチャートで示すものである。（精神科ポケット辞典　新訂版　2006　弘文堂　pp.263.）

［7］岡崎伸郎　2007　精神医学理論の危機という問題設定　精神医療，45，3-7.

［8］インパクトファクター（Impact Factor）：ある特定雑誌に掲載された論文が一年間にどのくらい引用されているかを示すものであり，一般にその分野における雑誌の影響度を表す指標である。研究者の世界では，これが高い雑誌に論文が掲載されることが高い評価を受けることに直結するという現実がある。

［9］EBM（Evidence-based medicine）：EBMの草分け的存在であるDavid L. Sackettは「一人ひとりの患者の臨床判断に当たって，現今の最良の証拠（エビデンス）を，一貫性を持った，明示的かつ妥当性のある用い方をすること」と定義している。さらにEBMの実践とは「個人の臨床的専門技能と系統的研究から得られる最良の入手可能な外部の臨床的根拠とを統合すること」としている。（EBMの道具箱　2002　中山書店）

しかしながら医療現場では，その本来の定義から離れ，インターネットなどでRCTなどの強力なエビデンスを入手し，それをマニュアル的に患者に適応することと誤解されているケースも少なくない。

［10］RCT（Randomized Controlled Trial）：被験者を治療群と対照群に割り付け，あるアウトカムが発生するかどうかを追跡するもので，エビデンスレベルが最も高いとされる研究方法である。

［11］大うつ病：DSM-IV-TRにおいて「うつ病」は「major depressive disorder」と称されており「大うつ病性障害」と訳されているが，一般には「大うつ病」と呼ばれることが多い。「大」というのは「重症」ということではない。

［12］池田清彦　1990　構造主義科学論の冒険　毎日新聞社

［13］松本雅彦　1996　精神病理学とは何だろうか　増補改訂版　星和書店

［14］精神科ポケット辞典　新訂版　2006　弘文堂　pp.218－219.

［15］西條剛央　2005　構造構成主義とは何か－次世代人間科学の原理　北大路書房

［16］家島明彦　2007　「不毛な議論」を「建設的な議論」にするための方法論　構造構成主義研究，1，42-68.

［17］松本雅彦　2002　精神病理学・それ以前にあるもの　岡村達也（編）　メンタルヘルス・ライブラリー⑧臨床心理の問題群　批評社　pp.67-78.

[18] 高橋三郎・大野　裕・染矢俊幸（訳）　2004 DSM-IV-TR　精神疾患の診断・統計マニュアル　医学書院

[19] 西條剛央・京極　真・池田清彦（編）　2007　構造構成主義の展開－21世紀の思想のあり方　現代のエスプリ　至文堂　pp.11-12.

[20] 京極　真　2007　構造構成的エビデンスに基づいたリハビリテーション　構造構成主義研究, 1, 28-40.

[21] 西條剛央・京極　真・池田清彦（編）　2007　構造構成主義の展開―21世紀の思想のあり方　現代のエスプリ　至文堂　pp.31-32.

[22] 内田　樹　2004　死と身体－コミュニケーションの磁場　医学書院

[23] 西條剛央・京極　真・池田清彦（編）　2007　構造構成的臨床心理学　現代のエスプリ　至文堂　pp.137-147.

原著論文（研究）

Ⅱ-5 「健康の不平等」の理論構築に向けて——構造構成的医療化の提唱

三澤 仁平

1節
問題提起——健康の不平等研究とその課題

ここ数年，格差論・不平等論が各誌面を賑わせている。メディアによる影響もあるのかもしれないが，少なくとも我々日本人は格差・不平等に敏感になってきていることは確かだ。だが，所得配分に関する格差や本人の学歴・収入が親の社会階層によって大きく決定させられていることについての議論は，ここ数年の傾向だけでなく数十年も前から，社会学や教育学，経済学などを中心に研究されてきていた[1]。一方，近年ではそれらばかりではなく，健康に関する格差についても話題に上るようになり，多くの実証研究が行われるようになっている[2]。

健康の格差に関する研究についても，およそ1960年代以降から研究の蓄積がある。その背景には，健康という概念に対する社会的側面からの接近が関わっている。世界保健機関（WHO）は健康という概念について，「身体的にも精神的にも社会的にも完全に良好な状態をいい，単に病気がないとか病弱でないということではない」と定義し[3]，社会的な側面から健康を評価することの重要性を説いた。このことは，さまざまな社会的変数—例えば，職業や教育水準，収入，身のまわりの環境など—，と健康との関連が重要な意味を持つことを示唆するものである。現に，医学系研究においても，従来の生物医学モデルから生物心理社会モデルへのパラダイム・シフトが生じつつある[4]。山崎[5]が，「このようなパラダイム・シフトを生んでいる現実のドラスティックな変化が，健康と医療への社会学的接近の必要性とそれへの期待をますます高めている」(p.5) と指摘しているように社会的な側面抜きに健康を語ることはできなくなってきているのである。

このように，健康についての社会的な側面が重要視されることによって，生物学的な変数間の差異ばかりではなく，社会階級間の差異による健康への影響が問題視されるようになった[6]。なぜさまざまな社会階級によって健康状態に違いがあるのか，なぜこのような現象が持続されるのか，そしてどのような方法や対策によってこの現象を解決できるか，といった問題群が探究される必要性が問われ始めたのである。言い換えれば，この問題群を解明する研究領域が健康の不平等研究であるといえる。とりわけ，先進諸国あるいは発展途上国において，この健康の不平等に対して多くの関心が集まっている[7]。1980年に社会階級と健康との間の関連を明らかにしようとした『ブラックレポート』がイギリスの社会保障相（当時）に提出されて以来[8]，イギリス，アメリカ，スウェーデンを中心に多くの研究が行われている。とくに1986年のオタワ憲章に基づいた健康格差をなくす世界的な活動とともにこの動きが顕著になっている。

このような状況に対して，日本においても同様に公衆衛生学，社会疫学などの学問分野を中心に多くの実証研究が見られ，医療政策上も大きな問題であると見なされている[9]。例えば，セキネら（Sekine, M. et al）[10]によれば，地方公務員に対する調査結果から，仕事上のストレスや労働時間と健康状態との関連を見出し，男性においては社会経済的地位によって身体的・精神的な健康度に違いが生じていることを報告している。また，厚生労働省の調査データを用いて，健康に関するリスク行動（喫煙，飲酒など）の社会経済的地位における違いを分析したフクダら（Fukuda, Y. et al）[11]によれば，雇用状況や低職業階層，低世帯収入はリスク行動を高めることに関連しうることが示されている。さらに学術的な研究ばかりでなく，一般誌の間でも健康格差論が語られるようになり，健康格差の是正に向けた対策が現代社会における課題として認識されるようになってきている[12]。

しかし，現状においてはこれらの研究は洋の東西を問わず，ほとんどが実証研究ばかりで，健康の不平等についての理論的考察が圧倒的に不足している。理論とは，目の前の現象をよりよく理解するために人間がコトバによってこしらえた道具のことである。実証的に得られた知見から規則性は簡単に見出すことができるが，理論を通すことによって，当たり前としての現象を解体し，そこから潜在的な意味を見出すことができるのである。そのように考えてくると，理論を構築する作業を通じてはじめて「健康の不平等」という現象を理解し説明できると言えるのである。そこで本稿では，「健康の不平等」を上手に説明するために，よりよい理論化に向けた道筋を示すことを目的とする。まずは，健康の不平等に関する既存の理論を概観し，それらの問題点を抽出する。次にそれらの問題を超克する概念道具を提示し，具体的に例示することを通じて，よりよい理論への一路をとなることを目指す。

2節

健康の不平等に関する理論

この節では，健康の不平等に関する既存の代表的な理論を紹介し，その問題点を抽出する。とりわけ日本においては，理論の説明，紹介，検討をした論文が少ないこと，および健康格差論が世間を賑わせている中で，その内実を知ることなしに議論を展開することの危険性を回避させるという意味からも，既存の理論を体系立てて紹介する意義は少なくないと考える。

1．ブラックレポート

何といってもはずすことができないのは，ブラックレポートである[8]。先にも示したようにブラックレポートは1980年にイギリスにおいて社会階級と健康との関連を検討し，そのメカニズムを説明しようとした重要な文献である。ブラックレポートでは４つの理論モデルが提示され，社会階級と健康との関係が説明されている。

まず１つめの理論は「人工的産物理論」があげられている。この説は，健康状態と社会階級というものは社会現象を測るために作り出された人為的な概念であり，それらの関係もまた人為的なものであるとする説である。死亡率や罹患率の公的な統計は医師，看護師やその他の人々による記録と分類によって作られるものの，それらの作業は時代や場所によって異なるかもしれず，客観的であるはずのデータが非常に作為的なものになってしまうかもしれないということを強調した説である。しかし，近年ではさまざまな社会階級間に健康状態の不平等が生じていることは眼前たる現象であり，この説が議論されることは少ない[7,13]。

次に，「自然淘汰・社会的選択理論」があげられている。この説は，要約すると，健康状態が社会階級に影響を与えるというもので，進化論を背景に持つ。幼少期，成長期に健康的でなかったなら成人期に低い社会階級に属してしまうという説であり，直接淘汰説とも言う[7]。この説の強みとしては，例えば小さいころから病気がちであったために，低い社会階級への下降を余儀なくされたりする場合には非常に説得力を持つ。しかし，例えば，炭坑夫が呼吸器系の病気にたいして高い有病率を有していたとしても，その原因はその仕事内容に帰するものが多いのであって，以前から呼吸器系疾患をもっていたから炭坑夫になったというわけでは決してないという矛盾点も一方で抱えている。

この矛盾を解消するために，間接淘汰説が言われている[7]。この説は，健康状態が社会階級を決定させるのではなく，その関係は擬似的なものであるとみなすものである。つまり，ある個人が幼少期から成人になるにつれて得た知識や経験，性格などの特性が社会階級を決定づけると同時に，それら特性に応じた健康関連行動を行うことによって健康状態を決定づけるという考え方をするもので，社会階級と健康状態との直接的な結びつきはないとしている。またこの間接淘汰説は，後述する文化的・行動的理論に非常に似ており，さらには直接・間接淘汰説両者の説は自身の人生そのものまでをも考慮に入れることからライフコースモデル（後述）にその考え方が利用されている。よって，自然淘汰・社会的選択理論は他の理論に昇華されているといってよいであろう。

3つ目として，先に少し触れた「文化的・行動的理論」があげられている。この説は自然淘汰・社会選択理論とは対照的に，従属変数として健康状態を扱うものである。換言すれば，社会階級が健康状態を生み出すという考え方である。社会階級の差異は，その位置に対応したライフスタイルを生み出し—例えば，低い社会階級に属していれば，高い階級の者に比べて運動もせず，暴飲暴食，喫煙，飲酒のような不健康な行動をとるといったことがあげられる—，そのことが健康状態に差異を生じさせるというものである。英国の女性を対象に調査をしたサッカーら（Sacker, A. et al）[14]によれば，低い社会階級に属する女性ほど喫煙，悪い食生活，飲酒，運動不足などといった健康に関わるリスク行動をおこない，さらにそれらのリスク行動が全体的健康感を低く評価させることにつながっていると報告されている。しかし，この説は，それぞれの社会階級に属している人びとに特有の文化やライフスタイルに注目しているという点では非常に威力を発揮するものの，あまりにこの点を強調しすぎることによってスティグマやステレオタイプにつながる恐れがあることに注意しなければならない。

また，この説について，行動—とりわけ健康関連行動—，に注目した研究は散見されるが，文化と健康との関係について議論しているものは少なく，健康の決定因としての文化の影響は軽んじられている[15]。しかし，健康に関する行動が個人の特性によるものばかりでなく，ある集団における宗教や家族，政治制度，社会構造などの影響を受けていることは容易に想像されることから，文化を含んだ行動モデルを構築する必要がある。

最近の傾向では，国家間の比較を通して文化と国民の健康水準との関係を検証する動きも見られる。例えば，東アジア圏および欧米諸国における自覚的健康度と社会文化要因との関係を調査した山岡[16]によれば，オランダ，フランス，旧西ドイツ，シンガポールにおいて自覚的健康度と信頼感との関連が見られるものの，米国，日本，韓国，上海，杭州では不安感が自覚的健康度との関連が深かったことが明らかにされている。またコッカーハムら（Cockerham, W. C. et al）[17]によれば，ロシア，ベラルーシ，ウクライナにおいて，共産主義を受け容れる人はそうでない人より深酒をする傾向があり，自身の健康状態を悪く評価するということが報告されている。このようにこの理論は，文化的要素を含んだモデルを構築しなければならないという課題は抱えているものの，ある社会・文化に属する個人がどのように行動するかに着目することによって健康状態に及ぼす影響を説明している説であると言える。

最後の理論は，「唯物論」である。この説は，主に身のまわりの環境，例えば，公私の領域における貧困や収入の配分，失業，住居の環境，環境の汚染，などの差異によって，健康格差が生じるという説である。そういう意味では，唯物論と回りくどく言うよりも，「社会資源説」と言った方がわかりやすいかもしれない。このような社会資源の多少によって，社会階級が異なれば曝露するリスクファクターも異なり，健康状態に差異をもたらすというものである。

ただし，最近では社会資源のみならず社会制度そのものに目を向けたモデルも提唱され，これを「新唯物論」と呼ぶ[7]。唯物論では，個々人の得られうる社会資源のみに着目したが，このモデルではある社会において社会政策や制度とその社会の成員全体の健康状態との関係を見るものである。コバーン（Coburn, D.）[18]によれば，より自由主義的な社会制度を有している国の方が，国内における健康格差が大きく，貧困および収入の不平等と関連していると報告し，さらには，自由主義的な国に比べて社会福祉制度が整った国ほど国民の健康水準が高いことが示されている。このようにこのモデルは，個人をとりまく社会資源や制度といったマテリアルに焦点を当て，健康との関係を説明するものであると言える。

2．ブラックレポートを超えて

(1) 近年の理論モデル

前項ではブラックレポートで述べられていた理論モデルを紹介してきた。しかし，近年においてはそれらの理論以外にも，さらにはそれらを修正する形で，いくつかの理論が提示されている。

はじめに，「心理社会モデル」があげられる。このモデルは，ストレスの多い環境や低い社会階級の経験が健康状態に及ぼす心理的影響を焦点にあて，とりわけ，家庭・職場の領域に議論が集中している。日本の地方公務員における身体的・精神的健康度と社会階級との関係を調査したセキネら[10]によれば，仕事における自律性が低く，社会的サポートも得られないがそのわりに仕事への要求度は高いといった心理社会的ストレス（一般に「仕事要求度—コントロールモデル」と呼ばれる[19]），および仕事上の役割と家庭における役割が両立できずストレスフルな状況にあることは，男女を問わず身体的・精神的健康度に負の影響を及ぼすということが示されている。また，ストックホルムにおける雇用者の調査を行ったピーターら（Peter, R. et al）によれば[20]，仕事上のストレス―つまり，会社に対して多大なる貢献をしたのにもかかわらずそれに見合わない報酬しか得られないなど（一般に「努力―報酬不均衡モデル」と呼ばれる[19]）―，が運動不足や体重，喫煙を統制したうえでも心疾患にたいする大きな危険因子になることを報告している。このようにこのモデルは，ある社会環境や社会的地位から生じる心理社会的なストレスに焦点を当て，健康との関連を説明するものであると言える。

次のモデルは1990年代に発展してきて，新しい説明モデルというよりも，既存のモデルの修正的説明であるとも言え，「ライフコースモデル」と呼ばれる[21]。このモデルの重要な側面は，健康状態のよしあしは誕生前もしくは幼少期，青年期を通じて経験してきたことに影響されるものであるということである。つまり，健康というものを個人が経時的に経験した社会的・心理的・生物学的なパターンを反映するものであるとして見ている。デイビー＝スミスら（Davy-Smith, G. et al）[22]によれば，男性有職者を対象とした調査から，人生をつうじて獲得する社会経済的地位（父の職業階層，本人の初職，現在の職業階層）は成人期の健康に影響すると明らかにした。さらには幼少期の悪い家庭環境は―つまり，低い職業階層の父親のもとで育つことで―，成人期の心疾患のリスクが高くなっていることを報告している。このようにライフコースモデルはある個人がどのように人生を歩んできたかに着目することによって，自身の健康状態を説明しようとするものである。

今まで紹介してきた理論は，主にある社会内における個人についての健康の不平等の説明であった。しかし，そのような視点ばかりでなく社会のありように目を向けて，「社会生態学的アプローチ」から研究が行われている。このアプローチの大きな特徴は社会全体のありようと健康との関連を説明するところにある。このアプローチの主要な主張の一つは，ある社会の平均的収入を大きく上回っても，この平均に上乗せされたものは健康になんら寄与することなく，むしろ，ある社会の収入全体（例えば，GDPなど）が平等に配分されているほど，その社会全体の健康状態（例えば，死亡率など）はよりよい，というものである。簡単に言えば，所得の絶対的レベルよりもその相対的な分布の方が人びとの健康にとって問題になるということである。このモデルは「相対的所得仮説」と呼ばれる。シブヤら（Shibuya, K. et al）[23]は，厚生労働省による国民生活基礎調査のデータをもちいて，個人レベルでは世帯収入が少ないほど主観的健康評価も低いということを，そして都道府県レベルではジニ係数が大きいほど（つまり不平等が大きいほど）主観的健康評価が低いことを示し，最終的に都道府県レベルよりも個人レベルでの収入の不平等のほうが，より強く健康評価に影響していると結論付けている。

また同様に「社会生態学的アプローチ」では，社会的ネットワークの充実度や社会的な信頼度の高い社会と健康との関係を説明する「社会関係資本論」研究も盛んである。社会関係資本とは，簡単に言えば，ある集団における相互の信頼感や互酬・互助意識，ネットワークへの積極的参加などのことを言う[9]。アメリカの州レベルにおける社会関係資本と健康との関係を示したキムとカワチ（Kim, D. & Kawachi, I.）[24]によれば，社会関係資本が高い州ほど—この文脈では，社会的信頼度が高いことや地域活動への参加を積極的におこなっている住民が多い事などを指す—，身体的・精神的健康の不調や活動の制限が少ないことを明らかにした。以上のように，このアプローチは，社会のありよう（経済的不平等や社会的信頼など）に着目して健康水準との関係を説明するものであると言える。

いくつかの理論を紹介してきたが，現在主に議論されている理論は「文化的・行動的理論」「唯物論・新唯物論」「心理社会モデル」「ライフコースモデル」「社会生態学的アプローチ」の5つに集中していると言えよう。その中でも比較的研究が盛んなのは社会生態学的アプローチである。とはいえこれらの理論枠組みがそれぞれ独立しているというわけではなくそれぞれが相補的に結びついているはずである。例えば社会のありようと健康との関係を検証するためには，社会生態学的アプローチを用いて，その集団の成員の心理社会的側面に着目すれば心理社会モデルで説明することが求められるであろう[25]。そして，これらの既存の理論枠組みを上手に用いて，よりよく現象を説明できるよう「健康の不平等」に関する理論を精練していくことが求められよう。

(2)　日本の動向

では最後に参考ではあるが日本における健康の不平等研究の現状を見てみることにしよう。健康の不平等研究は主に医療社会学という学問領域において言及されているが，日本の医療社会学関連のテキストに健康の不平等が言及されることは少ない[27]。どちらかといえば社会学的というよりはむしろ，経済学的，社会疫学的もしくは公衆衛生学的な視点から発展してきた[9]。しかも主流となっておこなわれている研究は，社会生態学的アプローチに根ざした研究がほとんどで，社会学的な理論を土台とした研究は見受けられない。このことはおそらく，日本での健康の不平等研究そのものが始まったばかりであるため，健康・医療分野における社会的格差・不平等の実態を把握することが急務となっていることが理由としてあげられるかもしれない。また早坂[28]が指摘しているように，欧米と比して全体的に健康の不平等研究が少ないことも日本の特徴である。このように日本においては健康の不平等研究はまだまだ萌芽的な研究であり，今後のさらなる研究が要求されるといえよう。

3．従来の理論の問題点

ブラックレポートから，それをさらに洗練させたいくつかの主要な理論にいたるまでつぶさに紹介し，近年においては主に5つの理論に集約されることがわかった。一見すれば非常に幅広く現象を説明しているように見えるが，これらの理論にどのような問題点があるのか本項で議論してみたい。逆に言えばこのような問題点を抽出する作業を通じて，より上手に現象を説明しうる理論構築に向かうことが出来るものと考える。

基本的に今まで見てきた理論は，結論を先取りして言えば，ある主体[29]の健康水準とその主体の特性や主体がアクセスしうる社会資源といった表面上の関係にのみ着目してきたという点に問題がある。このような問題が生じたのにはそれなりに理由がある。それは，多くの研究は実証的・経験科学的に健康と健康のよしあしに関わる因子との関係を探求しているためである。従来の実証主義研究は，我々と独立して世界が外在するという根本仮説に依拠している。そのため，その根本仮説に依拠している限り，相容れない根本仮説に依拠する枠組みは信念対立に陥りやすいという問題を孕む[30]。したがって，―信念対立を避けるためかどうか知らないけれども―，必然的に実証的・経験科学的研究を行っていた方がこのような問題は生じにくく，また，この研究スタイルこそがふさわしいのだと解釈されてしまう。だが，西條[30]も述べるように，「ある根本仮説に依拠して，いかに強力なデータを積み上げたとしても，それによって根本仮説の是非を論証することはでき」(p.13) ず，結局は，依拠している枠組みという土俵の上でしかものが語れなくなってしまっているのである。むろん，実証的・経験科学的研究によって得られた科学的知見を否定するわけではない。確かに実証的・経験科学的研究の蓄積によって，現象の説明は可能であろう。しかし，個別の事象間の関係性を説明することは出来ても，なぜそのような問題群が繰り返し立ち現れてくるのかという難問を解明できない。例えば，因果関係を明らかにするために前向きコホート研究で科学的知見を積み上げれば現象を説明／解明もできそうに一見思えるが，そのような研究においてもある程度の形而上学的判断が含まれる。したがって，実証主義的認識論的基盤に則った科学的知見のみでは，健康の不平等という現象が生じざるを得なくなっている様相を示すのは不可能なのである。

ただしこれまでにもこのような問題が指摘されてこなかったわけではない。ウィリアムズ（Williams, G. H.）[31]は，既存のフレームワークと方法とでは健康の不平等における複雑な因果関係をとらえきれないと述べ，構造化された唯物論的，心理的状況および権力関係をとらえることが従来の実証主義研究では出来ないと指摘している。ウェインライトとフォーブス（Wainwright, P., & Forbes, A.）[32]もまた，健康の不平等研究に限ったことではないものの，現在の社会科学研究の現状に関して，「事実の理解は得られるが深い説明が欠けている」と言う。つまり，実証主義的に事実の記述に徹するあまりに，認識論，存在論的議論を忘却してしまっているのである。もちろん，実証的に目の前にある現象を詳細に記述するのは重要な作業であるのには違いないが，表面上の問題にのみ注目するあまり，その背景にあるであろう「何らかの要因」を見失ってしまう危険性を有してしまう。

とはいえ，健康に関する学問・研究を行う以上，「医療論」と必然的に関わらざるを得ず，そのような中で健康とそのよしあしに関わる因子との関係以上の「何らかの要因」（例えば，健康とその関連因子との関係の背後にある権力関係に基づく搾取構造など）を見つけようとするのは困難なことである。なぜなら現代医療のほとんどはモダン医療論で構成されているからである。モダン医療は客観主義に準拠し，要素還元主義，機械論などを思想的背景に持つがゆえに[33]，モダン医療論に準拠した「健康の不平等」の理論構築では，現象の立ち現れ方を規定する「何らかの要因」を見落として現象を理解してしまうという問題を孕む。

そこで，医学系研究はたんなる要素還元主義的にならないように，今までのやり方である生物医学パラダイムから心理社会的および社会疫学的にパラダイムを変更し，現象とその要因とを探求しようとしてきた。しかし，ポペイ（Popay, J.）[34]は「社会疫学では大集団の臨床研究をしているに過ぎない」と健康の不平等研究に対するアプローチの仕方そのものを厳しく批判する。つまり，社会疫学的手法，いいかえれば要素還元論的アプローチは健康のよしあしに影響する要因をつかまえることは出来るが，その要因が埋め込まれた社会関係をつかまえることが出来ないのである。例えば，心理社会モデルと称して心理社会的観点から健康の決定因をつかまえようとしてはいるものの，リスクファクターを発見しようとする姿勢は臨床疫学研究と同じであり，表層的な違いはあるにせよ，本質的には（認識論的には）疫学研究と何ら変わりはないのである。

シム（Shim, J. K.）[35]は，「社会関係におけるイデオロギー，構造，実践の効果を個人の特徴として要約してしまっている」と「健康の不平等」理論の問題をまとめてくれている。従来の実証主義的研究においては，本来は社会と我々との関係性について検討していたにもかかわらず，結局は個人もしくはある集団に焦点を当て，検証しなければいけないところを無視して，「何らかの要因」から生じた現象内で要因のあれこれを論じているに過ぎないのだと言えよう。このことには，従来の実証主義研究こそが「健康の不平等」研究だという暗黙の前提があるからにほかならない。事実，「文化的・行動的理論」は個人の特性に着目し，とりわけ（健康関連）行動を強調しているのみで，どうしてそのような行動をとらなければならなかったのか，といった現象の潜在的な意味を考察してこなかったのである。逆に言えば，潜在的な意味など考える必要もなく，ただ実体として写像できうる変数のみを—例えば，女性よりも男性の方が喫煙率が高いなど—，盲目的に追求すればよかったのである。「心理社会モデル」や「唯物論・新唯物論」，「ライフコースモデル」，「社会生態学的アプローチ」もまた，個人の心理的側面，個人と社会資源・公的供給との関係性，人生そのもの，大集団と着目している要素は異なるものの，外部実在としての変数を前提に論じている点では同様である。これらの理論モデルは，背景としての何らかの要因によって生まれた，もしくは生まれざるを得なかった結果としての要素に関して健康の格差に関わる因子を論じているのみなのである。つまりは，ある主体の背景にどのような社会構造があり，どのように構成されているのか，そしてその構造にどのようなイデオロギーが存在し，その結果として主体がどのように実践しているのか，もしくは，せざるをえないのか，といった考察がされていないのである。逆に言えばそのような考察が欠けていることによって，健康の不平等における複雑な現象をとらえきれなくなっており，個別理論それぞれが相補的に結びついて議論することが難しくなってしまうのである。

また仮に，既存のアプローチの仕方で現象を上手に説明できるとして，はたしてそれがどれほどの意味を持つだろうか。例えば，低所得者より高所得者の方が，低学歴より高学歴の者の方が，未婚者より既婚者の方が，オッズ比で見れば何倍も健康状態がいいとわかったところで，格差をどのように解消すればいいのかといったことに対する回答にはなりえないように思われる。「あなたは健康状態が悪いのでより給料の高い職業に転職してください」，「あなたは不健康だから早く結婚しなさい」などと現実味の薄い方策を立てられるはずもない—後者の方はまだ可能性はあるが—。つまりは従来のアプローチでは最終的に政策に話をつなげることが難しいのである。バートリー（Bartley, M.）[7]もまた「健康の不平等研究において，政策的インプリケーションを明快に述べることは難しい」と指摘するように，既存の個別理論的アプローチでは政策的な議論に話を載せることは易しくないのである。

したがって我々が「健康の不平等」の包括的な理論体系を構築するために検討すべきは，社会関係の中にどのように健康上の不平等が埋め込まれているのか，その関係・構造が維持されているのか，そして再生産されるのか，そのメカニズムそのものを探求することである。簡潔に言えば，社会構造と健康との関連性を問う必要があるのである。そうすることによって，独立して機能していた個別理論をも結びつけることができ，より深い現象の理解につながるだろう。しかし，これらは暗黙裡でとらえられていた領域を同定する作業を要するため，従来の認識論的基盤ではとらえられない。そこで，従来の実証主義に傾倒した健康の不平等研究の問題を解決し，社会構造と健康との関連性を探究するのに必要となるのが，目の前の現象を上手に説明／解明しうるメタ性を有した理論である。一般に理論とは，現象を理解するために人間がコトバによってこしらえた道具（構造）のことであるが，ここでは単なる科学的個別理論のことではなく，「多種多様な枠組みのあり方や関係を基礎づける学的基盤となる」（p.11）メタ理論の事を指す[36]。ここで，メタレベルの議論が要求されるのは，現象の説明に重きを置いた個別理論では，盲目的に自分の依拠している客観的指標の関係性しか扱えないため，不可視な社会構造をとりいれて体系化された「健康の不平等」の包括的な理論を構築できないからである。逆に言えば，既存の個別理論を基礎づけた上でそれらをリンクさせることができれば—つまり，メタ性を備えていれば—，「健康の不平等」の理論をよりよく精練することが出来るといえる。このことはつまり，当たり前として扱われている現象の意味体系を反省的に解体し，そこから潜在的な意味を見出すことにほかならない。

そのようなメタ性をともなった理論を作成するのに有効なツールが構造構成主義である[30]。構造構成主義は，客観的な外部実在を前提とせず，我々の前に立ち現れたすべての経験を現象として出発する。そのような現象を第一に考えるため，客観的な指標として現れた「健康の不平等」やその関連要因ばかりでなく，それ以外の要素をも現象として一元化できる可能性を秘めている。つまり，従来の認識論的基盤ではとらえることの出来なかった健康とそのよしあしに関わる因子との関係以上の「何らかの要因」ですらも立ち現れた現象として理論に包含することも可能になるのである。しかも研究者の関心に応じて，全体的な理論的整合性を保ちつつ必要な枠組みを採用し，改良することで，より複雑な現象をコード化できる理路を備えている。このようにして，構造構成主義をメタ理論作成に用いることで，実証主義的認識論的基盤に則った科学的知見を活かした上で「健康の不平等」を解き明かすことにつながると考える。

では，このように構造構成主義を認識論的基盤にすえることによって，社会構造と健康との関連性をどのように基礎づけたらよいだろうか。

構造という点に関して言えば，従来の認識論的基盤においても「マルチレベル分析」という方法を用いて対応してきた。分野によっては「一般化線形混合効果モデル」，「階層線形モデル」などとも呼ぶ。これは下位レベルの影響とその上位レベルの影響とのそれぞれの影響を分離し，かつ下位と上位との交互作用の効果を見ることができる統計的分析手法である[37]。例えば，上位レベルに地域を，下位レベルに個人を想定し，上位レベルの影響を受けた個人の効果がどのように健康に影響を及ぼしているのかを検討することが出来る。日本全国における個人，地域，そして健康関連行動との関係を調査したフクダら[11]によれば，一人当たりの所得が高い地域に住む女性ほど喫煙をし，過剰にアルコールを摂取し，ストレスを感じ，健診を受けない傾向がある一方で，男性は地域的な影響が見られないことが報告されている。従来では，同水準における関係性（例えば，ある個人の職業階層と健康との関係など）しか検証できなかったものの，この分析手法を使うことで多水準間の関係性をつかめることができ，より複雑な関係性を見定められるという意味では非常に有用な手段である。このように上位レベルの効果を考慮に入れたモデルを構築し，社会構造という視点から健康に影響を及ぼす要因を実証的に検証しようとしている。

しかし，この戦略にもいくつかの問題がある。まずは，方法論的に実証主義なので，結局のところ，モダン医療論に回収されてしまうということである。これは先ほどの理論的問題と内容は同じなので改めて説明しない。次に，構造とは単に上位レベルの資源だけをあらわすのではないということである。シーウェル（Sewell, W. H. Jr）[38]によれば，構造とは「社会行為を促進・制限し，その行為によって再生産されるスキーマと資源とを相互に維持する集合」のことを言う。スキーマとは「社会生活を成立させるために用いられる置換可能な規則もしくは手続き」のことであり，ここで言う資源とは「物理的資源や知識などを表し，権力を維持・促進するのに用いられる」もののことを言う。つまり，結局は要素還元的に構造として物的資源を想定している限り，上位レベルとしての外在する資源がどのように下位レベルに影響を及ぼすのかといった問いにしか答えられない。言い換えれば資源とそれに関わる手続き・ルールといった同一性・関係性の集合そのものを捉えることは出来ず，現代社会における我々主体と医療・医学とにおける関係性をとらえそこなっているのである。最後の問題として，歴史性を無視しているという点があげられる。健康に関する社会構造のインパクトを理解するには特定の構造と場が埋め込まれる歴史的過程を包括する必要がある[31]。これは，ある個人における健康がどのような歴史を通じてその状態に至ったのか，を洞察することにほかならない。またこのことはある個人の個人史やライフコースそのものというだけではなく，当該の個人と彼／彼女が属する社会との長い長い関係を通じて健康および健康に関連する思想がどのように構築されていったのかを考察することをも包含する必要がある。しかし，歴史性そのものは質的な洞察が必要となるため，マルチレベル分析のような量的な議論では対応することは難しい。

以上のことから，言うなれば現代社会の中において，医学や医療の資源と我々主体とが経時的にどのように関わりあっているか／関わりあってきたかというスキーマそのものを示すことで，社会構造というメタレベルから健康の不平等の理論化につながりうると考える。つまり，医療・医学に関する資源・知識と我々とがどのように関わっているのか／関わってきたのか，そしてその関わりを通じてそれらがどのように再編されているのか／されてきたのかを見ることができれば，理論的整合性を保ちつつ，既存の理論をリンクさせ，体系化された「健康の不平等」の包括的な理論を構築できるはずである。

3節
社会構造と健康とを結ぶもの

1. メタ理論としての医療化

では何を用いてどのように見たらいいか。その問いに応答しうる概念として「医療化」という概念が有効だと考えられる。医療化とは，「従来は医療的領域外にあった様々な現象が医療的現象として再定義される傾向」をあらわすものであり，「諸社会現象に対して医療的対処（医学的知識による解釈とそれに基づいた医療的実践による改善，それらの制度化）をうながす歴史的傾向」を記述するものである[39]。認識論上は社会的構築主義と間接的に関連性を持つ[40]。佐藤[39]の例をあげれば，子どもの落ち着きのなさや成績が向上しないといった現象は，それを問題とする場合であっても，今までは子どもに対するしつけがなっていないとか学校教育の問題とされることが多かった。しかし，これらをその子どもの器質的な障害—前者の場合は多動性障害で，後者の場合は学習障害—としてとらえなおし，医療的実践によって改善を図ろうというものが医療化である。論理的に考えれば，「〜化」という接尾辞が示すように歴史的変動を記述することから歴史的視点の課題はクリアできる。

だが，この概念をそのまま援用しようというわけではない。というのも近年においてはこの医療化という概念が変容してきているからである。もともと医療化をおし進める主体は主に医療専門職が担っていた。医療化とは医療領域外の現象を医療的現象に載せる作業であるのでこのことは想像に難くないだろう。しかし，コンラッド（Conrad, P.）[41]は，医療化の主体がメディアや市場に移行してきていると指摘する。つまり，消費者主義を背景に，専門職の権限の減退と制度そのものの変化とによってマーケットの軸の中に医療化が見受けられるようになったと言うのである。また，ポストモダンの現代社会において，現実的には一般の素人は単に受け身というわけではなく，むしろ批判的な再帰的主体であり現代医療に対して非常に能動的であり[42]，我々自身が医療の枠組みに則った資源や知識を構築しているとも言える。

そのように考えると，今まで言われてきた医療化論とは，医療専門職から上意下達に医療領域外の現象を医療領域的現象に再定義するという作業—つまりは，構造の一要素を表す資源（物理的資源や知識）を0（非医療的領域）から1（医療的領域）にするプロセス—，を表現しているのみであった。しかし，近年の動向を踏まえれば，ある個人がメディアや市場などを通じて自発的に医学・医療的枠組みに基づく行為様式を獲得するプロセス（「医療枠組みの身体的内在化プロセス」と呼んでおこう），および「医療枠組みの身体的内在化プロセス」をともなった主体が社会全体をその医療枠組みに適うように変容させるプロセス―つまりは，資源と知識の利用とその手続き・ルールを変動させること―，（「医療枠組みの再帰的社会変動プロセス」と呼んでおこう）といった２つのプロセスが再帰的にループしているダイナミクスをあらわしていると言えるだろう。つまり，簡単に言えば，今日的な意味における医療化とは，０から１へのマクロな歴史的変容を示すだけではなく，個人と社会とが「医療枠組み」をどれほど志向しているかを表象しているものであるといえる。碇[43]によれば，医療がコントロール可能な領域をどのように拡大しているかを考察の対象にし，知識のダイナミクスを射程に入れることで，従来のマクロレベルでの歴史的変容を示す医療化のみならず，専門職ではない一般の人々や個人の経験として病いや医学的知識がミクロレベルで社会に浸透するか，そしてどのような条件で成立するかといった過程を示すものとして再定義している。このように，医療化は非医療的領域から医療的領域への歴史的変動ばかりでなく，医療資源・知識にかかわる主体および社会の自己変容をも表すようになったといえる。

以上のように考察してくると，医療化とは，マクロ・ミクロ水準で医学や医療の資源・知識と人々との関わり，および主体の再帰的応答という両者の歴史的な関係性を示すスキーマにほかならない。このことはまた，医学的知識や医療資源が人々の中に浸透し埋め込まれるとともに人々が自発的に医学的知識や医療資源を選択し，実践している変動のさま，そしてそれとは反対に，その変動が再帰的に医学的知識や医療資源の変動に影響を及ぼしているさまをとらえることにつながりうる。よって，歴史に彩られた社会構造と主体の健康との関係性を医療化の視点からとらえることが出来るのである。

また，関係性を示すスキーマとしての医療化という視点から健康と社会構造との関係を見ることは，健康の不平等に潜むイデオロギー性や権力関係の抽出をも意味する。なぜならば，医療化は社会的構築主義を認識論的基盤に持つがゆえに，今まで当たり前としてとらえていた現象を自省的に見直すことができるからである。つまり，自身の知識・理解が歴史的，文化的，社会的に作り出されたものであるということを正しく理解し，当たり前とされている事柄が人びとにさまざまな可能性を見えなくさせてしまっていることに対して厳しい批判の目を向けようとする姿勢からこそ，健康の不平等に潜むイデオロギー性や権力関係を雄弁に語ることができるのである。

さらに，健康とそのよしあしに関わる因子との関係以上の背景としての「何らかの要因」によって生まれた，もしくは生まれざるを得なかった結果としての行為の表出（実践）が今までの理論体系だったとすれば，医療化論はそれらの理論のメタレベルにおける議論であるため，既存の理論を結びつけることが可能になる。

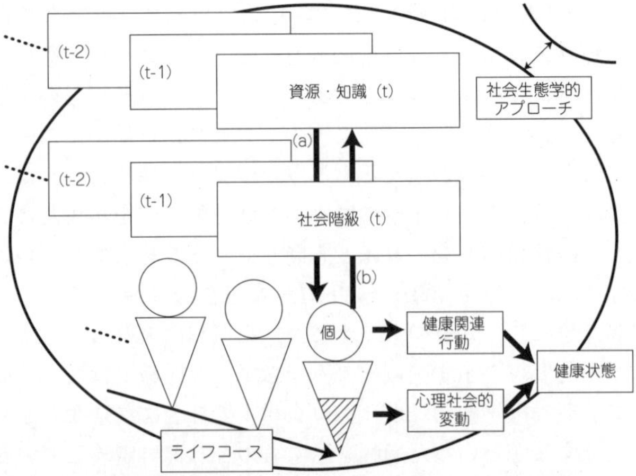

図Ⅱ-5-1　医療に関する資源・知識と個人との社会構造概念図

（t）：時間の流れを表す
（a）：医療枠組みの身体的内在化プロセスを表し，個人へ影響を及ぼす強さを示す
（b）：医療枠組みの再帰的社会変動プロセスを表し，資源・知識へ影響を及ぼす強さを示す
斜線：医療枠組みの身体的内在化の程度を表す

図Ⅱ-5-1は，医療に関する資源・知識と社会階級に属する個人との関係図を表し，既存の理論がメタレベルでリンクしているさまと，健康の不平等に潜むイデオロギー性や権力関係を示している。医療に関する資源・知識を自身の社会階級を介して個人は「医療枠組みの身体的内在化プロセス」(a) を行い，そして身体的内在化の程度（斜線部）に応じて再帰的に「医療枠組みの再帰的社会変動プロセス」(b) を行う。(a) と (b) とが歴史的変容 (t) を伴ってループしているのでどちらがスタート地点とはいえないものの，医療に関する資源・知識そのものが特定の社会階級―主に身体的内在化の程度（斜線部）が大きい者―，によって決定付けられ，それによって資源・知識が構築されるとともに，とりわけ資源・知識が浸透していなかった社会階級に身体的内在化を促すように働くというイデオロギーと権力関係をもこの関係図では表現されている。

既存の理論との関係で言えば，医療化された構造，イデオロギー，権力関係の下で，我々個人は「ライフコースモデル」に表されるように幼少期から医療枠組みにしたがうように社会化されると考えられる。そして，その医療枠組みの影響を受けた特定の社会階級によって配分が決定される「唯物論・新唯物論」的資源・知識を，その配分のもとで個人は判断し利用・アクセスせざるをえない。そのような社会の仕組みのもとで，「文化的・行動的理論」に基づく健康関連行動と，「心理社会モデル」に示されるストレスによって生じてしまった心理社会的変動とによって健康状態が決定される。そして，以上のような医療と個人との関係構造のもとで，知らず知らずのうちに身体に埋め込まれている医療枠組みを背負った個人の集合とそれとはまた違った医療枠組みを背負った集合体との関係について「社会生態学的アプローチ」で議論できるのである。

このように今までの理論体系をもこの医療化という視点でもって，メタレベルで上手にリンクし，今まで説明できなかった関係性としての構造，そして社会関係におけるイデオロギーや権力をも包括することが出来るのである。このことは医療化という概念にメタ性がともなうからこそである。したがって，医療化という観点から健康の不平等における理論をより強固に出来るものと考える。

2．構造構成的医療化の提唱

以上のように医療化を構造構成主義を継承した手順を踏まえれば，ここでいう医療化を「構造構成的医療化」と定式化することができよう。表Ⅱ-5-1は，従来の研究と構造構成的医療化導入後の特徴を端的に示したものである。従来は，実証主義に根ざしていたため暗黙裡に前提に埋め込まれている権力関係などをとらえることができなかった。また他の認識論的基盤とは相容れないため，社会的構築主義を認識論的基盤にする医療化を包含することは困難であった。さらに，実証主義的認識論上で議論されている各個別理論もまたそれぞれが相補的にリンクすることも難しかった。しかし，構造構成的医療化という視点を用いることによって，メタレベルから各個別理論をリンクさせることができ，さらに暗黙の前提と置いていた不可視の権力関係やイデオロギーなどをも医療化の特有の理路により包括的な理論体系に包含することが可能になるのである。このことは，社会的構築主義と実証主義とを組み合わせて用いることができない認識論的な共約不可能性の問題を構造構成的医療化という視点を採用することによって解決に導けるということを表している。

さらに，構造構成的医療化の強みは，従来の医療化のメリットを活かして―つまり社会的構築主義的基盤に則って不可視の権力関係などを示すことで―，健康の不平等を説明するばかりではない。むしろ最大の特長は，構造構成主義を認識論的基盤にすえた上で，社会的構築主義を基盤とした従来の医療化を一つのアプローチ（ソフト）として用いることによって，そこから示されたパワーリレーションを背景に仮説モデルを構造化することが可能になり，さらにはその仮説モデルの妥当性を関心相関的に既存の個別理論モデルを用いて実証することが出来るというメタ性にある。なぜならば，「存在・意味・価値は主体の身体・欲望・関心と相関的に規定されるという原理」(p. 53)[30]のことを表す関心相関性によって，研究者の関心や目

表Ⅱ-5-1　従来の研究と構造構成的医療化導入後の特徴

	従来の研究	構造構成的医療化導入後
個別理論との関係	文化的・行動的理論，唯物論・新唯物論，心理社会モデル，ライフコースモデル，社会生態学的アプローチそれぞれが独立して健康との関係を説明している。	メタレベルから個別理論を基礎づけているため，構造構成的医療化を通じてそれぞれがリンクし，健康との関係を説明できる（図Ⅱ-5-1）。
認識論的特徴	実証主義に依拠しているため，不可視の構造を取り入れることができない。 他の認識論的基盤とは相容れず，共約不可能性に陥ってしまう。	構造構成主義を準拠としているため，関心相関的に理論モデルを選択できる。
その他の特徴	—	権力関係やイデオロギーといった暗黙の前提とされていた不可視構造を同定できる。

的に応じて個別理論や従来の医療化といった認識論上相容れない理論を採用することが可能になるからである。例えば，職業階層に権力構造が見られたという仮説モデルが医療化の知見から構造化したとして，健康関連行動に関心があれば「文化的・行動的理論」を採用し健康との関係の妥当性を実証することも可能であり，一方で，それが否定されたら社会のあり方に目を向けて「社会生態学的アプローチ」を採用し，あるイデオロギー構造を背景に持つ集団とそれとはまた別のイデオロギー構造を背景に持つ集団との比較検討を実証的に検証することも可能になるのである。このように関心相関的に認識論を駆使することで，仮説モデルの妥当性を幾重にもチェックすることが可能になり，仮に社会的構築主義を用いることで相対主義の危険性を指摘されたとしても，科学性を担保しつつ，かつ有用な議論が展開できるのである。

したがって構造構成的医療化は，構造構成主義をハードとして認識論的基盤に置くことによって，ソフトとしての従来の医療化の機能を損なうことなく，かつ関心相関的に他の認識論的基盤を持つ各個別理論に接続することが可能になるのである。このことはつまり，将来立ち現れてくるであろう現象や，それに対して生まれる新しい理論をも構造構成的医療化を用いることによって関心相関的に包括できることを意味する。よって構造構成的医療化は関心相関性を軸にもつメタ理論として作用し，どのようなパラダイム・シフトや思想の変化に対しても柔軟に対応できる理路を備えていることからも，今後の理論的発展に大きく寄与するものと考える。

4節

構造構成的医療化の適用例——ジェンダーにおける健康の不平等

では最後にジェンダー間における健康の不平等を事例に，従来の医療化による仮説的モデルを示すことで，構造構成的医療化の適用可能性を示唆したいと思う。

ジェンダー間にももちろん—という言い方は不適切かもしれないが—，健康における不平等がある。女性は男性よりも長生きであるものの健康状態は悪いと報告されている[44]。現に，日本においても「平成16年国民生活基礎調査」によれば，有訴者率（人口千対）は男性281.4人，女性350.5人と女性が多い。その問いについて先述の個別理論的立場から議論がなされているものの，医療化という視点を導入すれば，弱き者としての女性という医学知識の社会的浸透および，男性による医療というイデオロギーを用いた間接的支配構造が見られ，医療化を背景にしたジェンダー間の不平等の可能性を示唆できるのである。

フェミニストたちは，従来の意味での医療化という言葉を用いて医療の支配的社会統制を批判する以前から，妊娠・出産，避妊・中絶，セクシャリティなど女性の身体と生活領域とが医療専門職によって支配的に定義され，統制を受けていたことを指摘していた[45]。つまり，医療専門職自身が女性の諸現象に医学定義を与え，その対処・実践に正当性を与えてきたのである。エーレンライクとイングリッシュ(Ehrenreich, B., & English, D.)[46,47]は，アメリカの医療化の歴史を分析して，医学における専門意識とは男性による上級職の独占を制度化したものに過ぎないこと，そして支配的な男性のイデオロギーの必要性にあわせて，医療専門職たちがいかに女性たちを「女性らしさ」—とりわけ，弱くて不安定な病人としての女性もしくは病因としての女性—，を押し付けてきたかを指摘している。コンラッド[48]は，さらに広範囲に広がったジェンダー化された医療化の様相を見出すことができると述べる。例えば，女性に対するコスメティック産業などで，これは，西洋医療の浸透の結果であり，グローバル化によってさらに広がっていくであろうと指摘する。フリック（Flic,D.）[49]もまた，最近流行しているEBM，説明責任，リスクマネージメントといったレトリックを用いることによって，医療化の浸透や従属・抑圧という関係を自明視させ，医学イデオロギー支配がおこなわれているのだと報告する。このように男性よりも女性の方が身体と生活領域において医療の定義のもとで対処され，問題をあつかわれることで，医療の世話になる病人役割が付与されるように医療専門職は女性を統制してきた。つまり，医療・健康問題を逆手にとって，男性もしくは医療専門職が戦略的に女性の身体・生活領域を医療化することで，女性に病人役割を付与し，支配するというジェンダー秩序が構成され維持されてきたのである。言い換えれば，医療化を通じて女性の身体を管理してきたのだと言える。

日本においても同様に，医療の手によって女性は介入され，統制されていった様相がみてとれる。歴史的に見れば江戸時代中期から医療・医学にかんして女性に対するまなざしの変化は産科学の発達において見られる[50]。近代に目を移せば，憲法第二十五条「すべて国民は，健康で文化的な最低限度の生活を営む権利を有する」が医療の基礎となって[51]，母子保健法というかたちで，女性の身体は産むことを中心に国家レベルで制度的に医療化され統制されてきたことがうかがえる。しかし，現代になると，個人化を基礎とした消費者志向を中心に医療による直接的支配は終焉を迎える。しかし，個人化してしまったことで自分自身の力で信頼とリスクとを強制的に見分けなければならなくなった[52]。今までは医療システムにおいて安寧としていられたものの，今度はすべてのことを自分で決めなければならなくなったのである。そこに間接的社会統制装置として上手に入り込んできたのがメディアや市場による医療化である。実際に，女性はメディアを主体的によく見聞きし，実際に活用するようになっている―健康情報をよく見聞きする男性は21.4%，女性は37.0%にのぼり，そこで得られた情報を実際に活用している男性は40.5%で，女性は58.8%にものぼる―[53]。また，多田ら[54]の調査によれば，健康や体力につねに注意している者の割合にかんして，1980年代後半以降は，女性のほうが自身の健康に対してつねに意識的になっている様相が報告されている。このように女性は男性よりも「医療枠組みの身体的内在化」を促進してきた。しかも直接，男性や医療専門職によってではなく，メディアを介在して女性が自ら主体的に選択した結果なのである。このように医療化という視点から見れば，女性のほうが自然に自身の身体の健康状態に関心を持つようにさせられている様相がうかがえる。

図Ⅱ-5-2は以上のことを図にしたものである。ある個人から性別というフィルターを通すことで（b），男性は「弱き者としての女性」という資源・知識を再帰的に構築するが（b１），コントロール権のない女性は彼女らに適った資源・知識を構築することが困難である（b２）。一方で，男性はその資源・知識を自身には強く作用させないものの（a１），女性に対してはより身体的内在化させるのである（a２）。その結果として生じた，もしくは生じざるを得なかった行為の表出（実践）がライフコースを通じて獲得した健康関連行動や心理社会的変動であり，健康状態と考えることができる。以上のように，社会構造の把握のために医療化の視点を用いることで，弱き女性という医学知識の社会的伝播，女性に対する間接的支配構造およびその構造にしたがった健康状態の表出という構造の一端を示唆できるのである。

このようにして従来の医療化のメリットを活かして，仮説モデル的に男女間の権力構造を示すことが可能になる。さらには，このような男女間の権力構造を踏まえ

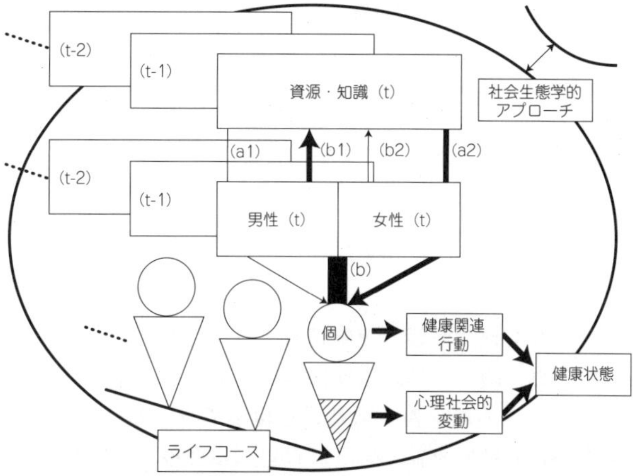

図Ⅱ-5-2　ジェンダーにおける医療に関する資源・知識と個人との社会構造概念図

（ t ）：時間の流れを表す
(a 1)：医療枠組みの身体的内在化が男性には弱く働いている様相
(a 2)：医療枠組みの身体的内在化が女性には強く働いている様相
（ b ）：医療枠組みの再帰的社会変動プロセス
(b 1)：医療枠組みの再帰的社会変動が男性からは強く働いている様相
(b 2)：医療枠組みの再帰的社会変動が女性からは弱く働いている様相
斜 線：医療枠組みの身体的内在化の程度

たうえで，例えば，男女の健康関連行動に関心があれば「文化的・行動的理論」を，そしてそのような男女が居住する社会とそれ以外の形の構造を示す男女の居住する社会との比較検討に関心があれば「社会生態学的アプローチ」を関心相関的に採用して実証的に検証することも可能なのである。

5節

まとめ──「健康の不平等」の理論構築に向けて

本稿では，ブラックレポートをはじめとして現代の「健康の不平等」理論を概観し，それらに生じている理論的問題とそこに内在する要素還元的モダン医療志向の問題点を追求してきた。そして，その問題群を解決しうるメタレベルの議論のために構造構成主義の理路を継承した。最終的には，医療と主体との関係性を表すために構造概念として従来の医療化をベースにメタ理論として「構造構成的医療化」を提唱することで，「健康の不平等」の包括的な理論構築の一助になりうることを示した。

しかし，本稿ではあくまで理論的考察に終始したため，（事例的にジェンダー間の不平等について検討したものの）具体的な分析方法にまで言及することは出来なかった。構造構成的医療化によって，社会的構築主義を認識論とした医療化と実証主義を認識論とした個別理論との接続が可能になると言う点は非常に大きな武器ではあるが，その接続を円滑に行うにはどのような分析方法が適切なのか，という課題が残る。今後，構造構成的医療化の潜在性にさらに検討を加えることでその問題を解決する必要がある。

とはいえ，少なくとも社会構造の健康に対するインパクトが充分に説明されてきていなかったという点に関し，構造構成的医療化という点から個人と彼／彼女に埋め込まれた医療・医学との関係性（構造）を提示できうるということは，「健康の不平等」の理論構築に向けて有益であり，ひいては今後の医療政策のあり方にも結びつけられる潜在力を充分に有していると考える。

【註および文献】

［1］佐藤俊樹　2000　不平等社会日本―さよなら総中流　中央公論新社；苅谷剛彦　1995　大衆教育社会のゆくえ―学歴主義と平等神話の戦後史　中央公論新社；橘木俊詔　1998　日本の経済格差：所得と資産から考える　岩波書店，などがあげられる。

［2］川上憲人・小林廉毅・橋本英樹（編）　2006　社会格差と健康―社会疫学からのアプローチ　東京大学出版会

［3］Preamble to the Constitution of the World Health Organization as adopted by the International Health Conference, New York, 19 June - 22 July 1946 ; signed on 22 July 1946 by the representatives of 61 States（Official Records of the World Health Organization, no.2, p.100）and entered into force on 7 April 1948. The definition has not been amended since 1948.

［4］Engel, G. L. 1977 The Need for a New Medical Model : A Challenge for Biomedicine. *Science*, 196（4286）, 129-136.

［5］山崎喜比古（編）　2001　健康と医療の社会学　東京大学出版会

［6］早坂裕子　2001　健康・病気の社会的格差　山崎喜比古（編）健康と医療の社会学　東京大学出版会　pp.49-71.

［7］Bartley, M. 2004 *Health Inequality : an introduction to theories, concepts and methods*. Cambridge, UK : Polity.

［8］Black, D., Townsend P., & Davidson N. 1980 *Inequalities in health : the Black report*. Harmondsworth : Penguin.

［9］近藤克則（編）　2005　健康格差社会―何が健康を蝕むのか　医学書院

［10］Sekine, M., Chandola, T., Martikainen, P., Marmot, M., & Kagamimori, S. 2006 Socioeconomic inequalities in physical and mental functioning of Japanese civil servants : explanations from work and family characteristics. *Social Science & Medicine*, 63（2）, 430-445.

［11］Fukuda, Y., Nakamura K., & Takano T. 2005 Accumulation of health risk behaviours is associated with lower socioeconomic status and women's urban residence : a multilevel analysis in Japan. *BMC Public Health*, 5 : 53 doi : 10.1186/1471-2458-5-53.

[12] 中央公論 平成18年8月号.
[13] Singh-Manoux, A. & Marmot, M. 2005 Role of Socialization in Explaining in Social Inequalities in Health. *Social Science & Medicine*, 60 (9), 2129-2133
[14] Sacker, A., Bartley, M., Firth, D., & Fitzpatrick, R. 2001 Dimensions of social inequality in the health of women in England : occupational, material and behavioural pathways. *Social Science & Medicine*, 52 (5), 763-781.
[15] Eckersley, R. 2006 Is modern Western culture a health hazard? *International Journal of Epidemiology*, 35 (2), 252-258.
[16] 山岡和枝 2005 東アジアの人々の「健康感」と関連する社会・文化的要因—「東アジア価値観調査」と「医療と文化調査」結果の分析 行動計量学, 32 (2), 191-199.
[17] Cockerham, W. C., Hinotea, B. P., Cockerham, G. B. & Abbott P. 2006 Health lifestyles and political ideology in Belarus, Russia, and Ukraine. *Social Science & Medicine*, 62 (7), 1799-1809.
[18] Coburn, D. 2004 Beyond the income inequality hypothesis : class, neo-liberalism, and health inequalities. *Social Science & Medicine*, 58 (1), 41-56.
[19] 堤 明純 2006 職業階層と健康 川上憲人・小林廉毅・橋本英樹（編）社会格差と健康—社会疫学からのアプローチ 東京大学出版会 pp.81-101.
[20] Peter, R., Alfredsson, L., Hammar, N., Siegrist, J., Theorell, T., & Westerholm P. 1998 High effort, low reward, and cardiovascular risk factors in employed Swedish men and women : baseline results from the WOLF Study. *Journal of Epidemiology and Community Health*, 52 (9), 540-547.
[21] Davy-Smith, G. 2003 *Health Inequalities : Lifecourse Approaches*. Bristol : Policy Press.
[22] Davy-Smith, G., Hart, C., Blane, D., Gillis, C., & Hawthorne, V. 1997 Lifetime socioeconomic position and mortality : prospective observational study. *BMJ*, 314 (7080), 547-552.
[23] Shibuya, K., Hashimoto, H., & Yano, E. 2002 Individual income, income distribution, and self rated health in Japan : cross sectional analysis of nationally representative sample. *BMJ*, 324 (7328), 16-22.
[24] Kim, D., & Kawachi, I. 2007 U.S. State-Level Social Capital and Health-Related Quality of Life : Multilevel Evidence of Main, Mediating, and Modifying Effects. *Annals of Epidemiology*, 17 (4), 258-269.
[25] 本文中では「社会生態学的アプローチ」の中に「社会関係資本論」として含めたが，近藤［26］が示すように，「心理社会モデル」とのかかわりで記述することも可能である。しかし，近藤自身が別の論稿で述べるように［9］，個人のネットワークとしての社会関係資本と社会・組織としての社会関係資本とがあり，実証研究では主に後者で用いられていることから「社会生態学的アプローチ」に含めることにした。
[26] 近藤克則 2006 社会関係と健康 川上憲人・小林廉毅・橋本英樹（編）社会格差と健康—社会疫学からのアプローチ 東京大学出版会 pp.163-185.
[27] そもそも，日本の医療社会学の標準的なテキストにおいて「健康の不平等」をあつかっているのは，山崎［2］にしか見受けられない。しかもより社会疫学的な視点なので，理論志向に乏しい。
[28] 早坂裕子 2001 1990年代の日本および欧米における健康の格差・不平等と社会経済的要因 新潟青陵大学紀要，1，11-37.
[29] この文脈での主体とはある個人だけというわけではなく行為を行いうるすべての集合を指し，個人，社会集団，国家なども含む。
[30] 西條剛央 2005 構造構成主義とは何か—次世代人間科学の原理 北大路書房
[31] Williams, G. H. 2003 The determinants of health : structure, context and agency. *Sociology of Health & Illness*, 25 (3), 131-154.
[32] Wainwright, S. P., & Forbes, A. 2000 Philosophical problems with social research on health inequalities. *Health Care Analysis*, 8 (3), 259-277.
[33] 京極 真 2007 構造構成的医療論の構想—次世代医療の原理 構造構成主義，1，104-127.

[34] Popay, J., Williams, G., Thomas, C., & Gatrell, T. 1998 Theorising inequalities in health : the place of lay knowledge. *Sociology of Health & Illness*, 20 (5), 619-644.
[35] Shim, J. K. 2002 Understanding the routinised inclusion of race, socioeconomic status and sex in epidemiology : the utility of concepts from technoscience studies. *Sociology of Health & Illness*, 24 (2), 129-150.
[36] 西條剛央　2007　メタ理論を継承するとはどういうことか？―メタ理論の作り方　構造構成主義研究，1，11-27.
[37] Luke, D. A. 2004 *Multilevel modeling*. London : Sage.
[38] Sewell, W. H. Jr. 1992 A theory of structure : duality, agency, and transformation. *American Journal of Sociology*, 98 (1), 1-29.
[39] 佐藤哲彦　1999　医療化と医療化論　進藤雄三・黒田浩一郎（編）医療社会学を学ぶ人のために　世界思想社　pp.122-138.
[40] Nettleton, S. 2006 *The Sociology of Health and Illness*, 2nd edition. Cambridge UK : Polity Press.
[41] Conrad, P. 2005 The Shifting Engines of Medicalization. *Journal of Health and Social Behavior*, 46 (1), 3-14.
[42] Williams, S. J., & Calman, M. 1996 The 'Limits' of Medicalization? : Modern Medicine and the Lay Populace in 'Late' Modernity. *Social Science & Medicine*, 42 (12), 1609-1620.
[43] 碇　陽子　2005「医療化」論再考―Peter Conradの社会構築主義的アプローチを中心に　超域文化科学紀要，10，197-219.
[44] Nathanson, C. A. 1975 Illness and the feminine role : A theoretical review. *Social Science & Medicine*, 9 (2), 57-62.
[45] 田間泰子　1999　ジェンダーと医療　進藤雄三・黒田浩一郎（編）医療社会学を学ぶ人のために　世界思想社　pp.185-204
[46] Ehrenreich, B., & English D. 1973 *Witches, Midwives, and Nurses : A History of Women Healers*. The Feminist Press. 長瀬久子（訳）　1996　魔女・産婆・看護婦―女性医療家の歴史　法政大学出版局　pp.1-63.
[47] Ehrenreich, B., & English D. 1973 *Complains and Disorders : The Sexual Politics of Sickness*. The Feminist Press. 長瀬久子（訳）　1996　魔女・産婆・看護婦―女性医療家の歴史　法政大学出版局　pp.65-189.
[48] Conrad, P. 1992 Medicalization and Social Control. *Annual Review of Sociology*, 18, 209-232.
[49] Flic, D. 2004 The medical text : between biomedicine and hegemony. *Social Science & Medicine*, 59 (6), 1275-1285.
[50] 落合恵美子　1987　江戸時代の出産革命―日本版「性の歴史」のために　現代思想，15 (3)，131-140.
[51] 川上　武・小坂富美子　1992　戦後医療史序説―都市計画とメディコ・ポリス構想　勁草書房
[52] 進藤雄三　2004　医療と「個人化」　社会学評論，54 (4)，401-412.
[53] 東京都生活文化局広報広聴部広聴管理課（編）2001　健康に関する世論調査　平成12年9月調査　東京都生活文化局広報広聴部広聴管理課
[54] 多田敦士・玉本拓郎・黒田浩一郎　2005　いちばん大切なものとしての，および注意しているものとしての健康―戦後日本の健康至上主義　保健医療社会学論集，15 (2)，115-126.

【付記】

本稿は筆者の2005年度修士論文の研究成果の一部と，第33回日本保健医療社会学会における報告とを構造構成主義をもとに大幅に加筆・修正したものである。

再録論文

Ⅱ-6 物語と対話に基づく医療（NBM）と構造構成主義

斎藤 清二

1節 はじめに

物語と対話に基づく医療（Narrative Based Medicine : NBM）は，1998年グリーンハル（Greenhalgh, T.）とハーウィッツ（Hurwitz, B.）によって提唱された，新しい医療・医学の認識論・方法論である[1]。NBMの定義は確立されているわけではないが，筆者は，NBMとは「『患者が主観的に体験する物語』を全面的に尊重し，医療者と患者との対話の中から，新しい物語を創造していくことを重視する医療」であると考えている。NBMは，科学的根拠に基づく医療（Evidence Based Medicine : EBM）と対比して述べられることが多いが，臨床実践においては，EBMとNBMを統合的に実践して行くことが望ましいと考えられている[2]。

一般的には，NBMとはポストモダンの思想の流れを汲み，社会構成主義的な世界観を前提とした医療であると理解されている。しかし，筆者が既に指摘したように[3]，医療における物語論自体が多様な歴史的背景を有しており，NBMを下支えする認識論についての議論は十分ではない。

一方で，構造構成主義の観点からの医療への言及は，西條，京極らによっていくつかなされている[4-7]。構造構成主義自体が，信念対立解消ツールとしての特徴を有しているため，医療・医学における，主観／客観，物語／科学，量的／質的といった，二項対立を解消するためのメタ理論としての有効性はほぼ確立されているといって良い。しかし，NBMそのものと構造構成主義の関係についての詳しい考察や議論は，今までのところほとんど行われていない。

本稿では，構造構成主義とNBMの関連についていくつかの観点から論じてみたい。構造構成主義とは何かという問題も，厳密に言えば定義することは難しいのであるが，西條の同名の著書[4]や最近の論考[5]と，京極の医療領域における幾つかの論考[6,7]を参照しつつ，論を進めて行きたい。

2節
物語と構造

NBMとは，「物語」という視点から，医療・医学の全てを見直すムーブメント，という側面を持っているので，物語とは何か？ということが最初に問題になる。これについても色々な議論があるが，筆者らは，物語（ナラティブ）を，「何らかの出来事についての言語記述（コトバ）を，意味のある連関によって結び合わせたもの，あるいは結び合わせることによって意味づける行為」と定義した[2]。

このような定義は，人間の言語活動の広い範囲をカバーするものである。構造構成主義と物語の関係を考える時，第一に注目すべきことは，上記の定義にしたがう限り，「物語」とは構造構成主義でいうところの「構造」あるいは「構造構成」にほかならない，ということである。

構造構成主義における「構造」は「広義の構造」と「狭義の構造」に分けて定義されている[4]。「広義の構造」とは「発現としての構造」であり，別の言葉で言えば，「関心相関的に立ち現れた何か」である。科学的営為とは切り離して，日常生活の文脈で用いられる時の「構造」は，この「広義の構造」であるとされる。

「狭義の構造」は「科学的営為における構造」であり，「同一性（コトバ）と同一性の関係とその総体」と定義され，これは池田[8]の構造主義科学論における構造と同義とされる。さらに西條[4]は，「広義の構造」と「狭義の構造」は，全く異なるものではなく，それらが機能する文脈のレベルが異なるだけであるとしている。具体的には，「『広義の構造』とは『関心相関的に立ち現れた何か』であり，それに名前が付けられたものが『同一性（コトバ）』である。そしてその『同一性』を（用いて）『同一性と同一性の関係性とそれらの総体』（狭義の構造）へ変換し，現象をより上手にコードすることが科学的営為となる」と述べている。

上記を引用するだけでは，なぜ「物語」が「構造」であると言えるのか，また，もしそうだとすれば，それは「広義の構造」なのか，「狭義の構造」なのか，また「物語とは構造である」ということは「物語と構造が同義である」ということなのか？といった疑問に答えるのが難しいので，筆者なりの考察を以下に加えたいと思う。

物語とは，上に掲げた筆者らの定義にしたがうならば，「何らかのできごとの経験についての言語記述を複数結び合わせたもの，および結び合わせて意味づける行為」である。経験についての言語記述（ここでいう言語記述とは，口頭での語りと文書として書かれたものの両方を含む）とは，当然のことながらコトバである。それをコトバとコトバを結ぶ関係によってつなぎ合わせたものが物語である。

ここで，西條らが用いている「同一性と同一性との関係性とそれらの総体」という表現は若干分かりにくいので，もう少しかみ砕いてみたい。ここでいう「同一性」とは，池田の構造主義科学論における，「『同一性』はコトバによって社会的に共有される」という文脈にしたがっての表現であろう。

「構造」の原義からは，これは必ずしもコトバである必要はなく，構造とは，「『複数の要素』と『要素同士をつなぐ関係』の総体」である。ここで重要なのは，構造は「要素」と「関係」を含む総体であるが，通常「要素」と「関係」は論理階型のレベルが異なるので，単純に足し合わせることはできないということである。したがって，この「総体」としての「構造」とは，単なる要素の集合体ではない。

物語の場合，これを言い表す最も分かりやすい表現は「物語は常にテクスト・イン・コンテクスト text in context である」ということになる。物語の明示的な要素は常にテクストである。しかし，個々のテクストは，ある文脈（コンテクスト）によって，つなぎ合わされ意味づけられる。

コンテクストそのものは通常は表面には現れないか，あるいは，テクストの並べ方や修辞や非言語的メッセージといった暗示的な形式で示される。しかし，テクストはコンテクストなしには意味を持ち得ない。ここで誤解されやすいのは，コンテクストがテクストと同レベルの要素だと考えられてしまうこと（コンテクストのテクスト化）と，物語という構造がテクストのみで成り立っていると考えられてしまう（コンテクストの無視）ことである。

筆者の考えでは，「理論」とは，「論理的一貫性」というコンテクストによって，個々のテクスト（要素）を連結した「構造」である。それゆえ，理論は物語に対立するものではなく，むしろ，物語の一特殊型であるということができる。もちろん，物語とは「理論」ばかりではなく，それ以外の多彩な表現を含む。例えば小説や戯曲などのフィクションの場合，個々のテクストをプロット（筋書き）でつなぎ合わせたものの総体であるから，これも典型的な「構造」であると言える。詩や俳句もまた，違う形式の関係性でテクスト同士を結び合わせることによって，理論や物語とはまた違った働きを発揮しうる「構造」である。

このような理解のしかたが，医療・医学において特に重要であるのは，医療・医学とは，理論的な言説と，理論的でない言説（物語，詩，俳句など）の両方を使いこなすことが必要な現場だからである。科学的理論だけによって医療の全てを説明したり統制したりすることはできないが，理論を排除してしまえば，やはり医療・医学は成り立たない。医療・医学における多彩な言説群を「広い意味での物語という構造」として理解することによって，それら全てを現場において利用することが可能になると筆者は考えている。一方で，そのような視点を安易に導入すれば，科学的理論と物語の区別がつかなくなってしまい，何でもありになってしまうという批判が生ずるかもしれない。その危惧を解消するためには，二つの方向性があると筆者は考えている。一つは西條らが主張する「関心相関性」という構造構成主義の概念装置を，NBM の理論に組み込むことである。もう一つはグリーンハル[9]が主張するように，広義の物語群の中に「良い物語」の判断基準を組み込むことによって，物語を選択するためのおおざっぱな基準を共有することである。この議論については，後にもう一度触れる。

3節
構造構成と物語

ところで，構造構成主義においては，構造とは固定した静的なものではなく，常に構成され続ける「動的」なものであると考えられている。「構造構成」ということば自体は，「○○が構造を構成する」とも，「構造が構成される」というようにも用いることができる。狭義の構造であるところの科学的営為において，構造を構成するのは主として研究者である。しかし，広義の構造は「立ち現れる」ものであり，この構造を構成する者としての主語はない。したがって，構造構成とは「意識的行為」として行われることもあれば，「自己生成的に浮かび上がる」ことでもあると考えられる。

それでは物語はどうか？　もちろん物語は語り手，書き手によって紡がれるものである。しかし，語り手や書き手にとって，物語は「浮かび上がる」ものでもある。また一般に，語り手は聴き手との，書き手は読み手との相互交流の中で，物語を構成する。そういったもろもろの物語をめぐる現象や行為を，「構造構成」という言葉は適切に描写してくれるように思われる。したがって，物語とは言葉を紡ぐことによって構造を構成する行為であり，物語的行為の産物は，物語という構成された構造であると言える。以上から，「物語とは構成された構造である」あるいは，「物語とは構造構成である」と言ってよいと思われる。

それでは，物語とは「広義の構造」なのか，「狭義の構造」なのか？　結論から言えば，どちらでもあり得る。むしろ，物語とは，「広義の構造」と「狭義の構造」を結びつけるためのツールとしてこそ，その有用性を発揮するのではないかという予感を筆者は持っている。つまり，広義の構造が機能する「生活世界」と，狭義の構造が機能する「科学の営み」を結びつけるツールとして，「物語」は極めてユニークな機能を発揮するのではないかということである。

4節
構造構成とアート

物語を「構造」あるいは「構造構成」として理解するということは，構造＝物語ということを意味しているのかと言えば，当然そうではない。少し考えればすぐに分かることであるが，物語は構造であるが，構造の全てが物語であるわけではない。構造を「要素と要素同士の関係とその総体」と定義するならば，要素とは「コトバ」だけではない。

分かりやすい例を挙げれば，「音符と音符をある一貫した関係によってつなぎ合わせたもの」を，私達は一般に「メロディ」と呼ぶ。また「メロディと通奏低音を一定のリズムの連鎖によってつなぎ合わせたもの」を，通常「音楽作品」と呼ぶ。このような音楽は，必ずしも「コトバ」を含まない（もちろん含むものもある）が，構造構成主義的に言えば，構造の定義を満たしている。

また，「図形と図形を組み合わせて構成したもの」を「スキーマ」，「複数の色や線をある一定の関係によって結び合わせたもの」を「絵画」などと呼ぶが，これらも構造である。よって，現象を構造化したもの，あるいは現象から立ち現れる「要素と要素同士の関係とを合わせた総体」としての構造は，必ずしもコトバを含む必要はなく，「音楽」や「美術」や「舞踊」なども立派な構造である。

上記をまとめると，以下のようなことが言える。刻々と変幻する「現象」から，存在，意味，価値が立ち現れる時，私達は必ずしも「コトバ」だけによってそれを認識しているわけではなく，「イメージ」や「音楽」や「美術」や「身体的行為」を通じて，それを認識したり，あるいはそれらを素材として構造を構成したりしているのである。こうして，「構造構成」をキーワードにすることによって，「理論」「物語」「芸術」「身体的行為」などを，全て一元化して扱えることになる。

このことは，医学・医療の現場においては重要である。その理由の一つとして，医療・医学においては，理論と実践は切り離せないことが挙げられる。狭義の構造としての「科学理論」と，広義の構造としての「物語」「イメージ」「音楽」「身体的行為」は，通常別々のものとして扱われて来たが，「構造構成」という概念は，これら全てをつなぎ合わせる。これは，「科学」と「アート」をつなぐものとして「構造構成」という概念が極めて有効であることを意味すると思われる。

5節
構造構成と科学的営為――物語と理論

筆者は，「物語」と「理論」は対立するものではなく，理論は特殊な形式の物語の一つであるとの見解を主張して来たが[3]，このことは，「構造」という概念を導入することによってさらに説明しやすくなる。構造主義科学論を継承した構造構成主義では，科学の営みとは，「現象をいかにコトバによって適切に構造化するか」という試みであると考える。「コトバとコトバを関係づけることによって意味づける」ことが物語であるとするならば，科学の営みとは，「くりかえし体験される現象を構造化する目的で（広義の）物語を構成する試み」と言い変えることができる。

その場合に構成された物語が，「論理的一貫性」「予測可能性」「反証可能性」などをある程度担保できるようなコンテクストによって紡がれているならば，それは「科学理論（あるいは科学理論の候補）」と呼ばれることになる。そして，このような「科学理論」の質の評価は，目的に相関した評価基準に照らし合わせて判断されることになるだろう。構造構成主義の原理の一つである「関心相関性」を導入すれば，このような判断はより明示的になされることになる。例えば，生物科学的な実験的研究によって導かれた結果としての理論であれば，その研究方法の信頼性・妥当性と，得られた理論の内的整合性・検証可能性・有用性等が主たる評価基準になるだろう。

臨床疫学的な研究法から導かれるエビデンスにおいても，そのエビデンスの記述自体は，広義の物語（構成された構造）であると理解することができる。エビデンスを一つの物語と見なすことは，なんらエビデンスの価値を引き下げるものではない。エビデンスの評価には批判的吟味の方法がすでにほぼ確立されており，エビデンスをどのような臨床のコンテクストにおいて使用するのかという目的に応じて，批判的吟味を行えば良いということになる。

研究の目的が，経験の意味や価値といった主観的な領域に属するものである場合，採用される研究法は，主として質的な方法となる。質的研究法で得られる結果は，多くの場合仮説という形式で記述された「広義の物語」である。質的研究一般についての評価基準は，未だ確立されたとは言えないが，それでも有力な評価基準の候補はいくつか提示されている[10]ので，それらを参考にしつつ，目的に応じた評価を行うことは可能である。

なお，このような質的研究の成果を「エビデンス」と呼びうるかどうかという問題は，「エビデンス」ということばの意味をどこまで拡張するかという問題であり，筆者の考えでは，むしろコトバの対応恣意性，分節恣意性の問題として理解し得るように思われる。

京極[6]はリハビリテーションの領域において，エビデンスを臨床疫学的研究の結果に限定せず，質的研究の成果も利用できるようにするため，構造構成主義の観点からの理論構築を行っている。京極は以下のように主張している。「研究とは，研究疑問を出発点とし，研究目的を設定し，その目的に応じて（相関的に）『方法』を選択し，分析，考察するといった一連の流れを通して，研究者の研究疑問を解決するために構造を構成していく営みに他ならない。臨床疫学や質的研究といった研究方法の違いに関係なく，全ての研究結果（エビデンス）は人為的に構成された構造であるということが確認できる。構造構成主義を前提にしている限りにおいて，人間が構造を構成する営みは科学であることが保証されている。したがって，臨床疫学や質的研究という分類に関係なく，これらは科学であるということが論理的に，かつ同時に保証されたことになる」[6]。

さらに，医療において「病いの物語」を有効に利用するための評価基準の候補としては，グリーンハルがすでに試案を公表している[9]。この基準は「首尾一貫性（coherence）」「審美的魅力（aesthetic appeal）」「信憑性（authenticity）」などといった，科学的理論の評価とは全く異なる項目から成っているが，一部は質的研究の評価基準と重なるものである。

このようにして，「構造構成」という観点からみると，物語と理論には本質的な違いはないということになる。もちろん，全ての物語が科学理論だなどということを主張しているわけではない。しかし，上記のような観点を導入することによって，従来の科学的理論の概念は，かなりの程度拡張されることになるだろう。

6節
構造構成的 QOL 理論を巡って

構造構成主義の医療における継承の試みの一つとして，京極と西條が公表している「構造構成的 QOL 理論」がある[7]。この理論は，構造構成主義を医療における難問の解消にどのように応用するかという優れた実例であると同時に，医療における新しい理論（構造）を構成する試みでもある。ここでは，その内容の概略を紹介するとともに，物語論の視点から，若干の議論を提起してみたい。

まず，京極らは，Quality of Life（QOL）について，「QOL の向上は，明示的，非明示的にかかわらず，あらゆる実践に通底するメタ目的といえる」と述べ，QOL が，リハビリテーションに限定されず，医療実践や臨床実践のほとんど全ての分野においての重要性を担っていることを主張している。これは，筆者がくりかえし主張している，「臨床とは『病み苦しむ者』と『苦しむ者を援助したいと願う者』の最低2人以上の者の相互交流からなる実践である」とする考えと矛盾しない。QOLの向上とは，医療・臨床（あるいはそれよりも広い領域）において，共通して目指されるものであり，これらの実践の基盤となる「メタ目的」であることも，多くの人が賛同するだろう。

その上で京極らは，QOLをめぐる研究や実践における最大の問題は「QOLを主観と客観を軸に分析できるなら，主観的QOLと客観的QOLは一致するかどうか」という問題であるとして，この問題を「QOLの主客問題」と呼ぶ。さらに「主観的QOLは個人が解釈した幸福感，客観的QOLは幸福感の程度を何らかの外部実在を基準に照らし求めたもの」とする伝統的な見解から出発する限り「QOLの主客問題」は解決し得ない難問となる，と主張する。そして，構造構成主義の理路を援用して，QOL概念の再吟味と再定義を試みる。

まず京極らは，「QOLを現代風に訳せば生活の質となるが，語源をふまえればQOLは“生きることを問う営み”と定式化（構造化）できる」として，「生きることを問う営みであるQOLは，それが“営み”であるため時間を含む。つまり，本来的にQOLは無時間的な静的構造ではなく，時間を内在するために絶えず変化する動的構造なのである」と論を進める。この見解は，ある意味では医療におけるこれまでの常識を覆すものである。一般に我々は，QOLとは，患者と患者を取り巻く環境の「どこかにある」もの，というように漠然と考えている。そして，そのQOLを適切に反映するものは「患者の主観」なのか，「客観的なデータ（例えばQOL調査票のデータ）」なのか，と考えるわけである。

もちろん少し考えてみれば分かるように，QOLとはどこかに存在している「もの」ではない。しかしそうだとしても，「QOLとは『患者』と『環境』からなる『一つのシステム』」である」と考えるのがせいぜいではないだろうか。だからその時点での「QOLというシステム」を，なんらかの方法で測定したり描写したりすればよいではないか，と考えることになる。これは，おそらく一歩前進ではあるが，それではQOLの本質はとらえられていないと京極らは主張する。そして，QOLを「営み＝プロセス」として理解することを提案するのである。その論理的帰結として「QOLの主客問題を解明するためには，“主体を取り巻く人々との対話を通じ，ある程度の客観性が構築されている過程そのもの”を基軸にQOLを捉える必要がある」と京極らは主張する。

これは，QOLを「ある状態の属性」と見る視点から，「あるプロセスそのもの」と見る視点へと転換しているということになる。それでは，このような視点の転換に伴って，「主観性」，「客観性」の概念はどのように変容するのか。特に問題になるのは，「客観的ということ」がどのように変容するかである。京極らはそれについて，「多くの情報をやり取りする過程を通して“他者と共有された疑い難い確信

＝客観”は成立すると考えられる」と主張する。

筆者はこの見解に反対するものではないが，ここでは，QOLについての議論をはじめた時の出発点である「客観的QOL＝外部実在の忠実な描写」という前提が，跡形もないほどに変容しているということを強調しておく必要があるだろう。

京極らの論文においては，ここからある事例に基づいてQOL構築の実践の例が述べられており，架空の事例とはいえ説得力のある「物語」が述べられている。そして京極らは，上記の議論をふまえて，新しいQOL理論（構造構成的QOL：Structure-construction Quality of Life Theory：SQOLT）を以下のように定式化する。

1）QOLとは，「患者にとって善く生きることの意味を問い続ける営み」と定義される。
2）QOL観に基づく実践とは，「患者と実践家が相互の“主観的QOL”を交流させることにより“客観的QOL”を構築し続け，それを実現するために支援する営み」である。
3）QOL研究の実践とは，「二者間以上の主観的QOLが交流した結果生じる客観的QOLの構築過程を何らかの方法で記述（構造化）し，かつ客観的QOLが構造化される過程を他者に提示することで，他者と動的構造を共有できるようにすること」である。

さらに京極らは，「SQOLTの構築過程には，患者の現象を第一義に尊重し，関心相関性を認識装置に自他の関心（“主観的QOL”）を把握し，そして患者－実践家間でメタ目的（暫定的な“客観的QOL”）を構築するという形で，構造構成主義の理路が生かされている」と説明している。

筆者の印象を追加すると，SQOLTは，常識的な意味での主観的QOLと客観的QOLを統合しようとした理論ではない。SQOLT自体が一つの力動的なプロセスであり，SQOLTのプロセスの前と後では，読者（あるいは実践者）自身の視点の根本的な変容が要求される。逆にいうと，もしそういった認識論的変容がなされなければ，SQOLTは表面的にしか理解されず，おそらく実践において使いこなされることもないのではないかと危惧される。その変容を読者が受け入れるかどうかは，著者らと読者との（比喩的な）対話の質にかかっていると言えるのではないだろうか。

7節
構造構成主義からのNBM論への応答

ここまで見てきたように，少なくとも筆者が理解しているところのNBMを下支えする物語論は，構造構成主義との親和性が非常に高いことを本論では強調してきた。しかしもちろん，物語論と構造構成主義はその名称が異なることから見ても明らかなように，全く同一のものではない。

一方では，京極ら[7]によって，構造構成主義的観点からみたNBMに対するコメントがいくつか公表されているが，その中では主として，NBMと構造構成主義の相違が指摘されている。その大部分は，両者の強調点や特性の違いを明確にするものであるが，一部にはNBMへの誤解に基づくものも含まれているように思われる。本稿の最後にあたり，主として京極らのコメントに答える形で，再度NBMと構造構成主義の関係について筆者の考えを整理しておきたい。

京極らは，前節で述べた論文[7]において，SQOLTとNBMの異同について，4点に分けて整理している。

第一点は，NBMはコトバの営みを重視する哲学を前提にしていることから，おのずとその実践も「対話」が重視されるのに対して，SQOLTは，患者の所作，雰囲気など，直観的に感じられることを含む「交流」を重視する点が異なるというものである。

SQOLTは，作業療法，リハビリテーションなどの領域を主たるフィールドとして構築された理論である。そのような現場では，実際に患者と医療者間の交流において，かなりの部分が言語化されない情況があることは事実である。医療者に限らず，実践者は言語化された情報のみならず，患者の発する非言語的なメッセージに注意を払い，それを含めた総合的交流を目指すべきであるという主張に異論はない。

しかし筆者の印象によれば，京極らは，「対話」という実践的行為をあえて狭く捉えているのではないかと思われる。本稿でくり返し強調したように，「物語」「対話」とは，常にテクスト・イン・コンテクストの構造であり，テクスト（コトバ）だけが独立して交流に用いられるということは「ない」。

対話のプロセスには，「沈黙」も重要な要素として含まれている。NBMは，むしろ言語化以前の「混沌」から「コトバが浮かび上がってくる」その瞬間を，対話における最も価値の高い「甘露」の瞬間として重視する。そのような「コトバのゼロポイント」は，極めて繊細な瞬間であり，非言語的なメッセージや，雰囲気や，互いの関係性に対して，十分に医療者が「開かれて」いない限り，このような瞬間を共有することはできない。したがって，あくまでも実践論レベルの議論に限定するならば，「対話」に対して「総合的交流」を強調するのは焦点の当て方の相違であり，決してNBMとSQOLTとの本質的な相違点ではないと筆者は考える。

第二に，京極らは，NBMが二者間の対話を臨床のアートと位置づけ，主観性を重視する一方で客観性は保留するのに対し，SQOLTは異なる主観性を持った二者間の交流こそが客観性を構築する過程であるとした点でNBMとは異なるとする。

確かに，二者間の交流によって暫定的に構築されたものを「客観性」と呼ぶ，とする主張は，SQOLT独自のものである。しかし前節でも述べたとおり，SQOLTによって提唱された「客観性」とは，伝統科学における「客観性」とは全く異なり，SQOLTの認識論によって再定義された「客観性」である。このような「客観性」の定義を第3者が受け入れるためには，SQOLTの認識論を受け入れる必要があり，そうでない限り，「伝統的な客観性」と「新しい客観性」による信念対立が再燃するおそれがないとは言えない。

筆者は個人的には，この「(構造構成主義的な) 客観性」という概念は実践において有用であり，かつ論理的整合性も担保していると認識している。しかし，果たしてこのような「(構造構成主義的な) 客観性」に，「客観性」というコトバを与えた方が良いかどうかについては，意見を留保したい。

なぜなら，同じコトバが二つの意味を担うということは，現実にはよくあることではあるとはいえ，あえてそのような情況を積極的につくり出すことは避けた方がよいと思うからである。もしかしたら，それは新たな混乱を作り出すかも知れない。NBMであれば，「構造構成的客観性」のことを，「十分に共有された信用できる物語（あるいは理論)」と呼ぶだろう。

NBMが二者間の対話を臨床のアートと位置づける，ということは間違った理解であるとは言えないが，NBMが対話を「アート」と呼ぶか，「技術」と呼ぶか，それとも対話自体を「科学的な営み」と呼ぶかは，コンテクスト次第である。NBMは，アートを科学と対立するものとしては理解していない。「対話はアートである」，「対話は科学の営みである」は，共に一つの物語として成り立つし，あえてどちらかを選ばなければならないというものではない，とNBMは考える。

第三に，京極らは，NBMは科学的知見すら1つの物語に過ぎないとして全てを物語に還元するが，それに対してSQOLTは，研究の科学性を保証することが可能であり，NBMとは大きく異なるとする。

この文章の前半に関しては，京極らのNBMに関する見解は，筆者の見解とは異なっている。筆者の考えでは，NBMは全てを物語に還元しているわけではないし，そのように主張しているわけでもない。「何らかの言説を『1つの物語に過ぎない』として減価値的に還元する」というスタンス（姿勢）は，NBMの主張とはむしろ正反対のものである。そうではなくて，NBMは科学的知見を含む全ての言説を「物語として尊重し」「もっと深く理解しようとする」のである。ここには決定的なスタンスの差がある。筆者がすでに述べたように，物語は医療における単なるツールではなくて，医療者のスタンスでもある[3]。物語は「わくわくするほど面白いものである」から，物語の姿勢は，「好奇心をもって，物語を（そして当然のことながら他者を）もっと深く理解しようとする」のである。

京極らは，上記の議論に続いて，SQOLTとNBMの相補性について述べているが，これについては筆者もほぼ賛成である。すなわち，SQOLTをNBMの理論構造に組み込むことにより，NBMの客観性，科学性を担保することが可能になると同時に，SQOLTにおいて患者と実践者との交流を行う際には，対話に特化した様々な技法を持つNBMは，SQOLTの有効な実践を補完するだろう。NBMはこれまで，対話によって共同構成される物語の科学性を如何に担保するかについての理論構築は不十分であった。構造主義科学論に源流を発する構造構成主義，そしてSQOLTをNBMに取り入れることによって，NBMにおける科学的営みについて，理論および実践論をさらに精緻化していくことが可能になると思われる。

前節で述べてきたように，物語は構造の一特殊型であり，構造の全てが物語であるわけではない。したがって構造構成主義的な科学論は，コトバを用いない実践(絵画表現や音楽あるいは身体表現や技術など）においても，科学性を探求するためのメタ理論として有用であると思われる。

8節
おわりに

NBMと構造構成主義について，いくつかの観点から考察してきたが，基本的にNBMを下支えする理論として，構造構成主義は非常に有用であると感じている。くり返し述べてきたように，NBMを支える理論は決して一つである必要はなく，多様な理論を駆使できることがNBMの一つの特徴でもある。しかし構造構成主義は，特に信念対立の解消と，新しい科学論の構築において優れた理論であり，今後NBMとの関連についてさらなる考察と議論が活発に行われることを期待したい。

【註および文献】

［1］Greenhalgh, T., Hurwitz, B.（Eds.）1998 Narrative based medicine, Dialogue and discourse in clinical practice. London : BMJ Books. 斎藤清二，山本和利，岸本寛史（監訳）2001　ナラティブ・ベイスト・メディスン―臨床における物語りと対話　金剛出版

［2］斎藤清二，岸本寛史　2003　ナラティブ・ベイスト・メディスンの実践　金剛出版

［3］斎藤清二　2006　医療におけるナラティヴの展望　江口重幸，斎藤清二，野村直樹（編）ナラテ

ィヴと医療　金剛出版　pp.245-265.
[4] 西條剛央　2005　構造構成主義とは何か－次世代人間科学の原理　北大路書房 pp.223-228.
[5] 西條剛央　2007　構造構成主義とはどのような理論か―今，その深化を問い直す　西條剛央，京極　真，池田清彦(編)現代のエスプリ475，構造構成主義の展開―21世紀の思想のあり方　至文堂
[6] 京極　真　2006　EBR（evidence-based rehabilitation）におけるエビデンスの科学論―構造構成主義アプローチ　総合リハビリテーション　34（5），473-478.
[7] 京極　真，西條剛央　2006 Quality of Life　の再構築―構造構成主義的見解　人間総合科学会誌　2(2)，51-58.
[8] 池田清彦　1990　構造主義科学論の冒険　毎日新聞社
[9] Greenhalgh, T. 2006 What seems to be the trouble : Stories in illness and healthcare. Oxon UK : Radcliffe Publishing Ltd, pp.9-15.
[10] 西條剛央　2003 「構造構成的質的心理学」の構築―モデル構成的現場心理学の発展的継承　質的心理学研究，2，164-186.

【付記】

本論文は，富山大学保健管理センター紀要『学園の臨床研究』vol.6：1-9，2006. に掲載された論文を本誌用に微修正を施し再録したものであり，転載については同編集委員会の許可を取得済みである。

原著論文（啓蒙）

Ⅱ-7　構造構成主義の地平から見た実験研究

北村 英哉

1節
はじめに――量的研究と質的研究

人間科学研究の理論的基盤として西條[1]は構造構成主義を提案した。構造構成主義に基づく知の構成は，素朴な客観主義に依拠することなく，立ち現れる現象を出発点として理路が形成されている。

主客図式の難問を脱し，研究を成立させるためには，戦略的に判断停止（エポケー）を徹底させたところに残る現象からの理論構成を目指している。出発点となる現象の確かさについて，フッサール（Husserl, E.）は内在的な知覚直観および本質直観を重視しているが[2]，これについては後に改めて取り上げる。

また，構造構成主義は，関心相関的な観点から自己および他者の関心を対象化し，価値の拠り所に目を向けることで，信念対立解消への道を開いた。このような認識の機序については最後に取り上げるとして，構造構成主義的な立場からは，一旦自己の立場を相対化した後に見えてくるものを重視するのだと確認しておきたい。

そのために，量的研究の立場，質的研究の立場など自己の立脚点を越えて，他者の研究の意義に触れ得ることになる。各々の研究はその研究者の関心に応じて，関心相関的に問題の解決が目指される。したがって，関心に応じて研究方法も選択される。あくまで，何を知りたいか，何をつかみたいかが研究目的として重視されるものであり，研究方法はそれを達成する手段であるという位置づけを十分確認し，手段である研究方法にあらかじめ優劣をつけたり，目的を無視してとるべき研究方法を規定したりはしない。

日本の心理学研究においては，1980年代から1990年代にかけて，さまざまな質的研究が勃興してきたが，それらの質的研究が学会において受けた批判について理論的な解消を企てるその理論的基盤を構造構成主義は提供している。

量的研究を無条件に是とする立場から素朴に質的研究を見ると，対象としている観測数が少ない，主観的である，統計的な分析を施していないなど，今日の学術雑誌に掲載されている多くの典型的な量的研究に比して欠けている点に目がとまるだろう。しかし，研究の目的が異なり，たとえば，広く一般性を樹立するために行っているのではない場合や，あるいは，現象について一般性も客観性も初めから存在し得ないという立場から研究が開始されている場合などがある。あるいは，一般化を目指しても，仮説を持ち難い現象からスタートするために，その手法として質的研究を行うことによって仮説が生成されたり，あるいはその後，質的に仮説の確認作業が行われたりなど，量的な仮説検証の方法とは異なった方法がとられるのである。

現在では，学術雑誌として，「質的心理学研究」が刊行され，また，社会心理学研究や実験社会心理学研究，発達心理学研究，パーソナリティ研究などの学術誌においてもいくらか質的な研究が掲載されるという状況が到来した。

むしろ，このような怒濤の流れの中では，質的研究は新しい風を心理学研究に吹き込み，それに対して実験研究などはある意味旧態依然としたままで，新たな知識を産出するのにその役割は縮小低下し，あるいは，ポスト構造主義の時代において誤った科学主義をとり続けているようにも見られるようになってきたのではないだろうか。中には，実験的な研究の意義を徹底的に批判する極端な立場もある[3]。

本稿では，構造構成主義という研究基盤が提示されたこの21世紀の時代において，人間科学，とりわけ心理学の領域において実験研究を行うことの意義について再考し，その学術的意義を再構成することを目指す。実験研究を行う研究者は，自らの研究的営為を量・質ともに多様に広がっていく方法論の中にどのように位置づけ，その立脚点を確かに考えていけばよいのか，その理論基盤の筋道を辿り直してみたいと考える。

2節
全体的研究と要素的研究

心理学は，人間に関わる知見を得ていこうとする学問領野である。人間を知るといった場合に，現象学的心理学の立場などに典型的にあるように，人間を統合された全体として捉えるという方法がある[4]。この立場では，そもそも人間は，１個の存在として，不可分のものであり，それを分割したり，要素に還元したりすることで理解が進められるとは考えない。人間の生きられた経験を重んじ，全体的に統合されたところに見出せる経験を重視する。人間をまるごと理解するために，インタビューや観察によって，個の理解を目指す。それは，法則定立的研究とは異なり，個性記述的研究を目指す場合には，ひとつの取り得る方法論である（あえて注を施せば，質的研究においても法則定立的な研究はある）。

それでは，人間を要素に分けたり，部分的な関心を持つのは間違った方法論なのであろうか。決してそういうことではない。西洋医学などでは明らかであるが，身体部位を生理的な物質と捉え，その生化学的機序を研究し，把握し，外科的・内科的対処をとるのは，有効な医療となり得ている。薬学的にも身体内の生理過程に目を向け，特定の化学物質に作用する薬理的な対処は有効である。

これらは，医学的な対処だから有効で，人間心理を理解する心理学にはあてはまらないことであろうか。いや，人間の精神的過程も生理的過程に支えられ，心理的な現象と関わる記憶障害などは，比較的明らかな生理的基盤を有している。そうであるならば，健常状態の人間の記憶過程や思考過程にも当然ながら生理的な過程が基盤としてあり，その働きを理解することは，記憶や思考の１側面を理解するのに十分に価値ある研究となる。

とりわけ，人間のさまざまなシステムがいかに働いているか，その機能的な理解を目指す問題関心に立つならば，それらのシステムを構成する要素である生理過程や，情報処理過程を取り出して理解することには十分意味がある。

ただし，ここで重要なのは，「生理過程」という捉え方も社会的に構築されているものであり，さらには，主として心理学的な構成概念から成っている「情報処理過程」というものも社会的に構築されているものである。したがって，必ずしも生理過程は事実だが，情報処理過程は単に研究者の想像物であるという単純な切り分けは妥当ではない。ただ，情報処理過程について論考を行う際に，過度にそれを事実化，物質化するのは適当な態度ではなく，あくまで心理的構成概念であることを十分意識して議論することが立場の異なる他者とも相互理解を形成しやすい説明態度となるであろう。構成概念については後に改めて取り上げたい。

筆者自身は普段，社会心理学の領野の社会的認知研究に携わっており，とりわけ，人間の社会的情報処理の中における非意識過程に関心を寄せている。非意識過程の研究では，むしろ当事者たる行為者が自身の行為をどう捉え，主観的にどう説明するかよりも，非意識過程の中で，いかなる連鎖的過程が進行し，行動が惹起するかに注目する。ある意味では人の心のないところでの心理学であり，しかしながら，ある状況では，人の行動の予測，行動の理論的説明という点では有効であり，人の行動がいかなる過程によって産出されているかを理解していく枠組みとして無視できないものがあろう。

例をあげると，看護師という情報に触れた実験参加者は，そのステレオタイプ的特性としてある「援助的」という目標指向的動機づけが活性化されて，後の課題遂行の中で，援助的な振る舞いをより多く生起させるといった研究がある[5]。このようにわたしたちは，日常生活の中で多くの刺激（人の職業や性質，行動の目的などを示す言葉など）に偶然触れる中で，それらの刺激から非意識的な影響を受け，行為に向かう目標や動機づけを気づかない間に活性化されて，その後の自分の行為をあれか，これかと選択する際に，この先行経験によっていくぶんか左右されているのである。

人の社会的行動に関わる非意識過程のこのような研究は，人間を全体として扱うというよりは，その部分的過程である非意識過程の働きに焦点をあてて，目標から動機づけおよび行動に至る過程を理論的に説明していくことを目指すものである。そして，このような理解の枠組みから，人の選択的行為をある程度予測することも可能である。

人間理解に唯一の「正しい」理解というものはない。それこそ，構造構成主義が示していることであり，通常，理解と立場は不可分である。また，社会的要請から考えても，目的の全くない「理解」はナンセンスである。純粋に科学的，知的好奇心からというのも，自己の満足感，充実感を得ることを目的とした営みと言えるだろうし，また，社会的貢献を目的とした場合には，その有効な作用がいくぶんなりともあれば目的は達せられたものと考えるべきであろう。

そうした研究の目的を考えるならば，人間を丸ごと全体として理解することが，心理学の取り得る唯一の正しいアプローチ，あるいは，採るべきアプローチだと言うことはできない。社会に貢献する研究を行うという目的からは，ある程度，人間の部分的な行動について，有効な予測を成立させるならば，研究の有用性は達せられるからである。そこで，研究を行う意味についてさらに考えてみよう。

3節
研究を行う意味

研究を行う意味というのは２つある。できるだけ真実を探究しようという営みと役に立つことを見出そうという方向性を持つものとである。佐藤[6]はギボンズら（Gibbons et al.）[7]のモード論をまとめて２つのモードを説明しているが，これを整理して表Ⅱ-7-1に示した[8]。

現在学会で見られる対比としては，数量的な研究が科学的研究であり，その目的

表Ⅱ-7-1　2つのモード[8]

モードⅠ	モードⅡ
学範内での貢献	社会への貢献
理論志向	課題解決的
アカデミック	実践的
学問コミュニティ内での活動	社会との協同
同業者からの評価が重要	社会からの評価が重要

は真実を探究しようとするものだという科学派に対して，質的研究を対置させ，現場から意味のある知見を抽出し，より有用で社会と結びついた社会に関わりの深い研究を行おうという社会的実践派という立場が見られる。西條[1]においてもこの「量対質」の問題を１つの信念対立の例として取り上げている。

ここで強調したいのは，有用性＝質的研究，有用でないかもしれないが真実探究＝量的研究といった区分けを示したいわけではない。筆者は，社会心理学を専門としているが，社会心理学の領域内でもさまざまな研究がある。社会心理学は近年主として数量的なアプローチをとることがきわめて多いのであるが，社会との接点を模索し，社会的有用性を意識した研究も多い。災害関連の研究では避難所生活の問題を取り上げたり，その集団やリーダーシップの特質，ボランティアの特質や問題点など，多くの実際的な社会的問題が取り上げられている。

社会的に議論のあるような政治的な議題やジェンダー，偏見といった問題について，量的調査や実験手法によってアプローチする研究は多い。そもそも社会調査を行うにあたっては，質的調査，量的調査を対立的に捉えるのではなく，両方の手法を用いて多角的にデータを収集しようと試みることも多い。

しかし，大学生や初学者に対して，大学教員などの知識の伝達者が，科学的なアプローチを強調することがしばしば見られる。おそらくそれは，世の中において科学的にものを見るこころがけがしばしば希薄であり，そのことに問題を感じているために，敢えて「科学」を強調しようという考え方があるのかもしれない。多くの場合，大学の心理学科では量的な「科学的」研究を前面に押し出しているようだ。

有用性や予測を目的とする研究の場合においても科学的な方法論に基づいてモデルを立てて予測を行ったり，検証を行ったりする。さて，本当にそれらの研究は「科学的」なのだろうか。

4節
予測

科学的とは何を指すか。１つには事象の客観的な把握ということだろう。この考え方の背景には，外部実在を仮定し，わたしたちはその実在を認識できるという客観主義的認識論があるだろう。そのような試みの中にずっといると，ついついいろいろなものを実体化して考えてしまう。たとえば，自尊心，共感性，魅力，援助行動など心理学が取り上げている専門用語で命名された多くの現象が実体あるもののように考えたとしたら不正確な理解へと導かれてしまうだろう。心理学が取り扱っているのは，それ自身，それ自体には境界がないような現象群の中から，典型的な事象を中心に命名を行って，ある形式の事象を切り出してきている，そのような「事象」である[9]。そして，これを構造と言い換えてもよいだろう。構造は，人間の観察を離れて先験的に外部実在として存在しているのではなく，人間という観察者を通して構成されていくものである。

人が人に対して行う行動は無限にあり，さまざまなタイプの行動があるが，その中で，行為者が他者の助けとなることを意識し，おおむね援助の受け手にとってもそれが援助として成立し得るような行動を援助行動と命名し，援助行動というカテゴリーにいろいろな行動を入れ込んでいくのである。

また個人内の特性ないし状態としての自尊心についても，自分自身について評価の目を向けたり，自分のことを考えたりする際に出現するポジティブあるいはネガティブな反応，それは，その時々によってさまざまであると考えられるが，おおむねポジティブな反応を表すことが多い場合に，「自尊心が高い人」と定義し，ネガティブな反応が多い場合に，「自尊心が低い人」という定義が与えられる。

ポジティブな反応やネガティブな反応は，脳および身体のさまざまな複合的な反応であると想定できるが，やはりそこに区分などあらかじめないこれらの反応を，ある側面からおおまかに切り取って，ポジティブな反応，ネガティブな反応という概念を対応させる。自尊心の低い人がずっとネガティブ気分を感じているわけではなく，自分の評価にまつわってネガティブな気持ちになることが重要である。

したがって，このネガティブ反応は状況限定的な事象であり，何か趣味のゲームなどで楽しんでいる際には特段ネガティブな気持ちを感じていないのに，課題を遂行しようとしたり，人と関わろうとしたりする場面によって（ケースによって，いずれかであったり，両方であったり），ネガティブな感情反応が出現するわけである。どこかに自尊感情専用の実体が「モノ」として存在しているわけではない。このような概念を構成概念と呼び，心理学の研究では構成概念が多く，その関係を問うような研究がほとんどである。

そもそも，正しいかどうかを検討するための対応する実体に欠けているため，構成概念自体が正しいものであるかどうか検討することは困難である。つまり，ただ仮に，「自尊心というものがある」という仮説を検討するのであれば，それは「自尊心」の定義次第でどうにでもなってしまうので，よい検証が成立しない。1つの概念だけを持ちだしてきて，「何々がある」というだけではしばしば不十分なのである。

そこで，少なくとももう1つ何か別の概念を取り上げて，「これとそれとがかくかくしかじかの関係である」というぐあいに関係を問題にする方が望ましいと言える。このような関係の叙述は1種の命題となるが，それでも，構成概念で表現した命題の「絶対的な正しさ」を問うことは困難である。それは，構成概念の定義づけおよび，関係を表現することば，概念の定義づけ次第でやはり適合性を高めることも低めることもできるからである。むしろ，ある命題と，それに代わり得る別の命題のどちらが当該の事象を示す表現としてより適合的であるかどうかを比較する方が検討しやすいだろう。これは，仮説と対立仮説の検証のようなものである。どのように比較するかというと，比較を行うツールとして「予測の有用性」を挙げることができる。

自尊心の低さと孤独感とが関係を持つとするならば，自尊心が低い人と高い人とで，孤独感を測定して比較を行う。予測通り，自尊心が低い人の孤独感の方が高ければ予測は確証できる（因果関係について述べているわけではない）。しかし，差が見られたとしても，どの程度差が見出されれば妥当であるか絶対的な基準があるわけではない。

より明確な議論を行うためには，事象を説明する複数のモデルを提示して比較することが役に立つ。たとえば，ストレスを引き起こすような事態（ストレッサーと呼ぶ）を経験した際，自分の周りの助けとなる良好な人間関係から得られるソーシャルサポートがいかにストレス反応の出現を和らげるか検討する研究がある。ストレスが弱くても強くてもソーシャルサポートが高ければ，一定割合ストレス反応を割り引いて減少させるのだと考えることができる。これがソーシャルサポートの直接仮説である[10]。それに対して，ソーシャルサポートが高く，ストレッサーに対する対処可能性が高い個人では，ストレッサーが弱くても強くても，それはストレス反応の出現には結びつかないという考え方があり，これはストレス緩衝仮説と呼ばれる[10]。ソーシャルサポートの高低いかんによって，ストレッサーの影響が全く異なってくるので，このような場合，ソーシャルサポートは調整変数として働いているということになる。

このような2つの仮説は，ストレッサーが強い場合，弱い場合，ソーシャルサポートが高いケース，低いケースで比較してみれば検討可能となるのである。

もう１つ，対人魅力の例を挙げてみよう。性格の類似と好意とが関係を持つとするならば，性格が類似している他者と類似していない他者とで，好意を測定して比較を行うことになるだろう。予測通り，類似している相手の方が高ければ予測は確証できるかもしれない。ただし，差が見られたとしても，どの程度，差が見出されるならば妥当であるか絶対的な基準があるわけではない。

しかし，ここで，性格が類似していることで好まれるのではなく，単に好ましい性格の者が好まれるのだという代替説明が提案されたらどうであろうか[11]。多くの人は自分自身がそれほど悪い性格であると思っていないならば，類似していることは，すなわち，自分と同じく好ましい性格であるというだけで好まれているのかもしれない。そこで，好ましくない性格で類似している場合と類似していない場合などを場合分けして詳細に検討してみる。すると，自分のことを好ましくない性格であると考えている人は，自分と類似した性格をもつ他者をそれほど好まず，一般的に好ましい性格の他者の方をより好むという結果が得られたならば，本人との類似性いかんにかかわらず，好ましい性格の者がより好まれやすいという代替説明の方がよりよい説明であると判断することができる。好ましくない性格で類似しているという新たな事態についてもより精度が高く予測をなすことができるからだ（好ましい性格を好むという同語反復的な問題については今は脇に置いておく）。さらに一歩進むと両者の効果の合体ということでデータがより精緻に説明できるかもしれない[11]。

さらに，この場合，「一般的に望ましい性格」があるという前提に立っているが，多くの人が評価した評定値が高くてもある人はその人を好まないかもしれない。ちょっとだらしないところのある人は，あまり道徳的な人はけむたい存在と感じられて好まないかもしれない。一般的には，道徳的であること，正直であること，誠実であることは好ましい性格かもしれないが，近頃よくニュースに取り上げられるような不正を働いている官僚や経営者にとっては，そのような存在は近づいて仲良くしたくないタイプの人にあたるかもしれない。それならば，一人一人の人についてその人にとって個別に好ましい性格，好ましくない性格を調べておいた上で，類似性と好ましさのどちらが好意の規定力が強いか検証するという研究デザインも可能である。

さらに，これは人間というものは，いついかなる時においても好ましいと思う相手は常に好ましく，好ましくない者は常に好ましくないといった状況を越えた一貫性（通状況的一貫性という）があることが前提となっている。しかし，実験の中で今から難しい知的パズルを１組になってしなければならない状況と，話し合って報酬を分配しようという場面とでは，その人に感じられる相手の「好ましさ」は変わってくるかもしれない。パズルを一緒に解く場合ならば，相手が知的である方がいっそう好ましい人物に思えて，報酬を分ける場合ならば，気前がよいとか寛容であるとか，そのような性格の温厚さがいっそう魅力的に感じられるかもしれない。つまり，状況いかんによって一人の人にとってさえ「好ましさ」は変わってきてしまうかもしれないのである。これらを予測するには，一人一人のある特定の状況における好ましさを調べておいて，説明変数としてそれらを投入する方がよい予測ができるということになる。

5節
モデルを立てる

今述べてきたように，予測を行う場合には，投入する変数をどんどん増やしていけばいいのだろうか。それはある意味では，イエス，ある意味ではノーであろう。

複数の要因からあるターゲットとする事象を予測する統計的モデルとして，重回帰分析がある。ターゲットとする変数を被説明変数，あるいは基準変数，説明を行う複数の要因にあたる方を説明変数と呼んでいる。基準変数の振る舞いを予測するのであるからことばを変えれば，基準変数の変動，分散をどれだけ説明変数によって説明できるかが重要なことになる。一般に説明変数の数を増やしていけば，分散の説明率は高まる。説明変数を調べたり，用意したりすることにそれほどコストがかからない場合，あるいは，精密な予測を立てることから得られる利益が大きい場合には，説明変数をできるだけ増やせばよい。たとえば，ある立地にファミリーレストランを出店するのに，採算がとれそうかどうか計算するために，店舗の面積，可能な席数，立地周辺の世代別人口や道路の通行量，他の店舗の状況，利用層の資産あるいは収入状況など多くの説明変数を得ることは意味があるだろう。少々変数が多くなってもコンピュータに入力して予測を計算させるだけだからさして負担でもない。

しかし，たとえば，好ましい人物に依頼された場合と，好ましくない人物に依頼された場合の応諾の違いについて実験的研究を行うなどといった場合，「好ましい人物」をどのように設定するかは問題である。厳密に設定しようとすると，「人によって好ましいと感じるかどうかは異なる」のだから，一人一人の実験参加者にあらかじめ好きな性格などの資料を得ておいてから実験刺激となる人物のプロフィールをその参加者専用のものとして用意するのが望まれることになるだろう。しかし，このような準備はコストの方が高いと考えられる。さきほどの対人魅力についての例だと代替説明が現れた段階の考え方で止めて，「一般に」好まれる性格を用いて好ましい人物のプロフィールを作成した方が実験としてのコストパフォーマンスがよいだろう。おおざっぱであってもそれで十分用は足りるし，ある程度の数の実験参加者で実験を行えば，一般的でない好みをもった実験参加者の反応は誤差として扱われ，それでも望む結果は得られるかもしれないからだ。

このようにあえておおまかに行うのは実験場面に限らない。友人形成の際に，あらゆる場面においてつきあう相手を変えていくことを考えるのはナンセンスであるし，「あの人はこういうときには自分にとって困った人になるかもしれないから，友達になるのはやめておこう」などと考えるはずもない。「日常の人間が用いるモデル」というのは，簡単に使える使い勝手のよいものが望まれるのである。いちいちコンピュータにデータを入れるのではなしに，素早い判断が求められる状況において，たくさんの変数をあれはどうだった，これはどうだったとすべて考慮に入れるのは難しい。このような際に簡易的な判断を用いるのを「ヒューリスティック」と呼ぶが，人は往々にしてヒューリスティックを用いて判断を下すものである。

そのときには，あたりはずれがいくぶんおおざっぱであってもわかりやすいいくつかの変数だけから予測を行った方がいいだろう。手にしたアクセサリーを購入した方がよいか，値段という要因と，自分自身の感情として「気に入ったかどうか」(自分がそれについてどう感じたかに基づいて判断するヒューリスティック)，この2つくらいから判断を下しても十分であろう。以上の予備的な思考を土台にして，研究上のモデルをどのように考えていけばよいか検討してみよう。

6節

現実と研究的モデルとの距離

人間とはどのようなものであるか，心理学では仮説的モデルを立てて表現することが多い。一般に，素朴にはモデルは現実のあり様に近い方がよいと考えられている。モデルを構築する目的は主として2つあり，経験されている事象に対してできるだけ近いシミュレーションを与えられるように描くという側面と，事象の予測のために用いるという目的とである。

もっとも客観的な真実を確定するのは不可能であるわけだが，先に論じたように説明率の高いより妥当なモデルを構築することはできる。

この際，モデルが近づけようとする経験的事象を今「現実」という言葉で呼んでおくことにすると[12]，「現実」に近づけるために，多量の変数を導入して，互いの関係も複雑なもので，できるだけ多くの分散を説明しきることを目指すかどうかである。

たとえば，感情の認知的評価次元を研究するものがあるが（表Ⅱ-7-2参照）[13]，6つの次元があり，その高低やあるなしによって，感じられる感情の予測が変わっ

表Ⅱ-7-2 Roseman（1984）に基づく情動の認知的評価モデル

		ポジティブ感情 動機に一致		ネガティブ感情 動機に不一致		
		賞がある	罰がない	賞がない	罰がある	
状況が原因	未知	驚き				力が弱い
	不確実	希望		恐怖		
	確実	喜び	安心	悲しみ	苦悩，嫌悪	
	不確実	希望		欲求不満		強い
	確実	喜び	安心			
他者が原因	不確実	好意		反感		弱い
	確実					
	不確実 確実			怒り		強い
自己が原因	不確実 確実	誇り		恥，罪悪感		弱い
	不確実 確実			後悔		強い

てくるのだ。脳内情報処理としては，いかにもこのモデルは人工的であり，そのような次元に基づく判断を１つ１つについて独立に脳内で情報が出力された後，総合されているかどうか疑問である。しかしだからといって，このモデルに意味がないということにはならない。ある程度，限られた次元を考慮することで出力される感情が予測できるならばそれは有用なモデルであろう。

いかに感情が喚起されるかは，コネクショニストモデルもある[14]。文脈情報を重視し，認知者にとってどのような意味をなしている状況であるか，多数の限りない状況要因をすべて並列的に勘案（非意識的な計算）を行って出力に至る。あらゆる状況変数がここに影響するのだと述べることは，より説明率の高く，「現実」のあり様に近いだろうと思う人もいるであろうが，これをロボットなどのシミュレーションに用いるのでなければ，実際には，「あらゆることが感情の生起には影響している」と正しそうなことを述べているだけになってしまい，実際の予測に用いるには困難なことになる。

このように実際の用途に役立てようとすれば，操作しやすいモデルをつくることも大切である。したがって，モデルについて，単に「現実味がない」「頭の中がそんな風になっているはずがない」などという指摘は素朴にすぎる考え方であり，モデルが何のために作られているか，それを用いて何をしようとしているのか，その目的を理解し，その用途に応じた試みがある程度成功していれば，それは研究として意義のあるものだということがわかるはずである。

現象から構造を取り出すことから始まるように，西條[1]の構造構成主義は人間科学の知見のスタートラインを描いているが，実際，その「構造」の取り出し方は一様ではない。ただ，黙って心を澄まして現象を見つめていると，唯一の構造が自然にわき上がってきて感得されるとは限らない。構造は何層も層をなしているかもしれないし，そのことにもすぐには気づかないかもしれない。だからこそ，研究という営みは必要である。

西條[15]の心理学の暫定公理１では，心理学は，「目的に適した認識論や方法論を多元的に駆使し，心理的現象や概念を構造化する試みであり，心理的現象をよりうまく説明する構造を追求していくという要請（p.172)」であるとしている。ここでの議論と照らし合わせると，「うまく説明する構造」は複数あり得，西條は基準として「信憑性」を強調しているが，「目的に適した」という前提があるように，その目的にかなった構造は目的毎に別々に成立する可能性があり，いかなる説明を「うまく説明する構造」であると判断するかは，この目的や立場によって選択し得ることとなる。

さて，ここで，研究の１つの目的として，現実世界での有用性という観点から議論を行った。この目的の下に考えてみると，役立つ程度に説明変数を増やし，また，制限してしぼって，目的に合致する程度にモデルを構成すればよいということになる。モデルは一義的に決まるのではなく，用いる目的に依存して決定されるわけである。

7節

合意

もう１つ重要な要素がある。それは人々の合意である。モデルが一義的に「真実」という基準で決まることがあり得ないのならば，それ自体の内部に正当性をはらんでいるのではないことになる。さらに，社会的な事象については，そもそも「誰にとっても妥当」ということ自体がない可能性が高いわけである。そうした場合に，多くの人から見てよいモデルであればよいという合意性の基準というものが働き得る[16]。

そもそも，人間の目を通さない自律的な外部実在といったものが確証できないこの世界にあっては，事物の存在自体も合意性に依拠していると言える。そこにコップがあるかどうかは，人の主観を離れて検証することはできない。みんなが明らかにコップがあると認識できる状況であれば，これを擬似的な「客観的真実」として取り扱っても不都合はないだろう。このような地点からカギ括弧付きの「客観科学」を構造構成主義が言うところの「広義の科学」のうちの１つの形態として進展させていくことが可能である。心理学における知覚研究や認知研究の多くはこのような前提から知見の積み重ねを産出してきている。ある心理学的構成概念，たとえば「不適切なものの考え方＝フォールスビリーフ」など，何がフォールスビリーフであるかを決定する本当に妥当な基準などはない。フォールスビリーフをどれくらい抱いているか測定する尺度を構成した場合，多くの人が「確かにこのような考え方（信念）は，人の振る舞いや自己評価を窮屈にしてしまうでしょうね」と思われる事項はフォールスビリーフとしておいてよい。それで，その尺度値によって，抑うつ症状やストレス症状が予測できるならば有用である。

ただ，どのようなことも自然と合意が広がるというものではない。証拠を提示して他者に納得してもらえるように働きかける必要もあるだろう。これは，構造構成主義が言うところの「信憑性」を共有するために，「構造化に至る軌跡」を示していくことを含む[15]。このような人々の間でのダイナミックなインタラクションの結果，社会的合意はその都度形成されているのであり，きわめて合意の少ない意見や信憑性の低い意見が提示されても黙殺されたり，反論を受けたりして淘汰される運命に終わることが多いだろう。そのような意味で，研究上の仮説やモデルも社会の中での営みなのだと言える。

8節
実験研究

以上の点を踏まえれば，客観科学であるというゴリゴリの堅いイメージとは異なった地平に実験研究を見ることが可能である。真実性を合意性と読み替えれば，真実性の強さも相対的なものでしかなく，実験研究が方法的に観察などより優越しているわけではないのは当たり前のことである。手続きやそのマニュアルが非常によく整備されているきちんと行われたよい実験でも，仮説がとうてい共感できないものであったり，また実験の結果，仮説が支持されたと議論していても，測定が該当する概念をよく測定できているとは全く思えなかったりする場合など，仮説が結果によって強力に支持されたとはとても思えないような報告もある。これはたまたま「悪い」実験であって，「実験」という手法自体は非常に優れたもので，実験を適切に用いれば非常に有用で強力な結果を得ることができるという主張もあるだろう。

筆者は，どちらかというと，おおむねそのような意見に確かに賛同するものであるが，きちんと考えると，心理学実験という構造が必然的に構成概念の操作化を含んでおり，常に，構成概念とその操作や測定との対応が常に問われる性質を有することは間違いない。したがって，想定する構成概念を正確に操作化できているかどうかは，いわば「理想の実験」であり，常に心得であって，完全にその目的が達せられていることはまれである。したがって，「よい」実験か，「悪い」実験かは，結局相対的なものでしかなく，「明らかに悪そうな実験」以外のグレーゾーンの実験は，多くの人の合意，同意という関門を通過することによって，科学的成果として結果を共有できるのである。

しかしながら，本稿は，実験研究を悲観的に見ることが趣旨ではない。全くその逆である。以上のような制約を十分認識すれば，科学的成果を得るには，たいへんすぐれた研究ツールであり，再現性などを追試によって検証でき，また明確な反証可能性を持つことは利点である（それこそが科学であるというわけではない点に注意）。

構造構成主義では方法論というものは，研究目的に応じて決定されると考える。実験研究では，主として実験室で取り扱いが可能な限定的な事象について，再現可能な確実性の高い因果プロセスについてモデルの検証を行いたいといった問題関心に基づいて行われるのに適しているだろう。「心理学知は構成し続ける（p.175）」ものであるから[15]，モデルの検証といっても，実験を行い結果を分析することで，また新たなモデルへと改訂がなされていき，さらに改訂モデルの検証へと絶え間なく継続していく営みであると考えてよい。検証は絶対的な検証や，真実の確定ではなく，他者から見ても信憑性を感じることができるような「構造化に至る軌跡」を示していく１つの有効な手続きとして捉えることができる。

ここで，実験状況は人工的であるかどうかについて議論を付け加えておこう。実験が人工的であるといったことを批判として突きつける人は，実験という研究手法を十分正しく理解していないことから来るものであろう。実験では独立変数が従属変数に影響を与えるか，因果関係が存するかどうかを取り扱っている。原因結果の関係があるのかどうか理論的に詰めることが有用な場合がある。たとえば，同じ集団のメンバーであるというだけで，そうでない集団（外集団）メンバーより自集団（内集団）のメンバーに有利な分配などのひいきを行うかどうか検討することは，さまざまな紛争や葛藤の基盤を理解するのに役立つだろう。これを実験するにあたって，メンバーたちが内集団メンバーか外集団メンバーかだけが異なるようにする。その他の点はランダムとして，統計的には効果が相殺されるものと考える。初対面の人たちが集められるのだが，その中にはたまたま好ましく思える人もそうでない人もいるだろう。しかし，それは，両集団においてランダムである。このようにランダムにするには，あらかじめ実際に実験参加者たちに属する性質，たとえば，性別や人種や外見，趣味などの共通性によって，内外集団を分けるのではいけない。タジフェルら（Tajfel et al.）は，呈示された点の数を実験参加者に判断させた上で，カバーストーリーとして，点の数を多く見積もりがちな人と少なく見積もりがちな人の集団に分けたと実験参加者に告げた。そして，実際には，実験参加者は，2つの集団にランダムに分けられたのである。その後，報酬分配の課題において，実験参加者たちは，内集団のメンバーに有利な分配をしがちであることが示された[17]。

実際には，ランダムに実験参加者は分けられているのであるが，実験参加者が信じたように「点の数の見積もりの仕方」によって集団が分けられることなどは日常においてないことであろう。内集団の仲間といってもこれでは実際人の性質としてほとんど意味のない分類である。しかし，それでも内集団ひいきという差別は生じた。

集団を分ける課題も，報酬分配の課題もきわめて人工的な実験課題であるが，それでも有用な知見は得られる。それは，差別がなるべく生じにくい極限状況において試すことを行っているからであり，現実にさらに意味ある人々の集団がとる行動においては，ますます内集団に有利な振る舞いを行うものと考えられよう。

普段の日常の場面と異なっているからといって，それだけで有意味な批判となるわけではない[18]。あえて極端な状況を観察し，そこから日常を推論しようといった関心に基づく目的の下では，非日常的な人工的設定を行うことが十分意味を持つ。また，別の要因の働く可能性を極力排除する努力を行うことによって，推論の確からしさ，実験に基づく主張の信憑性や説得力は高まるのである。

ただし，その実験状況において，ねらいとする心の働きが働かないような設定にしてしまうような場合は要注意である。課題が全く重要と思えなかったり，そこで行う遂行が自分にとって深い意味を持たないので，日常と異なる感情反応しか生じないなどといった場合，生態学的妥当性に欠けるという点で問題がある。

9節
信憑性の高い研究

実験研究という方法の特徴，立ち位置をよく知ることで，その特徴を生かし，事象の有効なモデル化に迫るツールとして信用することができるだろう。客観的真実などは存在しないので，それを追究しているように感じられる実験研究はナンセンスだとすべてをひっくり返す必要は全くない[3]。客観的実在がないからといって，とたんにすべてに懐疑的になって破壊に走ることもない。心理学の理論は，主体の経験に基づいて，そこに現れた事象をモデル化していくものである。そのモデルが有効かどうかを調べるのに，人々からも合意の得られる信憑性のある成果が共有できるならば有用だということを謙虚に認識できれば，自信を持って実験研究ができる。実験研究に自己のエネルギーを傾注することと，他の方法論を排斥することは本来独立した事象である。人は自分が大切にする大事なことがあると，対比的にそうでないものについて価値を貶めて認識しがちであるが，これは了見が狭いというしかない。

ところで，合意が得られそうな手法で研究を進めていく場合，そこで立てられるモデルについて，有用性の基準だけが問題になるわけではない。先述したように，研究の目的は大きく２つあり，有用性を求める場合と「現実」をよりよくシミュレートしようとする場合である。

最終目標として「真実」というゴールが幻であってたどりつけないからといって走るのをやめる必要はない。多くの人が合意できそうな精緻な事柄に接近できるならば，それは現実経験を説明するよいモデルであり，これをおおまかに「事実」や「実態」と呼んで日常生活上差し支えはない。そして，努力，工夫によって，そのような良好なモデルに接近していくことができるだろう。

構造構成主義では現象をよく説明する構造を切り出してくることをねらいとしている。適切な構造は，有用性の基準から妥当化されるとは限らない。むしろ現象をよく説明する適切な構造は，「たしかにそうであるという感覚とともに立ち現れてくる確信」を伴うような信憑性を持つ[15]。

そうした場合に，５節で描いたように，利用上の有用性を基準にするのではなく，いくら複雑になって実用的ではなくても，非常に精緻にデータを説明できるようなモデルを目指すこともよい。近年，現実社会での有用性，応用性を重視する論議が盛んに見られるが，文化に対して深い理解を欠いているように思われる。たとえば，古今和歌集の解釈などが，実社会ですぐ役に立つということにはならない。しかし，文化を豊かにすることは，その社会に生きる人々の心を豊かにすることであり，人生の意味の獲得や充実感に関係してくるのである。一見，何の役に立つのか分からない多様なものごとの領域が豊かに広がっていることは，世界への多様な関心を引き起こし，人々の精神的な感銘をもたらす。あえて極端に語れば，精神的な充足感や豊かさによって，紛争や戦乱を和らげることができれば，長期的に多大な財的価値さえもたらすことになろう[8]。人文科学の発展によって，人々により妥当な思考方法が身につくだけでも紛争を減らす大きな価値をもたらすかもしれない。このような可能性をはらむ人文的な研究を，すぐに役立ちそうな技術的・工学的な研究と同列の基準で語ることは危ういことであろう。

また，モード論に戻ると，モード論がモード論たるところは，この２分の区分けによって，人が分けられたりするのではない，ということである。これは１つ１つの研究の「モード」であって，同じ人物がこれはこのモードで，こちらはこのモードでということで適宜使い分け得るものである[6]。現実追究型の研究を行ったり，有用タイプの研究を行ったりしてもよい。いつも近視眼的な社会的有用性にこだわる必要はないだろう。

●◆● 10節 ●◆●
反省的認識のツールとしての社会的認知研究

構造構成主義の呈示するところの研究の道筋においては，現象からの構造の切り出しが重要であるが，その信憑性に関わる要因を詳細化していくことも有用であろう。

研究を行う際に，必ずしもあらがいがたい確かさをもって，構造の発見がなされるとは限らない。人々は，自分の見出した構造がいかほど妥当であるかいくばくかの懸念があることだろう。構造を見出すのは，人の認識システムによっているわけであるが，近年，この認識プロセスの研究が進んだことによって，より細かな過程が考察できるようになってきた。

現象学的な認識においても，フッサールは，確かな感覚として，内在的な知覚直観を挙げている[2]。主客問題を解くために，外部実在を仮定することなしに議論を進めるその戦略からは疑い得ない「知覚直観」をそれ以上分解しないように，そこから論を立てることは構わないわけであるが，一方でわたしたちにとってのリアリティの成立について，別の観点からも研究可能であることを排除する必要もないであろう。そして，知覚直観や本質直観，はたまた関心相関的に発見される構造についても，いかに人間の性質や関心が認識過程に影響を及ぼしていくかの知識を得ておくことは有用と思われる。主客問題を解くために，直接的に得られる現象から出発するのは有用であり，この現象をもたらす直観の成立を外部から説明しようとすると先構成的問題となる[19]。つまり，主客問題では，客観的世界があると考えられるか，人はそれをそのまま認識できるのかがまず問われているわけであるが，実際には，それができない上に，客観的な世界の存在を証明できないという問題が生じてしまう。いかに研究的認識などの営みを構築すればよいのか，主客問題を解いていく出発点として，現象学は疑い得ない現象を出発点とする。したがって，その現象自体を外部実在によって説明しようとするのは戦略の崩壊，後戻りとなってしまう。外部実在から主観的に現象が形成されていくプロセスを説明するとなれば，外部実在的なプロセスによって現象を説明することになり，現象に対してそれをさかのぼる何かがあり，それが先立って別の何かから構成されているという論は先構成問題と呼ばれ，現象学的な戦略としては，注意深く排除しなくてはならない議論となっているのである。

しかし，一方で，合意や信憑性の高いような脳神経レベルでの研究が進展している現在では，意識の成立の過程が徐々に解き明かされようとしている。構造構成主義の理路の中に，先立って，「現象の成立について」などという項を置く必要は全くなく，それは避けねばならないだろうが，心理学的意識研究の領野として，知覚や認識がいかに成立するかの機序を検討することは可能である。ただし，このような生理学的探究は，認識の「仕組み」がいかにして進行していくかを解明しようとするものであり，個人が今ここで，何をどう現象として経験しているかの具体的内容に立ち入って，予測を与えたりするものではない。個人的に経験されている「現象」自体が完全に説明されることはないだろうし，それゆえ，現象を出発点とすることには利点があり，現象が認識論の基盤となるのである。

社会的認知研究は，とりわけ欲望や関心に応じて意味が成立してくるその認識の場に焦点をあて，意味の成立を規定する要因をつまびらかにしていこうとする研究分野である。とりわけ社会的な事象において，たとえば，国の間のやりとり，集団間葛藤などの分析では，自然的態度における関心に応じた事態の見え方の違いなどをあらためて確認することができる。

さらに，研究のプロセスの中で，構造を抽出してくる際に感じられる「疑い難い確信」としての信憑性の成立[15]についてもそれをもっと詳細に追究していくこともできるだろう。そういった意味で，社会的認知研究は，構造構成主義的な一連の認識過程の基盤をさらに詳細に解析する理論補強のツールとしても役立て得る潜在力を秘めているといってよいだろう。

11節
おわりに

本節では，外部実在を仮定して真実を探求するという考え方をとらないで科学的研究を成立させる論理を述べた。人間の認識は元来共同的な性質を持ち，コミュニケーションによって，合意的な認識が成立しやすい世界がある。合意が得られるような概念化やモデル化を行い，その道筋をオープンにすることによって信憑性の高い研究を行うことが可能である。そして，人工的な実験室実験によっても，信憑性，有用性の高い研究を行うことができる。さらには，人々の間に成立していく信憑性のメカニズム自体についても「科学的」な研究を進めることが可能であり，社会的認知研究はその１つのツールたりえる可能性を指摘した。

素朴な「真実探究」の研究は唯一の真実を措定してしまうがために，論理的に他の研究の排除へと向かいやすい。しかし，構成概念を構築したり，モデル化したりする道筋が複数あり，そして，すべての研究はその信憑性の高低という相対的な違いしかないのであれば，立場の異なる研究に対しても謙虚に公平な見方を行うことができるだろう。

【註および文献】

[1] 西條剛央　2005　構造構成主義とは何か―次世代人間科学の原理　北大路書房

[2] Husserl, E. 1950 Ideen : Zu einer reinen Phanomenologie und Phanomenologischen Philosophie. Martinus Nijhoff. 渡辺二郎（訳）　1979　イデーンⅠ―純粋現象学と現象学的哲学のための諸構想　第1巻　純粋現象学への全般的序論　みすず書房

[3] Gergen, K. J. 1994 *Toward transformation in social knowledge* (*2nd ed.*). New York : Springer. 杉万俊夫・矢守克也・渥美公秀（監訳）　1998　もう一つの社会心理学―社会行動の転換に向けて　ナカニシヤ出版

[4] Keen, E. 1975 *A primer in phenomenological psychology*. Holt, Rinehart and Winston. 吉田章宏・宮崎清孝（訳）　1989　現象学的心理学　東京大学出版会

[5] Aarts, H., Chartrand, T.L., Custers, R., Danner, U., Dik, Gl, Jefferis, V.E., & Cheng, C.M. 2005 Social Stereotypes and automatic goal pursuit. *Social Cognition*, 23 (6), 465-490.

[6] 佐藤達哉　2002　モードⅡ・現場心理学・質的研究―心理学にとっての起爆力　下山晴彦・子安増生（編著）　心理学の新しいかたち―方法への意識　誠信書房　pp.173-212.

[7] Gibbons, M., Limoges, C., Nowotny, H., Schwartzman, S., Scott, P., & Trow, M. 1994 *The new production of knowledge : The dynamics of science and research in contemporary societie*. Sage. 小林信一（監訳）　1997　現代社会と知の創造―モード論とは何か　丸善

[8] 北村英哉　2006　なぜ心理学をするのか―心理学への案内　北大路書房

[9] 心理学の中において通常，「現象」と言われているものに相当するが，ここでは，「事象」という語で表した。構造構成主義では判断停止の後，立ち現れる出発点として現象を重視しているので，そのような根本的な現象と研究上実際的に取り扱う事象とを区別した。

[10] 浦　光博　1992　支えあう人と人―ソーシャル・サポートの社会心理学　サイエンス社

[11] 奥田秀宇　1997　人をひきつける心―対人魅力の社会心理学　サイエンス社

[12] 生々しい生活の場としての現実性ということではなく，経験される事象群や実証研究の場合得られたデータなどを指して「現実」と呼んでいる。

[13] Roseman, I. J. 1984　Cognitive determinants of emotions : A structural theory. In P. Shaver (Ed.), *Review of Personality and Social Psychology*. Vol.5. Beverly Hills, CA : Sage. pp.11-36.

[14] Barrett, L.F., Ochsner, K.N., & Gross, J. J. 2007 On the automaticity of emotion. J. A. Bargh (Ed.) *Social psychology and the unconscious*. New York : Psychology Press. pp.173-217.

[15] 西條剛央　2007「心理学の統一理論」の構築に向けた哲学的論考―構造構成主義の構想契機　西條剛央・京極　真・池田清彦（編）　現代思想のレボリューション―構造構成主義研究1　北大路書房　pp.156-187.

[16] ただし，この観点からは悪くすると多数決原理への傾斜に道を開く。先端的に発見された重要な知見が当初，多くの人から不承認を受けるといったケースがあるので，その点は合意性の効果を限定的に利用せざるを得ない。

[17] Tajfel, H., Billig, M. G., Bundy, M. G., & Flament, C. 1971 Social categorization and inter-group behaviour. *European Journal of Social Psychology*, 1, 149-178.

[18] 現実的な相互作用状況でないと出現しないような反応を研究する場合には，生態学的妥当性に配慮した研究が必要である。人工性によってターゲットとする性質（たとえば，自己防衛的な動機や自尊心の高揚など）が働かないように損なわれるようでは不適切であろう。ただし，現実的な実験場面を構成していくことによって，人工的に妥当な状況を形成できる場合もあるので工夫が必要である。

[19] 竹田青嗣　1989　現象学入門　日本放送出版協会

原著論文（研究）

Ⅱ-8 「目的相関的実践原理」という新次元の実践法 ——構造構成的障害論を通して

京極　真

1節 問題提示

構造構成的障害論（structure-construction disability model, SCDM）とは何か？SCDMは，2007年に提唱された新しい障害論であるため，多くの人はほとんど知らないと思う。SCDMを一言で表せば，さまざまな障害論間の対立を構造上解消する理路を担保した障害論の超メタ理論である[1]。幸いにも，SCDMを発表した当初から複数の問い合わせがあり，一部の方々にはそれなりの期待をもって受け入れられたようだった。

しかし，SCDMは紙面の関係上，最短の議論で理論構築したため，障害者支援の実践についてはほとんど言及できなかった[1]。そのこともあってか，実践家たちからは発表当初から「SCDMはどうやって実践するのか」と問い合わせがあり，その都度SCDMの使い方を説明してきた。そうしたことから，SCDMをより多くの実践家にとって使い勝手の良いものにするためには，その実践法を明瞭に示す必要があると考えるようになった。

SCDMがいくら障害論間の対立を解消したところで，そのための実践法が明確化されていなければ，実際に活かす際に多くの困難と出会うことになるだろう。それゆえ，SCDM実践法の諸構想を提示することは急務といえる。したがって，本論の目的は，「SCDMはどうやって実践するのか」という疑問への応答，すなわち

SCDMの実践法を明らかにすることである。なお，本論の理論的基盤であるSCDM[1]や，その設計思想である構造構成主義[2]については必要に応じて論じていく。

1．従来の障害者支援の実践法

まず，本論では，従来の障害者支援の実践法について簡単に整理しよう。従来から障害者支援の実践法については，リハビリテーションと障害者運動を対比させて論じられることが多かった[3][4][5][6]。両実践法の関係は複雑で，たとえばリハビリテーションのオピニオンリーダーである上田は「障害者運動の一部に見られるような，社会環境改善のみがすべてであって，機能・形態障害，能力障害などの改善は必要ではないという考え方（「健常者が障害者へ近づくべきなのであって，障害者を健常者に近づけようとするのは間違いだ」という論）もこれまでのべたように，機能・形態障害の治療や能力障害の克服の技術的可能性が現実に存在する以上あきらかにあやまりである」[3]と論じており，リハビリテーションの立場から急進的な障害者運動を批判している。

他方，障害者運動側もリハビリテーションに疑問を呈している。たとえば，バーンズら（Barnes et al.）は「インペアメントのある人々を無力化するのは社会であり，それゆえ何らかの意味のある解決方法は，個人の適応やリハビリテーションというよりは，むしろ社会的な変化へと向けられるべきだ」[7]というイギリスにおける障害者の主張を紹介している。また，ダナファー（Danagher, N.）も「障害者運動は新しい社会運動として頭角を現している」[8]と述べたうえで，「私たちにとって最も大事なのは，市民としての総合的な権利を確立する法律をつくり，公的な分野すべてで障害者に対する差別を法的に禁止すること」[8]と障害者運動の有用性を強調している。

本論では，こうした従来の議論に沿い，障害者支援の実践法をリハビリテーションと障害者運動に大別して整理していく。なお，このような実践法の分けかたに存在論的な根拠はない。池田が言うように，分類とは世界観の表明に過ぎない[9]。そのため，ある者は看護とリハビリテーションに分けるだろうし，またある者は医療とリハビリテーションを分けるかもしれない。本論において，障害者支援の実践法をリハビリテーションと障害者運動に大別したのは，SCDMの実践法を整備していく目的を踏まえれば，従来の系譜に沿って議論した方が便利だからである。

(1)　リハビリテーション

リハビリテーションと一言でいっても，リハビリテーション医学，リハビリテーション看護，理学療法，作業療法，言語療法などさまざまな実践法がある[10]。現状のリハビリテーションでは，このうちどれかひとつの実践法で障害者支援を行うことはほとんどない[11]。つまり，リハビリテーションは，チームでそれらの実践法を複数組みあわせて行われるのが現状といえる[12]。

また，複数あるリハビリテーションの実践法のなかで，さらに細分化された実践法を確認することができる。たとえば，理学療法では，同じ脳血管障害に対する実践法でも，ボバース法[13]，固有受容性神経筋促通法[14]，認知運動療法[15]などがある。これらの実践法は背景となる理論がまったく異なっており，互いに異なる実践法を展開している[16]。そうした傾向は，たとえば作業療法などその他のリハビリテーションの実践法でも認められる[17]。

このように，リハビリテーションは，非常に多くの実践法からなる体系であるが，それらの実践法に共通点はないのだろうか？　結論からいえば，リハビリテーションには，障害を個人の健康問題と考えて，障害者個人が障害を克服できるよう支援するという点において共通性を見出すことができる[4]。それゆえ，リハビリテーションでは，障害者個人の障害を低減していくことにエネルギーが費やされることになる。

もちろん，リハビリテーションには国際生活機能分類（International Classification of Functioning, Disabilities and Health, ICF）や人間作業モデル（Model of Human Occupation, MOHO）に代表されるように，障害者個人だけでなく，障害者を取りまく環境の影響も考慮した実践法を提供するものもある[18][19]。これらは，障害者だけでなく，健常者を含む人々を対象に，公衆衛生的な観点から疾病や障害を予防する介入が行われたり，医療政策の改善に役立てることができるという[18][20]。これらの実践法にはそうした多様な展開はあるものの，基本的には健康状態の改善を支援するという視点から実践されることに変わりはないと思われる。

(2) 障害者運動

次に，障害者運動における実践法について論じていこう。障害者運動のなかには，“青い芝の会”に代表される障害者解放運動[21]，自立生活運動[22]，政治運動[23]，女性障害者運動[24]などの実践法がある。これらの実践法の特徴は，障害者を抑圧する社会を変えるような働きかけを行うという点にあると考えられる。

歴史を振り返ると，障害者は社会的に抑圧され，ときに抹殺される存在であった。たとえば，明治30年代には精神病者監護法が制定され，これは精神障害者を合法的に監禁することを認めたものだった[25][26]。現在ではいくぶん改善してきたものの，障害者を差別する傾向は世界中で確認されており，それは障害者インターナショナル（Disabled People's International, DPI）によって障害者差別禁止法の制定を促進したり，改善したりする運動が継続的に行われていることからも理解できよう[27]。

こうした，障害者運動は，障害者差別禁止法の制定が背景にあることからもわかるように，障害者を不当に抑圧しない新しい社会のあり方を目指している点に共通項があると考えられる[28]。そうした構図のもとでは，障害は障害者個人ではなく，障害者を取りまく環境に帰属すると考えられることになる。それゆえ，障害者運動という実践法は，障害者の社会参加を困難にする障壁を除去することに焦点化される。障害者運動と前述したICFやMOHOとの違いであるが，障害者運動は障害者個人の健康状態の改善に向けて実践するわけではないという点にある。この点については後で詳述する。

もちろん，障害者運動のなかには，ろう文化運動に代表されるような，障害者を障害という問題を抱えた人間と捉えるのではなく，障害者自身が自分たちのことを文化的マイノリティとして定義しなおし，健常者に対して認識を改めるよう求める実践法もある[29][30]。これは，社会変革を目指していく障害者運動とは異なるものであるが，障害を障害者個人の健康問題とはとらえないという点においてはリハビリテーションとは一線を画す実践法である。

2．メタ実践法の不在

以上，従来の実践法として，リハビリテーションと障害者運動を概観してきた。これらに対して，SCDMはどのような視角から新しい実践法を提起していけばよいのだろうか？　以下ではその点を明らかにするための伏線となる議論を行っていこう。

(1) リハビリテーションと障害者運動の関係

[実践レベルの関係] まずは，リハビリテーションと障害者運動の関係について検討していこう。というのも，SCDMは，リハビリテーションと障害者運動という実践法を基礎づける従来の障害論間の対立を解消する障害論の超メタ理論であり，そのSCDMによって提供される実践法は，リハビリテーションと障害者運動の間を媒介するものになると考えられるからだ。

リハビリテーションと障害者運動の関係について，杉野は「環境が整備されていれば，個人の適応支援の必要性は低下するし，環境が未整備だからこそ個人の適応支援が必要になる」[28]と指摘している。つまり，杉野は，障害者運動により社会改革が進めば，障害を生み出すような障壁は除去されることになり，リハビリテーションの必要性はおのずと低下し，またそれと同型構造において，リハビリテーションにより障害が大幅に改善すれば，障害者の社会参加は促進されることになり，障害者運動の必要性はおのずと低下すると論じていると理解できよう。

こうした理解にしたがえば，リハビリテーションと障害者運動は，他方が有効性を発揮すればするほど，もう一方の存在意義を減殺していくトレードオフの関係にあると言えるだろう。そうした関係が成立する背景には，リハビリテーションと障害者運動の理論的基盤（障害論）が互いに対立してきたことが主な要因としても挙げられる[1]。というのも，前提となる障害論が対立している以上，そこから導かれる実践も相容れないことになるからだ。そのため，リハビリテーションを行いながら障害者運動を行えば，制度が変わったからといって機能障害がなくなるわけではないと批判されるだろうし，障害者運動を行いながらリハビリテーションに加担すれば，障害者差別を助長していると批判されることも起こりうるのである。このように，従来の実践法をそのまま使う限りにおいては，あるときにはリハビリテーション，あるときには障害者運動，またあるときにはリハビリテーションと障害者運動の併用といった柔軟なアプローチを実現することは困難であると考えられる。

［理論レベルの関係］では，リハビリテーションと障害者運動の根底にある障害論は，どのような関係にあるのか？　たとえば，ICFは，障害の医学モデルと社会モデルの統合を標榜しているが，それに対して杉野は「医療モデルと社会モデルとの間には調整不能な認識論上の乖離が存在する。このため両者の統合は理論的には不可能」[31]であると指摘している。また，ファイファー(Pfeiffer, D.)によれば，ICIDH–2（後にICF）は医療者に多くの権限を与え，優生思想を背景に障害者を統制することを許してしまう危険性があると指摘し，ICIDH–2（ICF）を廃止する必要性を訴えている[32][33]。こうした議論に対し，ウストゥンら（Üstün, T. B. et al.）は，ICIDH–2（ICF）は障害に対する普遍的アプローチであり，社会モデルの守備範囲である政治戦略も土台に乗せることができると反論している[34]。また，茂木は社会モデル[23]に対して「環境・社会を重視するあまりに，障害における生物学的・医学的な条件をほとんどまったく省みない」[35]と指摘し，「障害にまつわる固有の問題を視野の周辺にさらには外に追いやることによって，具体的，実践的問題の解決を遅らせる結果を招くおそれがある」[35]と批判している。さらに杉野は，こうした批判に対して「個人による適応努力を重視するあまり，環境因子をごく狭い範囲でしかとらえようとしない傾向は，茂木に限らずリハビリテーション研究者の間では広く見られる傾向」[36]と指摘し，社会モデルを矮小化していると反論している。

もちろん，障害論間の対立は，“リハビリテーションの障害論”と“障害者運動の障害論”の間でのみ起こっているわけではない。たとえば，先に挙げたボバース法[13]，固有受容性神経筋促通法[14]，認知運動療法[15]の理論的基盤は，リハビリテーションの障害論に含まれるが，認知運動療法は従来の運動療法に対して批判的な立場をとっている[16]。また，障害者運動の理論的基盤のひとつであるイギリスの社会モデルにしても，以前は社会モデルの立場だったシェイクスピア（Shakespeare, T.）によって，社会モデルは誤っているため使い物にならないという内部批判にさらされている[37][38][39]。このように，従来の実践法の根底にある障害論は，内外を問わず乱立，対立した状況を生みだしているのである。

(2)「メタ実践法不在問題」とは何か

それでは，なぜこのような問題が生じるのか？　結論を先取りすれば，リハビリテーションと障害者運動の双方に妥当する実践法が未整備であるということが，主要な理由のひとつとして考えられる。確かに，これまでさまざまな実践法が構築されてきたし，リハビリテーションはリハビリテーションの，障害者運動は障害者運動の領域で括目すべき成果を挙げてきたと思う。しかし，リハビリテーションと障害者運動を柔軟に活用する実践法という意味においては，国内外の文献を精査しても，それが構築された痕跡を確認することはできなかった。

これまでもリハビリテーションと障害者運動の組み合わせの必要性は強調されている。たとえば，障害者運動を支える障害論のひとつである社会モデルを提唱したオリバー（Oliver, M.）は，障害を障害者個人の問題とみなすリハビリテーションが支配的な臨床現場の現状に警鐘を鳴らすために社会モデルはあるが，それはリハビリテーションの完全な排除を意味するのではないと論じている[40]。そのうえで，オリバーは，リハビリテーション（個人モデル）と障害者運動（社会モデル）のバランスが重要であることを意識化するために社会モデルはあると主張している[40]。

また，リハビリテーションのリーダー的存在である佐藤久夫も「いぜんとして病気や障害の治療への努力がなされなければならず，予防・治療可能な機能障害が多数生まれつつある現状は極めて重要であるが，それとともに，これまで軽視されてきた，環境を変える取り組みに正当な感心（※原文ママ）を寄せるべき時代となってきた。こちらを中心にして，必要に応じて医療やリハビリテーションも提供するという考え方になってきた」[41]と論じている。これはつまり，佐藤は，リハビリテーションと障害者運動の柔軟な組み合わせが必要であると指摘しているのだと考えられよう。

このような指摘に対しては，おそらく多くの方々は賛同するのではないだろうか？　しかし，残念なことに，リハビリテーションと障害者運動のメタレベルで機能するような実践法は十分に整備されておらず，そのこともあって上述したような様々な問題が起こっているのが現状なのである。ここで，SCDM の継承元である ICF は，医学モデルと社会モデルの統合を謳っているため，リハビリテーションと障害者運動を媒介する実践法を提供しているのではないか？　と思う方がいるかもしれない。

しかし，それはまったくの誤解というものだ。第一に理論構造上の問題がある。たとえば，杉野[31]が論じたように，ICF は医学モデルと社会モデルを統合したと主張しているが，医学モデルと社会モデルとの間には調整不能な認識論上の乖離が存在するため両者の統合は同一次元で扱う限り理論的には不可能である。つまり，ICF は，医学モデルと社会モデル間の共約不可能性という論理的パラドックスを内包した理論構造となっており，上記のようなICFの主張は理論上からして達成できていないといわざるを得ないのである。

第二に，ICFの実践法は，「人間の生活機能と障害の分類法」[18]にある。つまり，人間の健康状態を把握するために，心身機能（Body Functions）・身体構造（Body Structures），活動（Activities），参加（Participation），環境因子（Environmental Factors），個人因子（Personal Factors）を基準に分類していこうというのが，ICFの実践法の基本的なエッセンスである。つまり，ICFの実践法は，医学モデルと社会モデルをうまく媒介し，活かしていくようなやり方ではないのである。

もちろん，ICFには環境因子が含まれているため，社会保障計画，補償制度，政策の立案と実施などの社会政策ツールとして使用することも掲げられている点を無視することはできない[18]。しかし，たとえそうであったとしても，ICFは環境によって障害が生みだされるという障害の社会的構築性といった重要な視点は欠けており[42]，当然のことながらそれに支えられた実践法も障害者運動にまで妥当するようなものではないのである。

本論では，リハビリテーションと障害者運動を媒介するメタレベルの実践法が未整備であるという問題を指して「メタ実践法不在問題」と呼んでおこう。メタ実践法不在問題が解消すべき問題であることを了解してもらうために，次にこれが実践に与える影響について論じていく。

3．メタ実践法不在問題が実践に与える影響

佐藤は「『機能訓練，職業訓練に励み，健常者以上に努力しなければ社会は受けいれてくれないのだから頑張れ』という言い方と『変わるべきは障害者ではなく社会のほうだ。障害者を健常者に近づけようとするリハビリテーションは差別的だ』という言い方はともに一面的である」[43]と指摘している。これは，リハビリテーションと障害者運動はともに障害者支援の一面に過ぎないことを言いあてていると考えられる。

このようにして，佐藤が従来の実践法の一面性を強調しなければならなかった背景には，メタ実践法不在問題があるのではないか。というのも，もしもリハビリテーションと障害者運動のメタレベルで機能する実践法が整備されていれば，それらの一面性よりも多面性の方が強調されるはずだからだ。しかし，佐藤はリハビリテーションと障害者運動の一面性を強調しており，こうしたことからもメタ実践法不在問題が解消されていない状況下では，障害者支援を行う者が実情に合わせて柔軟な実践を行いがたくなると考えられる。

もちろん，メタ実践法不在問題だけが柔軟な実践を制約するわけではない。たとえば，杉野は「現在の臨床現場が個人モデル実践に偏っていて，社会モデルに基づ

く実践が困難であることの原因は，職業実践の制度的枠組みが個人モデルを基礎として制度化されているからである」[36]と指摘したうえで，「臨床現場は政治によってどのようなかたちにもなりえる」[36]と論じている。2006年の診療報酬改定でリハビリテーションの日数制限がもうけられたことによって，多数の障害者が“リハビリ難民”になったという事件[44]は記憶に新しいが，これは医療政策の制定をどのようにするかによって，障害者支援のありようが大きく左右されることを示す好例といえよう。結局，“リハビリ難民”を生みだした医療制度は多くの批判にさらされ，2007年には日数制限の緩和が行われたが，現在でもなお「『緩和されたのは一部の患者だけで，リハビリを受けられず困っている人がいる』『今も現場は混乱している』との声が寄せられている」[45]という。

こうした制度的要因による柔軟な実践の制限の背景にも，実はメタ実践法不在問題が影響しているのではないか。というのも，もし実情に即して柔軟なアプローチを可能にするメタ実践法が整備され，普及していたならば，障害者のおかれた状況を無視した画一的な制度改革を行うような事態が回避された可能性は少なくなかったと考えられるためだ。制度改革も実践法の一種であるともいえ，その意味においてメタ実践法不在問題が制度的要因による実践の制限に影響していることが予想されよう。もちろん，メタ実践法不在問題が解消されたら，こうした問題のすべてが解消されるというわけではない。しかし，今よりも実情に即した障害者支援を提供するためには，メタ実践法不在問題は解消されるべき問題であることは確かなように思われる。

2節
目的

本論では，メタ実践法不在問題を超克するために，SCDM（構造構成主義）に根ざした新次元の実践法を構築することを目的とする。また，従来の実践法との異同を検討して，メタ実践法の特徴を明らかにする。最後に，メタ実践法の応用可能性について論じる。

3節
メタ実践法の体系化に向けて

1．問題解消の条件

では，どうすればメタ実践法不在問題を解消することはできるだろうか？　従来の実践法は，リハビリテーションを行えば障害者運動を行いがたく，障害者運動を行えばリハビリテーションを行いがたいという関係だった。このような関係に陥る理由は，これらの実践法が障害（者）をある一定の方向にコントロールしようとする営みだったことが挙げられよう。

たとえば，ある脳血管障害者が駅の入り口に段差があるために，ホームまでたどりつけなかったという状況を仮定してみよう。リハビリテーションによって障害者支援を行う者は，脳血管障害者の移動能力を高めるために，機能障害の改善や能力障害の向上を図ろうとするだろう。また，それと平行して，段差があっても移動できるよう，杖歩行の練習や，あるいは車椅子操作がうまくなるよう指導するかもしれない。他方，障害者運動によって障害者支援を行う者は，移動能力に障害がある者に配慮していない企業や，そうした問題を解消するよう企業を指導しない行政に対して働きかけるだろう。また，ボランティアを雇うなどして，脳血管障害者が移動の制約を受けないようにするかもしれない。

以上の例は，リハビリテーションと障害者運動のごく一部の実践法を描きだしたものだが，これらの実践法が障害（者）を何らかの方法によってある特定の方向へコントロールしようと試みていることが理解できると思う。上記の例でいえば，リハビリテーションは障害の改善に向けてコントロールしようとしているし，障害者運動は障害を生みだす環境の改変に向けてコントロールしようとしている。目指すべきコントロールの方向性があらかじめ定まった実践法では，異なるコントロールの方向性を持つ実践法をうまく活用するような営みを担保することはできない。つまり，リハビリテーション（または障害者運動）を営んでいる最中の者に，障害者運動（またはリハビリテーション）をやれといっても，絶対にできないというわけではないかもしれないが，必ずどこかで不具合が生じるのである。

したがって，メタ実践法不在問題を解消するには，障害者個人の健康問題としての障害を改善させる，あるいは障害者運動は障害を生みだす社会的障壁を除去する，というような，あらかじめ障害（者）をある特定の方向へとコントロールする固定的な実践法であってはならないと考えられる。つまり，メタ実践法には，障害者支援に対して特定の前提に依拠していないことが求められるのだ。それにより，リハビリテーションと障害者運動を実情に即して柔軟に活用できる営みを担保した実践法を構築することができるだろう。

特定の前提に依拠しないメタ実践法は，たとえるならどのようなソフトでも起動可能なオペレーティングシステムのようなものである。そのようなオペレーティングシステムのもとでは，必要に応じてソフトを選択することと，柔軟にソフトを使いこなすための機能が最低限求められるといえよう。言い換えれば，そのようなアナロジーが通じるメタ実践法には，必要に応じて柔軟な選択と実践を担保できるような機能が必要になると考えられる。

2．志向相関性

それでは，SCDMでそのような条件を満たす方法概念はあるのか？　結論からいえば，SCDMに組みこまれた志向相関性はそうした条件を満たすと期待できる。以下ではまず，西條の議論[2]を参照して志向相関性を概説していこう。

志向相関性とは，ニーチェ欲望論[46][47]，フッサール現象学[48]，竹田青嗣現象学[49]などの議論を経由して西條が定式化した構造構成主義の中核原理[50]である。志向相関性は，「存在・意味・価値は，身体・欲望・目的・関心に相関的に規定される」[50]という原理である。つまり，志向相関性とは，意味・価値・存在といったことは，身体・欲望・関心・目的といった志向性を抜きに汲み取ることはできない事態を原理的に言い当てたものだ。

志向相関性を視点に用いると，普通の人にとっては何の価値もないように思われるうじ虫（ヒロズキンバエの幼虫）も，難治性潰瘍の治療に関心のある人にとっては，幼虫セラピーのための有効な治療道具としての価値を帯びることが意識化される[51]。逆に言えば，いくらうじ虫が治療に役立つとしても，難治性潰瘍の治療に関心のない人にとっては価値を帯びないことになる。

そうした原理性に支えられ，志向相関性は，①自他の関心を対象化する機能，②研究をより妥当に評価する機能，③信念対立解消機能，④世界観の相互承認機能，⑤目的の相互了解・関心の相互構成機能，⑥「方法の自己目的化」回避機能，⑦「バカの壁」解消機能，⑧共約不可能性解消機能などの多様な機能を担保することが可能になっている[50][52]。志向相関性は，論理的に考える限りにおいて誰もが了解できるポテンシャルを備えた普遍的原理であるがゆえに，目的に応じてさまざまな機能を発揮する汎用性を備えることができるのである。

また，志向相関性は，志向相関性それ自身にも向けられるため，必要に応じて欲望相関性，関心相関性，身体相関性，目的相関性といった異なる表現型が採用されることになる。たとえば，西條は，研究という営みで志向相関性を用いる場合は，「志向」よりも「関心」の方がツールとして扱いやすいと述べ，関心相関性という表現型を採用している[50]。また，京極は，作業療法の超メタ理論の理論的検討を行う文脈では原理中の原理というニュアンスのある志向相関性という表現型を採用[53]し，構造構成的医療論という実践的色合いの濃い文脈では関心相関性という表現型を採用[54]している。このように，実情に即した表現型を採用できるのも，志向相関性が深い原理性によって支えられているからである。

3．目的相関的実践選択

西條は，関心相関性を継承発展して，「研究を構成する認識論，理論，方法論，アプローチ，分析法といった枠組みは，研究者の関心や研究目的と相関的に選択される」[55]という「関心相関的選択」[55]という方法概念を提案している。そのうえで，西條は「構造構成主義においては，相違は必ずしも矛盾として捉えられるべきものではなく，視点や立ち位置の差異から生まれた結果として認識可能となる。そして，どちらかの結果を採用しなくてはならない場合は，研究目的と照らしあわせて意識的に選択される」[55]と論じている。

西條のこの議論を広げていけば，リハビリテーション，障害者運動といった異なる実践法は，障害者支援を行う者の関心や目的と相関的に選択される，ということになる。その場合，選択されたリハビリテーションや障害者運動は，障害者支援を行う者の志向性を媒介にして接続されることになり，リハビリテーションと障害者運動を組みあわせることによって生じる矛盾は原理的には無効化されると考えられる。

障害者支援で関心相関的選択を行えば，リハビリテーションと障害者運動を柔軟に選びだすことは理論的にも，方法論的にも可能になる。たとえば，障害者支援を行う者の関心が“社会的要因によって生みだされる障害の除去”にあれば障害者運動が選択されるし，“障害者個人の機能障害の改善”にあればリハビリテーションが選択されることになるだろう。また，“障害者個人の機能障害の改善に関心を持ちつつも，そうした障害者の経験を生成する社会問題に関心がある”ならばリハビリテーションと障害者運動の双方が選択されることになるだろう。つまり，障害者支援に導入された関心相関的選択は，障害者支援を行う者の関心を基軸にして，それと相関的に従来のさまざまな実践法を適宜選びだしていくことを意識化させる装置として機能するのである。

加えて，志向相関性には，反省的機能が備わっているため，一旦選択した実践法を絶対化するリスクを相対的に減じていく可能性を担保することができる。つまり，その継承発展版である関心相関的選択は，一度リハビリテーション（あるいは障害者運動）を選択したからといって，その実践法に固執したり，他の実践法を選びだす可能性をふさいでしまうことにならないよう，よく振り返って考えながら実践できる視点が担保されているのだ。

さて，以上の議論では西條にならい関心相関的選択という表現型を援用してきたが，障害者支援という文脈においては「目的相関的選択」と呼ぶほうがふさわしいと思われる。というのも，おそらく多くの障害者支援を行う者は，どのような“目的”で実践するのかを絶えず意識しているだろうし，意識させられていると考えられ，“関心”よりも“目的”の方が表現型としてはしっくりくると思われるからだ。そこで本論では関心相関的選択のことを「目的相関的実践選択」と呼ぶことにする（図Ⅱ-8-1）。

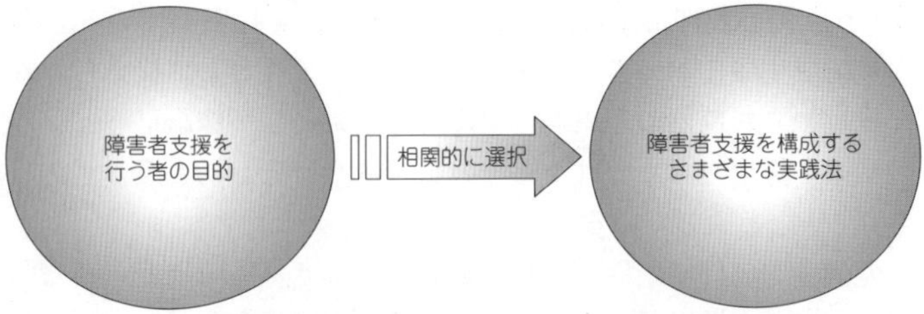

図Ⅱ-8-1　目的相関的実践選択（文献［2］を参考に作成）

4．目的相関的実践

ここまでの議論を通して，一見すると志向相関性，あるいは目的相関的実践選択は，合理的な「理性」に限られた話であって，理性によって完全にコントロールすることが困難（非合理的）な側面を含む個々の具体的な実践に対しては妥当しないのではないか，という疑問を持つかもしれない。しかし，そうした考えは，志向相関性の遠大な射程を矮小化してとらえていると思われる。そのことを明らかにするため，次に目的相関的実践選択によって選びだされた実践法を具体的な行為に移す議論を行っていこう。

京極は，理論と実践の対立を解消する探求主義を定式化する過程で，実践とはコントロール不可能な自然を多少なりともコントロールしようとする営みとして行われてきたと論じている[56]。そして，その意味において，実践とは自然を人工・非人工にコントラスト化する営為であったと指摘している。ここで重要なことは，京極が実践は「～とっての」という志向性を抜きに行うことはできないと論じた点である[56]。この観点を障害者支援の実践に広げていけば，“障害者が不利益を被るのは政策が不備だ”といって政治運動を行うことも，社会を変えたいという目的に相関して立ち現れた具体的な行為であると考えることができる。それと同じように，“障害者の機能障害を改善する必要がある”といってリハビリテーションを行うことも，障害者が体感する心身の苦痛を軽減したいという目的に相関して立ち現れた具体的な行為と考えられる。

以上の議論を踏まえ，本論では志向相関性が実践に妥当する側面を指し，“目指されるべき実践の方向性は目的と相関的に規定される”と主張していこうと思う。本論ではこのことを「目的相関的実践」と呼んでおきたい（図Ⅱ-8-2）。目的相関的実践は，ある目的によればリハビリテーションが実践され，また別の目的からすれば障害者運動が実践され，そして，さらに別の目的にたてばリハビリテーションと障害者運動を併用して行為されるという柔軟なやり方を開くことができる可能性の

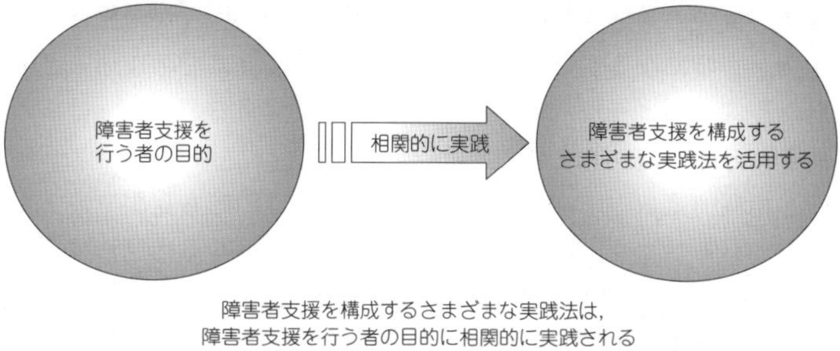

図Ⅱ-8-2　目的相関的実践（文献［2］を参考に作成）

方法といえよう。つまり，従来のリハビリテーションと障害者運動は，両者を柔軟に活用しうる可能性に閉ざされた実践だったが，目的相関的実践はその可能性を導く実践と位置づけられるのである。そうした機能により，目的相関的実践は，メタ実践法不在問題を解消しうるといえよう。

では，従来の実践法と目的相関的実践は何が同じで，何が異なるのだろうか？端的にいって，目的相関的実践のようなやり方は，経験的レベルでは従来の障害者支援でも強調されてきたものであろう。たとえば，筆者もそうだったが，従来からリハビリテーションでは，目標を立てたうえで実践するよう教育されてきた。また，障害者運動においても，たとえば障害者差別の撤廃という目標を立てて実践してきた。その意味において，目的に応じて実践しましょうという主張そのものに目新しさはない。

しかし，決定的に異なるポイントがある。それは，目的相関的実践は“○○という目的のもとでは□□という実践を行う”というように，原理上は○○の相関軸として□□のなかにはあらゆる障害者支援の方法を意識的に代入できる点である。ところが，従来の実践法は，リハビリテーションでは障害者の健康状態の改善，障害者運動では障害を生みだす政治問題の克服などというように，それぞれの領域に応じて無自覚のうちに目的の方向性が定められ，それにより□□に代入可能な実践があらかじめ制約されてきた。そのため，メタレベルで機能する柔軟な実践を担保できなかった。しかし，目的相関的実践は，障害者支援を行う者の専門性によって，実践の方向性があらかじめ規定されることのない実践法であるため，どのような領域にいる障害者支援を行う者でも，従来よりも実情に即した実践を遂行できる可能性を担保できるのである。

5．実践効果の目的相関的評価

しかし，上述してきた議論を経てもなお，本論の前半で取りあげた「環境が整備されていれば，個人の適応支援の必要性は低下するし，環境が未整備だからこそ個人の適応支援が必要になる」という問題を解消することはできない，と考える方もいることだろう。このような，実践法間の有効性に関するジレンマは，どのようにすれば解消される路が開かれるだろうか？

西條の関心相関的選択（志向相関性）は，こうした問題も克服しうる可能性を担保することができる。まず，関心相関的選択では，あらゆる研究法は原理上必ず特定の状況と何らかの関心のもとで存在すると考える[57]。そのため，研究法の有効性は，①研究を実施する上での状況的制約と，②研究者の関心や研究目的を踏まえて判定されると考えられることになるという[57]。

この構図を押しひろげていけば，あらゆる実践法の有効性は，特定の現実的制約と実践目的のもとで，①実践を取りまく現実的制約と，②実践者の目的を踏まえて判定されることになると考えられる。つまり，関心相関的選択によって，実践法の有効性は“実践目的→有効性←現実的制約”の拘束関係のもとで成立する事態が可視化されることになるのだ。本論では，関心相関的選択によって実践法の有効性を評価していくことを「実践効果の目的相関的評価」と呼んでおく（図Ⅱ-8-3）。

実践効果の目的相関的評価によれば，上記で挙げた問題は，さまざまな実践法の有効性と限界，利用できる政策や財源などの現実的制約と，障害者支援を行う者の目的や関心を度外視したために引きおこされうると指摘できよう。たとえば，障害者が生きやすいよう完璧な環境を整備しようとしても，経済的問題や政治的問題，他の障害者との関係などの現実的制約によって，実現することは限りなく不可能に近いだろう。また，障害を完全に回復させようとしても，たとえば失った腕は戻ったが，外傷体験によって心が変わってしまうこともあるように，現実的制約が壁と

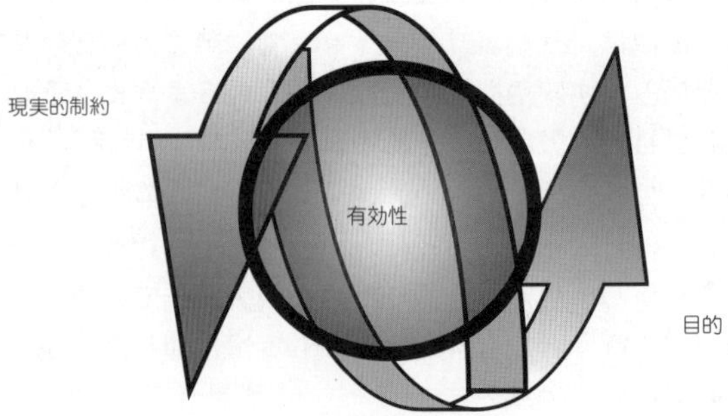

図Ⅱ-8-3　実践効果の目的相関的評価

なって完全な障害の回復を望めないこともあろう。

また，目的の違いによって見え方は変わるため，他方が有効性を発揮すればするほどもう一方の存在意義を減殺していくという代替関係が一意に決まるわけではないと考えられる。たとえば，地上2階にある駅に行く方法に，階段とエレベーターがあるとしよう。エレベーターは，階段を登るという過程が省かれるため，障害の有無にかかわらず階段に比べて労力は少なくてすむ。だからといって，すべての人間がエレベーターを使うかというとそういうわけではない。“体力をつけたい”，“ダイエットをしたい”，“足腰を鍛えたい”などの目的があれば，エレベーターよりも階段の方が有効な方法になりえるし，他方で“無駄な労力を払いたくない”，“もっと楽をしたい”，“しんどい思いをしたくない”などの目的があれば，階段よりもエレベーターの方が有効な方法になるだろう。

つまり，他方が有効性を発揮すればするほどもう一方の存在意義を減殺していくかどうかは，現実的制約と目的によって変わるため，従来の実践法が代替関係にあると単純に想定することはできないと考えられるのだ。もちろん，上述した問題に該当するような関係になることはありうるし，そのことを否定するつもりは毛頭ない。しかし，従来の実践法の関係性が動的に規定されることを見過ごしてしまうと，実情に即した柔軟な実践を制約してしまうため，このことは本論の目的を達成するうえで強調してもし過ぎることはないといえるだろう。

6．目的相関的実践原理の提案

以上，より柔軟な障害者支援を行うために必要なメタ実践法について議論を重ねてきた。これらのメタ実践法は，SCDMの中核にある志向相関性という徹底した原理論によって基礎付けられているため，従来の多種多様な実践法から未知の実践法にまで妥当する“普遍的実践法”として機能すると考えることができる。本論では，目的相関的実践選択，目的相関的実践，実践効果の目的相関的評価という複数のメタ実践法からなる領域を総称して「目的相関的実践原理」と呼んでおきたい（図Ⅱ-8-4）。たいていの障害者支援を行う者は，実践を選択し，それを行動に移し，効果を評価していると思われる。そうした営みを基礎づける目的相関的実践原理は，広範な障害者支援のあり様に適用できる可能性がある。

ここでいう原理とは，論理的に考えることができる以上，時空を超えて了解されるポテンシャルをもつと考えられる理路のことである[1]。それゆえ，目的相関的実践原理は，従来からある実践法だけでなく，未知の実践法に対しても妥当する時空を超えた実践法になりえるのである。従来の実践法は，たとえばリハビリテーションが障害者運動を，障害者運動がリハビリテーションを直接活用することができなかったことからわかるように，立場を超えて妥当する実践法ではなかった。それゆ

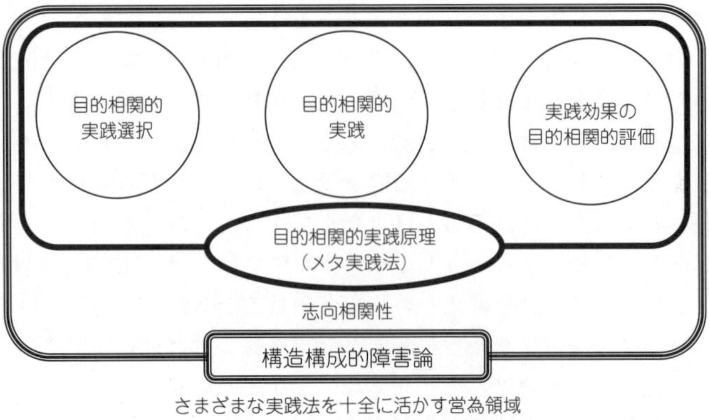

図Ⅱ-8-4　目的相関的実践原理

え，メタ実践法不在問題に陥っていたわけだが，目的相関的実践原理の構想が示されたことにより，それは方法論上解消される筋道が開かれたと考えられる。

しかし，それによって実際の障害者支援で直面する実践上の不具合が完全に消滅するわけではない。なぜなら，実際に行われる実践は人的な営みであり，そこには制度上のしばりや，抑えがたい感情，運などの諸現象が複雑にからみあうからだ。これは，たとえどんなに完全な医療事故防止マニュアルを作ったとしても，医療事故を完全になくすことはできないことと同じといえよう。だが，そのことによって，目的相関的実践原理が無意味であると考えるのは早計である。医療事故防止マニュアルがまったくないよりも，あったほうが多少なりとも医療事故を回避できる可能性が高まることもあるように，目的相関的実践原理があれば多少なりとも実情に即した柔軟な障害者支援が行いやすくなるだろうからだ。障害者支援を行う者にとって重要なことは，実現が不可能な“絶対的解決”を求めるのではなく，現状より少しでも問題を低減していく“建設的実践”といえよう。目的相関的実践原理は，障害者支援を建設的に押しすすめていく可能性の実践原理であり，そうした実践法はこれまでなかったことを踏まえれば，その意義は少なくないといえるだろう。

7．従来の実践法との異同――ICF との対比を通して

目的相関的実践原理は，SCDM を理論的基盤として練られてきた。SCDM は，ICF の障害の医学モデルと社会モデルの統合という発想を発展的に継承しているため，本論では継承元の ICF で展開した実践法と目的相関的実践原理の異同を検討することで，目的相関的実践原理の特徴を明らかにしていこう。

まず，ICF の実践法を簡単に示していく。ICF の実践法は，大まかにいって共通

言語の提供と健康状態の統合的理解と改善にあるといえよう。それは，ICFの目的として示されている「健康状況と健康関連状況を記述するための，統一的で標準的な言語と概念的枠組みを提供することである」[18]という一文からも理解できる。また，ICFは，「人の状況を，健康領域や健康関連領域の中で整理して記述するものである。さらに，この記述は常に環境因子や個人因子との関連においてなされるのである」[18]という。そのためのツールとして，ICFでは健康状態を記述するための約1500もの分類を提供している。ICFを活用することによって，「障害や疾病を持った人やその家族，保健・医療・福祉等の幅広い分野の従事者が，ICFを用いることにより，障害や疾病の状態についての共通理解を持つことができる」[18]，「様々な障害者に向けたサービスを提供する施設や機関などで行われるサービスの計画や評価，記録などのために実際的な手段を提供することができる」[18]，「障害者に関する様々な調査や統計について比較検討する標準的な枠組みを提供することができる」[18]という。

以上，ICFの実践法について概略を述べてきた。では，目的相関的実践原理とICFはどのような点で共通し，どの点で異なるのか？　本論では，それぞれ1点ずつ指摘しておく。

まず両実践法の共通点だが，上記のICFの概要や，本論で行ってきた目的相関的実践原理の議論からもわかるように，両者は障害者支援を促進する実践法という側面において類似性があるといえる。

次に両実践法の主な違いについて論じる。ICFは健康状態に関連する事柄を対象とするが，目的相関的実践原理は健康状態と直接関連しない事柄も対象とすることができる点に大きな違いがある。たとえば，1990年に制定された障害をもつアメリカ人法（Americans with Disabilities Act, ADA）は，雇用，公共サービス，交通機関，通信などにおける障害者差別を禁止したが，これは障害者運動が勝利した象徴的な出来事とされている[58]。ADAのような障害者差別禁止法を制定に影響力を発揮した障害者運動は，障害者個人の健康状態を改善させるというよりも，政治的な不備によって障害が生みだされている点に着目した営みである。そのような実践法は，「健康状況と健康関連状況を記述するための」[18]というICFの前提から逸脱するものであり，ICFの実践法では取り組まれがたいものである。しかし，目的相関的実践原理は，健康状態と直接関係しない実践法も目的に応じて選択し，実践する営みを担保することができる。つまり，目的相関的実践原理は，制度上の不備により障害者差別が横行している状況下において，障害者差別を低減するという関心を持ったならば，それに応じて障害者運動を行いうる可能性を開くのだ。

以上の議論から，目的相関的実践原理は，柔軟な実践を行う可能性を開いておくという点において，ICFとは異なる実践を展開しうると主張することができる。また，本論の前半で，メタ実践法不在問題は障害者支援を行う者が一面的な実践に陥る問題を引きおこすと指摘したが，ICFではそうした問題を解消できないことから，目的相関的実践原理の果たす役割は大きいといえよう。

8．目的相関的実践原理の応用可能性

次に，目的相関的実践原理の応用可能性を検討していこう。

実際の障害者支援では，リハビリテーションと障害者運動を柔軟に組み合わせている者は少なからずいるだろう。たとえば，作業療法士やリハビリテーション医などは通常リハビリテーションに従事しているが，会社経営者に障害者を雇用するよう働きかける場合，障害者が職場へ適応しやすいよう雇用体制を変えるよう働きかけることもあるという点において，障害者運動を実践していると考えることができよう。また，診療報酬の改定によってリハビリ制限が問題になったが，その際，リハビリテーションの専門家，障害者自身，一般人たちがリハビリ制限撤廃を求めて署名活動に参加したが，これもリハビリテーションと障害者運動といった違いを超えて柔軟に実践された例であろう。

そのような柔軟な実践が行われている一方で，リハビリテーションの専門家に対しては障害を個人的悲劇ととらえ，個人の努力によって克服するような働きかけに偏重してきたという批判も後を絶たない[31]。目的相関的実践原理を実践に応用すれば，リハビリテーションの専門家は目的に照らし合わせつつ，社会によって生みだされる障害にも働きかける視点が担保されるため，そうした批判を受ける可能性をさらに軽減させることができるかもしれない。

同様に，障害者運動を行う者は，医学的要因によって生じる障害の側面を見落としているのではないか，と批判されることも少なくなかった[35]。しかし，目的相関的実践原理を視点にすれば，医学的関心にも注意を払う視点を担保できるため，必要に応じてリハビリテーションの専門家と連携を取ることができるようになるかもしれない。

もちろん，こうしたことはこれまでにも行われてきただろうし，これからも行われていくだろうと思う。しかし，多くの文献やさまざまな現場で繰り返し相互批判を行ってきたことも事実である。そうした現状を踏まえれば，従来の実践法は“柔軟な実践を行える人は行える”という個人的センスの域をでるものではなかったといえよう。目的相関的実践原理は，個人的センスに任されてきたであろう柔軟な実践を，メタレベルの実践法として整備することによって，誰もが戦略的に（意識的に）そうした実践が行える可能性を切り開いた点に意義があるといえる。

4節
今後の検討課題

以上，障害者支援におけるメタ実践法不在問題を解消するために，目的相関的実践原理を組み立てる議論を重ねてきた。しかし，本論では，障害者支援に伴う感情的な問題を論じることができなかったため，それらのテーマで議論を重ねる必要がある。また，目的相関的実践原理の具体的な実践応用例の蓄積が求められよう。今後，さらに目的相関的実践原理を検討し，応用し，修正を重ね，より有効なメタ実践法として鍛えあげていきたい。

【註および文献】

［1］京極　真　2007　構造構成的障害論─ICFの発展的継承　現代のエスプリ，475，115-125
［2］西條剛央　2005　構造構成主義とは何か─次世代人間科学の原理　北大路書房
［3］上田　敏　1983　リハビリテーションを考える　青木書店　p. 96
［4］杉野昭博　2007　障害学─理論形成と射程　東京大学出版会　pp. 47-75
［5］倉本智明　2000　障害学と文化の視点　倉本智明・長瀬　修（編）　障害学を語る　エンパワメント研究所　pp. 90-119
［6］砂原茂一　1980　リハビリテーション　岩波新書　pp. 193-195
［7］Barnes, C., Mercer, G., & Shakespeare, T. 1999 *Exploring disability : a sociological introduction.* Cambridge : Polity Press. 杉野昭博・松波めぐみ・山下幸子（訳）　2004　ディスアビリティ・スタディーズ─イギリス障害学概論　明石書店　p. 45
［8］Danagher, N.（長瀬　修・訳）　2000　英国の障害者運動　倉本智明・長瀬　修（編）　障害学を語る　エンパワメント研究所　pp. 75-89
［9］池田清彦　1992　分類という思想　新潮社
［10］津山直一（監）　上田　敏・明石　謙・緒方　甫・安藤徳彦（編）　2000　標準リハビリテーション第2版　医学書院
［11］砂原茂一　1980　リハビリテーション　岩波新書　pp. 111-128
［12］上田　敏　2001　科学としてのリハビリテーション　医学書院　pp. 89-90
［13］紀伊克昌　1990　成人片麻痺のNDT（ボバース・アプローチ）　理学療法学，17（3），168-175
［14］今井基次　1990　PNF法　理学療法学，17（3），176-181
［15］宮本省三　2007　脳卒中片麻痺に対する認知運動療法　理学療法学，34（4），135-137
［16］宮本省三　2001　運動療法のパラダイム転換　認知運動療法研究，1，60-82
［17］Kielhofner, G. 1992 *Conceptual foundation of occupational therapy*. F. A. Davis : Philadelphia. 山田　孝・小西紀一（訳）　1993　作業療法の理論　三輪書店
［18］WHO 2001 *International classification of functioning, disabilities and health.* WHO. 障害者福祉研究会（訳）　2002　国際生活機能分類─国際障害分類改訂版　中央法規出版
［19］Kielhofner, G. ed. 2007 *Model of human occupation : theory and application.* Lippincott Williams & Wilkins.
［20］Scaffa, M. E. 2001 *Occupational Therapy in Community-Based Practice Settings*. F. A. Davis : Philadelphia. 山田　孝（監訳）　2005　地域に根ざした作業療法─理論と実践　協同医書出版社

［21］倉本智明　1997　未完の＜障害者文化＞―横塚晃一の思想と身体　社会問題研究，47，67-86

［22］全国自立生活センター協議会（編）2001　自立生活運動と障害文化―当事者からの福祉論　現代書館

［23］Oliver, M. 1990 *The politics of disablement.* London : Macmillan. 三島亜紀子・山岸倫子・山森亮・横須賀俊司（訳）2006　障害の政治―イギリス障害学の原点　明石書店　pp. 201-233

［24］瀬山紀子　2002　声を生み出すこと―女性障害者運動の軌跡　石川准・倉本智明（編）障害学の主張　明石書店　pp. 145-173

［25］西川　薫　2003　相馬事件と精神病者監護法制定の関連―先行研究レビュー　現代社会文化研究，26，35-51

［26］山田富秋　1999　障害学から見た精神障害―精神障害の社会学　石川　准・長瀬　修（編）障害学への招待－社会，文化，ディスアビリティ　明石書店　pp. 285-311

［27］Driedger, D. 1989 *The last civil right movement, disabled people's international.* hurst. 長瀬　修（訳）国際的障害者運動の誕生―障害者インターナショナル DPI　エンパワメント研究所

［28］杉野昭博　2007　障害学―理論形成と射程　東京大学出版会　pp. 1-13

［29］森　壮也　1999　ろう文化と障害，障害者　石川　准・長瀬　修（編）障害学への招待―社会，文化，ディスアビリティ　明石書店　pp. 159-184

［30］木村晴美　2000　ろう文化とろう者コミュニティ　倉本智明・長瀬　修（編）障害学を語る　エンパワメント研究所　pp. 120-152

［31］杉野昭博　2000　リハビリテーション再考―「障害の社会モデル」とICIDH-2　社会政策研究，1，pp. 140-161

［32］Pfeiffer, D. 1998 The ICIDH and need for its revision. *Disability & society*, 13（4），pp. 503-523

［33］Pfeiffer, D. 2000 The devils are in the details : the ICIDH2 and the disability movement. *Disability & society,* 15（7），pp. 1079-1082

［34］Üstün, T. B., Bickenbach, J. E., Badley, E., Chatterji, S. 1998 A reply to David Pfeiffer : The ICIDH and the need for its revision. *Disability & society*, 13（5），pp. 829-831

［35］茂木俊彦　2003　障害は個性か―新しい障害観と「特別支援教育」をめぐって　大月書店　pp. 36-63

［36］杉野昭博　2007　障害学―理論形成と射程　東京大学出版会　pp. 219-270

［37］Shakespeare, T. & Watson, N. 2002 The social model of disability : an outdated ideology? *Research in Social Science and Disability*, 2，9-28.

［38］Shakespeare, T. 2006 *Disability rights and wrongs.* Routledge.

［39］Shakespeare, T. 2006 The social model of disability, L. J. Davis ed, *Disability studies reader* 2nd edition, Routledge. pp. 197-204.

［40］Oliver, M. 1983 *Social work with disabled people*. London : Macmillan.

［41］佐藤久夫　2000　国際障害分類第2版の内容と意義　福祉のまちづくり研究，2（1），6-13

［42］星加良司　2007　障害とは何か―ディスアビリティの社会理論に向けて　生活書院　pp. 248-253

［43］佐藤久夫　1992　障害構造論入門―ハンディキャップ克服のために　青木書店　pp. 3-19

［44］本田　宏　2007　誰が日本の医療を殺すのか―「医療崩壊」の知られざる真実　洋泉社　pp. 28-30

［45］http : //www.toonippo.co.jp/news_too/nto2007/20070607161743.asp（検索日：2007/09/26）

［46］Nietzche, F. 1880-1888 *Der Wille zur macht*. 原　祐（訳）1993　権力への意志・上　筑摩書房

［47］Nietzche, F. 1880-1888 *Der Wille zur macht*. 原　祐（訳）1993　権力への意志・下　筑摩書房

［48］Husserl,E. 1954 *Die krisis der europaischen Wissenschaften und die transzendentale Phanomenologie : Eine einleitung in die phanomenologische philosophie*. Haag : Martinus Nijhoff. 細谷恒夫・木田元（訳）1995　ヨーロッパ諸学の危機と超越論的現象学　央公論新社

［49］竹田青嗣　2004　現象学は＜思考の原理＞である　筑摩書房

［50］西條剛央　2005　構造構成主義とは何か―次世代人間科学の原理　北大路書房　pp. 51-81

［51］京極　真　2007　構造構成的医療論（SCHC）とその実践―構造構成主義で未来の医療はこう変わ

る 看護学雑誌，71，698-704.
[52] 西條剛央 2007 構造構成主義とはどのような理論か―今，その深化を問い直す 現代のエスプリ，475，215-227
[53] 京極 真 2007 作業療法の超メタ理論の理論的検討―プラグマティズム，構成主義，構造構成主義の比較検討を通して 人間総合科学会誌，3（1），53–62
[54] 京極 真 2007 構造構成的医療論の構想―次世代医療の原理 構造構成主義研究，1，104-127
[55] 西條剛央 2005 構造構成主義とは何か―次世代人間科学の原理 北大路書房 pp.147-172
[56] 京極 真 2007 探求主義という新しい認識論の構想 西條剛央・菅村玄二・斎藤清二・京極 真・荒川 歩・松嶋秀明・黒須正明・無藤 隆・荘島宏二郎・山森光陽・鈴木 平・岡本拡子・清水 武（編） エマージェンス人間科学―理論・方法・実践とその間から 北大路書房 pp.42-59
[57] 西條剛央 2007 ライブ講義 質的研究とは何か SCQRM ベーシック編 新曜社 pp.60-62
[58] 八代英太・冨安芳和（編） 1991 ADA（障害をもつアメリカ人法）の衝撃 学苑社

第Ⅲ部

書籍紹介

Ⅲ-1 『構造構成主義の展開―21世紀の思想のあり方（現代のエスプリ）』

西條 剛央・京極　真・池田 清彦（編集）
至文堂（2007年1月公刊）

巻頭言：構造構成主義パラダイムの展開

20世紀，思想は客観主義，科学主義に代表されるモダニズムから，相対主義よりのポストモダニズムへと展開した。そして，21世紀に入り，それらの限界を乗り越えるべく構造構成主義という新たなメタ理論が台頭してきた。本号ではその特集が組まれている。

冒頭の座談会では，構造構成主義に焦点を当てながら，今後の思想のあり方を展望している。対話体ということもあり比較的容易に理解できるようになっているため，構造構成主義の方向性を把握することができるだろう。

次の第一部では，構造構成主義と関連する諸思想を，それぞれの領域を代表する第一線の学者に論じて頂いた。ここまで豪華なメンバーが一同に介した論文集はなかなかお目にかかれないであろう。それらの論考群には，相反する立場のものもあるが，構造構成主義は，多様な立場，矛盾した思想的立場があって然るべきであり，そうでありながら何でもアリの相対主義に帰着しない理路を有するメタ理論なのである。構造構成主義は，その特性から“使える超メタ理論”として普及しつつあり，実際に発達研究法，質的研究法，知覚研究法，心理統計学，リハビリテーション，QOL理論，古武術などに導入されている。

第二部では，そうした動向の中から，医学，看護学，臨床心理学，障害論，認知運動療法，認知症ケア学，歴史学，英語教育，政治といった様々な分野に継承発展させた新理論をいくつか紹介することで，構造構成主義が研究実践，現場実践をいかに変えうるのかを示す。継承発展のさせ方は各研究者によって異なるものの，いずれの論考もそれぞれの領域における根本問題を解き明かす画期的論考となっている。

構造構成主義の特長は，他の思想的枠組みを，関心に応じて選択し，それらをより十全に機能させるというメタ性にある。これによって“過去の思想の長所を活かす”ことを可能にしている。このような主張自体は珍しいものではないが，それを基礎づける理路はこれまで十分に体系化されてこなかったように思う。思想の真の展開は，過去の思想を全否定するという方法で達成されることはない。様々な思想のエッセンスを把握し，課題にあわせてそれらを相補完的に活用することによって，思想は全体として進展していくことができる。今後も，こうした論文群が発表されていくことによって，学問全体の発展につながっていくと思われる。

構造構成主義という新たな思想的動向を曇りなき眼で見定めて欲しい。

編者を代表して　西條剛央

目次

Ⅲ-2 『エマージェンス人間科学 ―理論・方法・実践とその間から』

西條 剛央・菅村 玄二・斎藤 清二・京極　真・荒川　歩・松嶋 秀明・
黒須 正明・無藤 隆・荘島 宏二郎・山森 光陽・鈴木　平・
岡本 拡子・清水　武（編著）　北大路書房　（2007年２月公刊）

はじめに

「人間科学」の現状

「分析」というコトバに端的に表われているように，科学という営みは，細分化していくことを運命付けられている。それゆえ，学問にはきわめて多岐に渡る領域があり，また数え切れないほどの学会や研究会が存在している。もちろん，そうした専門分化した学会や研究会は必要である。しかしながら，学問が細分化を続けても，「現実」はそれにともない細分化していくわけではないことを忘れてはならないだろう。現実は，学問の多様化，乱立という状況とは関係なく，全体としてわれわれに立ち現われている。

その現実という全体性に対応していく知を生み出すためには，個々に専門特化していくだけでは，十分ではない。こうした問題意識から，細分化する科学の限界を超えようと，人間科学という新たな総合領域が生まれてきた。人間科学という魅惑的な響きのあるシンボルのもとに，異なる領域の技術や発想をもった研究者が集うことによって，既存の学問にはない新たな知が創出できるのではないかと考えたのである。

しかしながら実際には，多様なテーマの専門家が集まったことによって必ずしも建設的なコラボレーションが行なわれているわけではない。むしろ，基礎と応用，理論と実践，あるいは量的と質的といった方法論間の対立といったことに代表されるように，異質性をきっかけとした不毛な信念対立に陥っている側面がある。

この理由はいろいろ考えられるであろうが，特に総合領域特有の困難さを指摘することができる。それぞれの学問は「ディシプリン」（学範）といわれる特有のルールや文化の上に成り立っている。つまり，それぞれの学問が関心や前提から異なっているのである。しかし，それに気づかないために，結果的に自分の依拠する立場を絶対的に正しいものとして的はずれな批判を行なってしまい，それをきっかけとして議論が紛糾し，物別れに終わってしまうといったことがある。

これは異文化の人々が集まったときに，お互いが自分の文化が正しいという前提に立つことにより議論が紛糾する事態と類似しているといえよう。建前はどうあれ，現実にはこうしたことが日常的に起こっているのである。大学をはじめとして人間科学を標榜する組織は数多くあるが，その総合性はほとんど活かせていないといっても過言ではないだろう。

それでは著書レベルではどうだろうか？　当然のことながら，本書が公刊される以前にも，「人間科学」を題名に掲げる本は多数出版されている。また一見すると多様な専門領域の研究者が集まった編著も多く編まれているため，人間科学の総合性は体現されているように思える。しかしながら，それらのほとんどは，さまざまな論考を寄せ集めた「束論」の域を出るものではなかったように思われる。

もちろんそれはそれで意味があるのだが，各専門における最先端の研究を紹介する論考をいくら集めて「束」にしてみても，それはコラボレイティブな人間科学の実践とよぶことはできないであろう。むしろ，個別の研究が最先端なものであればあるほど，専門テーマに特化した議論に終始することにもなりかねない。

つまり，具体的であればあるほど，他の領域では使えないといったように，有用性が限定されてしまう面もあるのだ。具体個別の研究を紹介するだけでは，限定された当該領域の研究者にとって意味のあるものであったとしても，専門外の人々にとっては有益な知見にはなりにくい。

それゆえ，各専門領域の具体的な研究に特化した議論を「束」にするといった，従来型の編纂方法を超える，新たな方法を考える必要がある。そしておそらくこうした問題意識からであろう，いくつかの「人間科学本」には，複数の研究者による議論や対談，鼎談といった内容が含まれるものも散見される。こうした工夫をすること自体とてもすばらしい試みだとは思うのだが，残念ながら多くの場合，いろいろな意見は提示されていてもその相互作用によって新たな知が生まれることはなかったように思われる。また，各論考にコメントを付けたりといった工夫を行なっているものもあるが，主に質問や疑問を提起するタイプのコメントに終始し，論考を踏まえて，新たな考えを生み出せずに終わってしまっている感がある。

本書において，異なる専門家の相互作用により新たな知を生み出し，そのダイナミズムを伝えられるような構成にするためにはどうしたらよいか。われわれは編者会議を開き，そこで忌憚なく意見を出し合い議論を重ねることを通して，次のような構成にすることとした。

本書の構成

本書では，「理論」「方法」「実践」といった人間科学に通底すると考えられる3つの項を暫定的な基軸としつつ，またそれらの「間」をそれぞれ3つ設定し，それらの関係（つながり）に焦点化して論じるという構成にした（図参照)。これによって，領域やテーマを超えた，人間科学のあり方について論考を重ね，人間科学の目指す「全体性」を実現する筋道を拓くことを試みたのである。

また，それぞれの研究者間のコラボレーションにより，新たな知を本書の中で創出するといった「創発性」を体現するために，本書は，各章に関してコメントとそれへのリプライを行なうこととした。また，そのコメントは，各論考の内容を自分のテーマや関心に引きつけつつも建設的に何かを生み出すようなものを心掛けた。そして，それを踏まえて再論することとした。

また相互にコメントする形（A⇔B）を採ることによって公平性を担保すると同時に，より緊張感あるやりとりを実現した。その際，関心や営みが離れ過ぎていると建設的コラボレーションが難しくなることから，相互コメントの相手は，隣接するセクションの人と組むよう

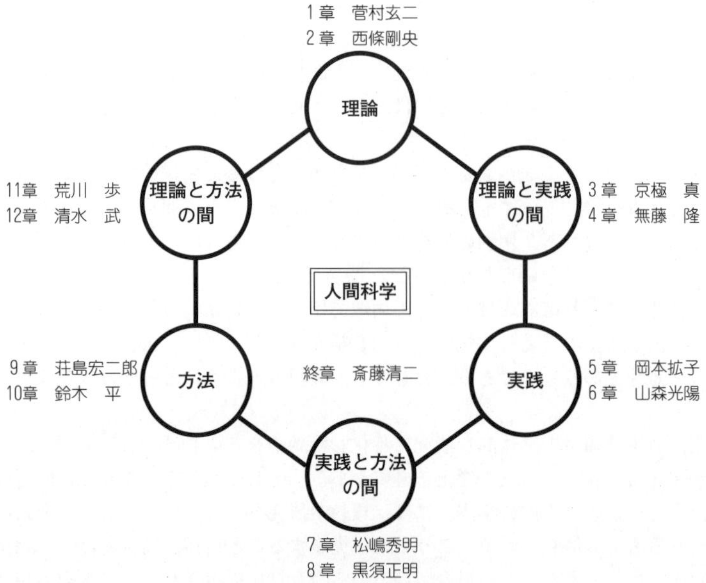

図　本書の構成

にした。例えばセクション１の西條の論考にはセクション２の京極真氏がコメントし，それを受けて西條が再論する。それと同様にセクション２の京極氏の論考には西條がコメントし，京極氏が再論するという形式にしたのである。

そして終章では，それら全体を踏まえた包括的論考を置くことにより，これら６つのセクションの各論考をリソースとしてさらなる創発知が生まれることを企図した。なお，見出しや引用文献欄，註などの表記法が章によって違っているが，これはある程度執筆形式に自由度をもたせるという方針によるものだ。

これまでも，これらの６つのテーマそれぞれについて書かれた本はたくさんある。しかし図のように，これら全体を包括的に扱った人間科学の本は，われわれの知る限りないように思う。それゆえ，学術的なオリジナリティという観点からも，こうした方針で本書を編纂し，世に問う意義はあると思われた。

本書は，以上のような独自のモチーフに基づき，編まれたものである。当然のことながらその成否は読者にゆだねる他ないのだが，研究者間のコラボレーションによる躍動感や緊張感，新たな知が生まれようとしているワクワク感を伝えることができればたいへん嬉しい。

編著者を代表して　西條剛央

Ⅲ-3 『ライブ講義・質的研究とは何か SCQRMベーシック編』

西條 剛央
新曜社（2007年9月公刊）

はじめに

こんにちは，西條です。本書では質的研究法をはじめて学ぶ学生のためのライブ講義が展開されています。そのため，「質的研究とは何だろう？」という基礎の基礎から知りたい初学者にお薦めです。

特に，本書の特色としては，僕と学生とのやりとりをもとに話が進んでいくため，読者はそれを追体験する形で少しずつ理解を深めていくことができます。しかも実践演習形式の講義ですから，問いをたてるところから，データ収集，分析，モデル構築，プレゼンテーション，論文執筆に至るまで，ひととおりのイメージをつかむことができるでしょう。

僕は，この本の中で完成度の高い質的研究の見本を披露したいのではありません。そうしたものは専門の学術誌などをみればたくさん載っています。しかし初学者にとって必要なのは，そうしたスタティックな標本ではなく，迷い，決断し，修正しながら手探りで研究を進めていくダイナミックな過程そのものだと考えています。これまでの入門書で捨象されてきた，そうしたプロセスの細部にこそ，初学者が研究を進める上で役立つ暗黙知が宿っていると言えるためです。

したがって，「自分ならどうするだろう？」「自分の研究に使えそうなところはないかな？」と自分の身に引きつけながら読み進めても良いでしょうし，「自分ならもっとこうするのに」と批判的に吟味しながら読むのもよいでしょう。そのように能動的に読んでいただくことによって，質的研究の実践力を養っていただければと思います。

それでは，これまで質的研究を実践してきた研究者にとっては意味がないのかと言えば，そんなことはありません。たしかに，質的研究に関する著書は数多く公刊されていますが，だからこそさまざまな混乱が生じており，かえって「本質」が見えにくくなっているのではないでしょうか？

初学者が抱く「質的研究（法）とは何か？」という問いは本質的な問いでもあり，じつは相当な難問なのです。ですから，あなたがすでに何らかの研究法に習熟していたとしても，たとえばもし，「あらゆる質的研究法に通底することは何か」という問いに対して原理的な（という意味は，論理的に考える限り誰もが了解できるようなということですが）答えをもっていないようであれば，この本は自信をもってお薦めできます。

本書では，質的研究の本質をお伝えしようと思っているからです。

「本質」と聞くと難しそうだと思われる人は多いでしょうが，本質とは「エッセンス」のことであり，本来シンプルなものです。難しいのは，本質を見極めて，誰もが了解できる形でそれを抽出し，わかりやすく提示することなのです。

では，多くの関連書籍を読み，特定の技法に習熟し，たくさんの研究を積み重ねることによってエッセンスをつかめるかと言ったら，そんなことはありません。むしろ，そうした経験によって見えなくなることも少なくないのです。そこがやっかいなところです。では，どうすればよいのでしょうか？

結論を言ってしまえば，全体をメタレベルで俯瞰する視点と，徹底した原理的な思考の双方を駆使することで，エッセンスを抽出することが可能となります。そして，このやっかいな作業を行うためには，それに特化したツールが必要なのです。え，そんなものどこにあるかですって？

じつは，それこそが本書の理論的基盤となる「構造構成主義」なのです。これは現代思想の文脈から言えば，客観主義や科学主義といったモダニズムと，その反省から台頭した相対主義よりのポストモダニズム双方の限界と対立を超克，補完すべく体系化された超メタ理論なのです。

この超メタ理論を駆使すれば，質的研究に対して投げかけられるあらゆる批判の矢を無効化し，その特性をいかんなく発揮することが可能になります。そして，その原理力が，枝葉末節に囚われることなく，質的研究法のエッセンスを伝えることをも可能にしているのです。本書の最大の特徴はそこにあると言ってよいでしょう。

そう，本書は入門書でありながら，新次元の研究法である「構造構成的質的研究法」を体系的にまとめた，世界初の専門書でもあるのです。なお本書では，構造構成的質的研究法は便宜上，SCQRM（スクラム）（Structure-Construction Qualitative Research Method）と略記することにします。

本当かなあという訝（いぶか）しむ声が聞こえてきたので，その一端を示してみましょう。質的研究法には多種多様な枠組みがありますが，それに通底することは何でしょうか？

まず現象をうまく言い当てる「コトバ」を作ります。そして「コトバ」と「コトバ」の関係を考えます。そのようにして，「特定のコトバ（事象）」を，「他のコトバとコトバの関係形式」である「構造」へと変換するわけです。

そう，言ってみれば質的研究とは，「現象」を「構造化」するゲームの一種なのです。その構造化されたものが「モデル」と呼ばれたり，「理論」と呼ばれたり，「仮説」と呼ばれたりするというだけのことなのです。枠組み（流派）によって，そうした呼び名や，構造化するまでの筋道（方法）は違いますが，煎じ詰めれば，いずれもそのようにシンプルに言うことができます。

なぜ，そう言い得るのでしょうか？　これは決して思いつきや研究実践上の経験のみから述べているのではなく，原理的な理路から導き出した帰結であるという点が重要です。構造構成主義の科学論として重要な位置を占める「構造主義科学論」によれば，科学とは，現象を上手に説明できる構造（同一性）を追求する営みにほかなりません。

たとえば，「水は酸素と水素から構成される」というのは，「A＋B⊇C」という形式において，A に酸素，B に水素，C に水というコトバを代入した構造ということができます。「水」を構造化したわけです。そして現象をコードする構造をよりうまく構成することができれば，それだけ現象を理解しやすくなり，ひいては予測したり，再現したり，制御したりできるようにもなります。

厳密科学か，非厳密科学かの違いはありますが，質的研究法も科学的営為として捉える限り，この言語ゲームに包摂されることになるのです。

したがって，質的研究とは，現象をうまく言い当てる（構造化する）言語ゲームの一種であり，質的研究法とは，研究者の関心に応じて現場に入ったり，観察したり，インタビューしたり，分析したり，解釈したりするために体系化されたツールということになります。そして，方法が手段である以上，いかなる研究法もその有効性は研究者の関心や目的に応じて（相関的に）判断されることになるため，多様な技法を目的によって使い分ければよい，というのが構造構成主義の（つまり本書の）立場になります。

「質的研究法」という名の下には，KJ 法，グラウンデッド・セオリー・アプローチ，ナラティブ・アプローチ，フィールドワーク，エスノグラフィー，アクションリサーチ，エスノメソドロジー，自己観察法，エピソード分析，メモリーワーク，ディスコース分析，解釈学的現象学等々多くの枠組みがありますが，どれを使うにしても，そうした「基本中の基本」となるエッセンスを押さえておくだけで，格段に研究しやすくなるでしょう。中でも本書では修正版グラウンデッド・セオリー・アプローチを採用しているため，関心のある人には特にお薦めです。

こうしたエッセンスを知ることは，未開の地を探索するときにコンパスを手に入れるようなものなのです。もちろん，あらゆる探索がそうであるように，コンパスを持っているからといって，簡単に目的地に行ける（質の高い研究ができる）というわけではありませんが，深淵な森の中で迷うことなく，着実に歩みを進めるための心強いツールになってくれるに違いありません。SCQRM（スクラム）は，その枠組みに閉じることなく，あらゆる質的研究法の理論性・実践力をバージョンアップさせることができる新次元の研究法なのです。

本書では，そうした原理的な話だけではなく，――じつはそうした原理に支えられているからこそ言える部分もあるのですが――，先行研究を最初から調べなくてもいいとか，関心が生まれる前に教科書で勉強してもしょうがないとか，テキトウに名前を付けてもいいとか，最初にざっと理論を作ってしまえばいいとか，定義は後づけでいいとか，一例でもかまわないとか，研究法は自分で修正してしまっていいとか，一見非常識とも思える主張を随所で展開しています。

でも，常識に染まったガッコウの先生は本当のことを教えてくれないと，相場は決まっていますよね。この本では変な正論を言っていない分，まっとうなことを言っていると自分では思っています。

え，本当かですって？ それはばかりは読んで判断していただくほかなさそうです。では，本論の講義でお会いしましょう。

西條剛央

Ⅲ-4 『完全解読・ヘーゲル「精神現象学」』

竹田 青嗣・西　研
講談社（2007年12月公刊）

はじめに

哲学者の主要著作を“完全解読”するという試みの結果については，いろんな考えがありうると思う。文学テクストの完全解読などというものがあるとすればかなり滑稽なことだろう。哲学の解読も一つの解釈を出ない以上，これに類するものと考えることも可能である。しかし，もし現在，長い歴史をもつ哲学の知の意義と価値が大きな誤解にさらされ，ごく少数の専門家の間での“謎解き”の対象にすぎぬものと見なされて，一般の人間の世界と生の知見からまったく分離されたところで囲い込まれている状況が存在するとすれば，あえて危険を犯してこのような試みを行なう余地はあるように思う。

現代は，反哲学の時代である。コントを出発点とする近代実証主義（社会学を含む近代の社会科学），マルクス主義，プラグマティズム，現代言語哲学（分析哲学），現代思想，これらが十九世紀の半ば以降現われた「近代哲学」への批判思想だった。この流れはもちろん現在も続いている。この流れの中で，現在中心的に流布しているのは，哲学は「形而上学」にすぎないとする誤った批判か，あるいは逆に，哲学は形而上学の場所に棲息するほかはないという衰弱した考えのいずれかである。われわれの考えからは，双方ともに哲学の理解としては恐ろしくゆがんだものというほかはない。そこで，われわれは，これを一般の人々の判断にゆだねようと考えたのである。

わたしはこの完全解読の仕事をヘーゲルの『精神現象学』からはじめるが，その理由は，ここには近代哲学の知のもっとも重要な精髄が存在すると考えるからだ。

一般的には，ヘーゲルは近代哲学の完成者にして最大の哲学者であると言われている。だがそこには同時に，ヘーゲルは，近代観念論哲学，そして主観主義的形而上学の完成者であるという逆の評価も含まれている。わたしと西研もまた，ほぼこのような想定から，ヘーゲルの徹底的な解読と批判を目標として解読をはじめたのだった（1995年前後）。しかし読み進むうちに，われわれの想定は完全に逆転されていった。すなわち従来の一般的なヘーゲル評価とはまったく逆のヘーゲル像が浮かび上がってきた。おそらく，われわれの理解では，むしろヘーゲル的な思想の観点と方法が，近代実証主義の素朴客観主義や，マルクス主義の決定論や，分析哲学およびポスト・モダニズム思想の方法的相対主義の限界へのもっとも本質的な批判となっているのである。

このことはわれわれを少なからず驚かせた。しかしもっと重要なことは，ヘーゲル哲学の基本性格についての像がわれわれの中で刷新されたことである。

われわれがはじめに持っていたヘーゲル批判のポイントは，第一にスピノザを継承した有神論的世界体系理論の完成者であること。これはヘーゲルが，「世界とは一体どのような存在であるか」という問いに完全な理性的推論によって答えようとする完全に形而上学的哲学者であることを意味する。そしてまさしくヘーゲルはそのような体系を打ち立てていた。第二にヘーゲルは，「国家」を「人倫」原理の担い手として個人的「自由」の上位におくことで，近代ナショナリズムのもっとも強力な哲学的擁護者であるということ。これも「国家」を「市民的自由」の上位に立つ「人倫」原理とみなすという点ではその通りである。

つまり，この二つのヘーゲル批判の論点はそれ自体誤解ではない。しかしわれわれの見解は，ヘーゲル哲学のもっとも重要な核心点が，まさしくこの批判の観点によって完全に覆われてきたというものにほかならない。ヘーゲル哲学の決定的に重要な核心点は，ふたつ。

第一に，「近代」とは何か（人間の「歴史」とは何かを含む）という問いに対する哲学的な解釈論，つまり歴史哲学である。そしてこれは，とうぜんながらヘーゲル独自の近代社会の本質論，つまり社会哲学を導いている。

第二に，ここから近代的人間の本質論，そして人間存在の本質論が導かれている。それは主として，人間関係の哲学的原理論として打ち立てられている。

そして，重要なのは，ヘーゲルではこの二つの領域，社会哲学と人間本質論とが，完全に有機的な形で結合されている，言いかえれば人間本質論がまさしく社会理論の基礎をなすという仕方で両者がリンクされている，という点である。

われわれは十数年のヘーゲル講読を通して，このヘーゲル思想の基軸とその連繋を十分に理解したと考えたが，するとまた，このヘーゲル的観点と方法が，本質的に，近代実証主義（近代の社会科学），マルクス主義，分析哲学，現代思想がもつ人間思想，社会思想としての限界を超え出るものであることを理解せざるをえなかった。

もういちど言うと，ヘーゲル思想の主線は，象徴的に言えば，まず人間本質論つまり人間的欲望の本質論がおかれ，ここから人間関係の本質論が立てられ，さらにこれが歴史論に展開され，そして近代社会の基本理念に達するという仕方で進んでいる。この「本質論」はヘーゲル独自のものであるが，また哲学の方法に独自のものであり，近代の実証主義（マルクス主義を含む）や論理相対主義による批判理論（分析哲学や現代思想）とはまったく方法を異にしている。

われわれはそれぞれこれをヘーゲル論としても提示した（西研『ヘーゲル・大人のなり方』，竹田『人間的自由の条件』ほか）。しかし何と言っても，ヘーゲルがほんとうにそのような説を提示しているのかどうかふつうには判読不可能である。そこで，一般の読者の理解と判定にも委ねたいと考えたのである。

しかし，一つ重要なことは，先にも述べたように，本来，哲学のテクストに“完全解読”

というか客観的な解読というものはありえないということだ。そこで，この“完全解読”は，隅から隅までという意味でも，ヘーゲルの意を完全に“翻訳した”というのでもない。むしろ，逐語的には，単純な誤読もあるだろうし，もっと適切な理解を見いだせる箇所も多くあると思う。

しかしわれわれがこれを“完全解読”としたのは，ヘーゲルを詳細に講読するうち，われわれの中にヘーゲル理解の一つの一貫した観点が成立し，全体としてこの書に謎めいたところがなくなり，いわば霧が晴れたように『精神現象学』のエッセンスを捉ええたと感じたからである。この感覚がなければわれわれはこの“解釈”，“翻案”を，「完全解読」と名づけることに大きな躊躇をもっただろう。

これをもう少し具体的にいえば，『精神現象学』のテクストには，歴史哲学（歴史の意味本質の解釈），人間精神の本質論，近代社会の基礎理論，宗教理論，そしてヘーゲル独自の世界存在論といった要素が絡まりあって一本の縄としてあざなわれている。われわれはこの諸要素のそれぞれの核心を理解し，またこの絡み合いから現われるヘーゲルの思想動機というものを理解できたと感じた。そしてここにわれわれは「哲学」という方法原理の新しい希望と可能性を見出した。まさしくこのことが，われわれに“完全解読”といういわば常識はずれの作業を促したのである。

そんなわけで，この“完全解読”は，基本的には西，竹田による一つのヘーゲル解釈であり，ヘーゲル論でもある。というより，おそらく一つの一貫したヘーゲル理解がなければ，このような解読はそもそも可能ではなかったろう。しかし，そうはいってもわれわれは，この解読が哲学のテクストを読むという行為のエッセンスを損なわないように最大限の配慮を払った。これは二人による執筆だが，べつべつのものではない。われわれは『精神現象学』の主要部分を，この十年ほどの間に，おおまかに言って三度一緒に講読した。二人の考えはそのつど相互に触発しあい補いあっているので，ほとんど区別できないほどになっている。この意味で，この解読は，西と竹田による共解釈と言えるように思う。しかしまた，それぞれが受け持つ部分は明確に分かれているので，二人の個性や重点の違いも読み取れるはずである。

最後に，解読の作業は，多くの先人の仕事に大きな恩恵を蒙っている。ここですべてをあげることができないが，まず四人の『精神現象学』の訳業がある。金子武蔵氏，樫山欽四郎氏，長谷川宏氏，牧野紀之氏。これらの先人の大きな仕事がなければ，われわれはとうてい現在の一貫したヘーゲル理解に達することはできなかった。ほかにイポリット，コジェーヴ，フィッシャー，加藤尚武氏などのヘーゲル理解もつねに大きな示唆を与えてくれたことを記しておく。

ヨーロッパの知の歴史の中で，「哲学」という独自の動機と方法は，この一世紀のあいだ，さまざまな事情によって知の地平から姿を消していた。われわれの時代の課題は大きく重い。哲学の本質的思考は，この課題を切り開く新しい一歩になるかも知れない。われわれは『精神現象学』の哲学としての精髄をもう一度一般の読者の前におき直し，その判断に委ねてみたいと思う。

『構造構成主義研究』の投稿規定2008年３月版

1. 本誌は投稿のための資格は特に必要なく，すべての学的探求者に開かれた査読付き学術雑誌である。
2. 投稿論文は研究倫理に抵触してはならない。
3. 本誌に掲載された論文の学術的な責任は著者にあるものとする。
4. 本誌は，構造構成主義とその周辺領域における理論研究，量的研究，質的研究のみならず，本誌の方針〈“『構造構成主義研究』刊行にあたって”を参照〉に沿う以下のような多様なタイプの論文を歓迎する。
   ①原著論文：学術的オリジナリティが確認できるもの。
      a）研究論文：特定の問題を解決するなど学知の発展を目指した論文。
      b）コメント論文：特定の論文に対する意見をコメントする論文。それへのリプライ論文も含む。
      c）啓蒙論文：難解な理論，最先端の知見などを専門外の人でも理解しやすいように書かれた論文など，啓蒙的な意義が認められる論文。
   ②再録論文：過去に著書や他の学術誌などに掲載された論考を再録するもの。ただし投稿の際は発行元の許諾を得ていること。
5. 本誌は，構造構成主義とその周辺領域に関する書籍紹介（書評，自著推薦），講演会・シンポジウム・勉強会などの参加報告を歓迎する。
6. 論文原稿は，標題，著者名，著者所属名，本文，註および引用文献，謝辞の順に記載すること。また，図表は本文中に挿入すること。本文以下通しのページ番号をつけて投稿する。
7. 論文はワープロデータで作成すること（Wordが望ましいが，txt可）。論文のフォーマットは，A４・37字×35行とする。論文本文の枚数は上記フォーマットで約20枚までとするが，頁数が足りない場合には適時相談に乗る。引用文献の書き方については，付記１に示す。
8. 投稿論文は『構造構成主義研究』編集委員会において審査を行う。
9. 投稿者は，論文原稿を編集委員会にe-mailで送付する。なお，e-mailの件名には「構造構成主義研究論文投稿」と明記し，本文には以下の情報を明記する。
   ・著者名（所属）
   ・連絡先（住所・電話・電子メール）
   ・標題（日本文）
10. 図表や写真等で引用のために転載等を必要とする際には，投稿者の責任と負担で論文掲載までに許可をとり，その旨を論文に記載する。
11. 投稿規定は随時改定するため，投稿する際にはその最新版を下記ホームページにて参照すること。
12. 『構造構成主義研究』編集委員会事務局は，下記に置く。

連絡先　structuralconstructivism@gmail.com

公式ホームページ　http://structuralconstructivism.googlepages.com/

『構造構成主義研究』編集委員会

(付記１)

記述にあたっての全体的な留意事項（原稿執筆要領）

[本書の基本統一事項]

・本文基本字詰めは，１ページ＝ 37 字× 35 行 ＝ 1295 字となります。

・見出しは，１節 → １．→（１）の順にレベル分けをお願いします。

・引用文献・参考文献は，本文原稿分量に含めてください。

[表記上の基本的取り決め]

・わかりやすさ・読みやすさを心がけ，簡潔にお書きください。

・用字・用語については，常用漢字・新かなづかいで，お願いします（最終的には，出版社で調整統一させていただきますので，細部までの統一は必要ありません)。

・句読点は，「,」と「。」を使用してください。

・外国文字を使用する場合は，日本語のあとにかっこ書きしてください。

〔例〕 規範（norm）とは，…

・本文中の数字は，原則として，算用数字を用いてください。漠然とした数字は，5000～6000のように表記してください。

・単位は，ＣＧＳ単位［cm，kg…］を用い，時間は，［時，分，秒］としてください。

・年号は西暦を用い，特に必要なときに限り，元号をかっこ書きしてください。

〔例〕 2005（平成17）年には……

・外国人名は，カタカナ表記を原則としますが，初出箇所では「アルファベット表記」を入れてください。

〔例〕 ソシュール（Saussure, F.）は……

・日本人名は，姓を記し，原則として敬称は略してください。

[図・表の表記法]

・図・表は，それぞれ通し番号を付してください。

・図・表も原稿の総量の中に含めてお考えください。なお，図・表はデータファイル（xls か csv 形式など）でも，画像ファイル（ppt または jpg か pdf 形式など）でもけっこうです。

・図の標題は，図の下に，表の標題は，表の上にご記入ください。

・写真・図の著作権・肖像権につきましては特にご留意いただき，投稿者自身でご確認くださいますようお願いいたします。

[註および文献の執筆規定]

本文中で，注釈の必要な事項があった場合，その事項の右下あるいは該当文末の右下に番号を打ち，原稿末の「註および文献」(番号順）と照合できるようにしておいてください（番号は，「註」と「文献」を交えて通してください)。

■註

註の文章についてとくに書き方の制約はありません。必要に応じて自由に書いていただければけっこうです。

■文献

①引用文献は本文中および図・表の標題に，次のように，人名あるいは該当文末の右下に番号を打ち，原稿末の「註および文献」(番号順）と照合できるようしてください。

a）単著の場合

［例］◇池田［1］は，……。

◇フッサール（Husserl, E.）［2］は，……。

◇……であると報告している［3］。

◇図１　構造構成主義モデル2007［4］

b）共著の場合

２名の場合は「と，&」でつなぎ，併記してください。３名以上の場合は，代表１名のみにして「……ら，et al.」と付けてください。

［例］◇京極と西條［5］は，……。

◇マホーニーら（Mahoney et al.）［6］は，……。

◇……であると報告している［7］。

◇表１　客観主義と構成主義と構造構成主義の対比［8］

c）編書中の特定の章であっても，執筆者がはっきりしている場合は，担当執筆者を著者として扱ってください。

②引用文献は，本文中での出現順に，［１］，［２］……………，［n］というように，本文と対応するよう，一覧表にしてください。文献そのものの表記は，以下の点にご留意ください。

a）著者の氏名（フルネーム）を記載する。

b）共著等の場合は，代表者だけでなく，著者，編者，監修者全員を記載する。

c）雑誌論文，編書中の特定の章の場合は，ページの範囲を必ず記載する。

d）外国の著書の場合は，出版社の所在都市名も記述する。

e）本文中で直接引用する場合は，該当ページの範囲を必ず明記する。

［例］◇新出の場合

［９］　京極　真　2007　作業療法の超メタ理論の理論的検討―プラグマティズム，構成主義，構造構成主義の比較検討を通して　人間総合科学会誌，３（1），53.

◇既出の場合

［10］［９］の p. 57

［11］［９］の pp. 53–54

③英文の雑誌名，著書名はイタリック書体としてください。

●著書

西條剛央　2005　構造構成主義とは何か―次世代人間科学の原理　北大路書房

Kuhn, T. S. 1996 *The structure of scientific revolutions* (3rd ed.). Chicago : University of Chicago Press.

●編集書

編書の場合，編者名のあとに（編）を，英語の文献の場合は（Ed.），編者が複数の場合は（Eds.）をつけてください。

西條剛央・京極　真・池田清彦（編）　2007　構造構成主義の展開―21世紀の思想のあり方　現代のエスプリ475　至文堂

Neimeyer, R. A., & Mahoney, M. J. (Eds.) 1995 *Constructivism in psychotherapy*. Washington, D C : American Psychological Association.

●翻訳書

Burr, V. 1995 *An introduction to social constructionism*. London : Routledge.　田中一彦（訳）　1997

社会的構築主義への招待—言説分析とは何か　川島書店
●雑誌論文
京極　真　2006 EBR（evidence-based rehabilitation）におけるエビデンスの科学論—構造構成主義アプローチ　総合リハビリテーション，34（5），473-478.

Shimizu, T & Norimatsu, H. 2005 Detection of invariants by haptic touch across age groups : rod-length perception. *Perceptual and motor skills*. 100（2），543-553.

●編書中の特定の章
無藤　隆　2005　縦断研究法のタイプ分類とその選択基準　西條剛央（編）　構造構成的発達研究法の理論と実践—縦断研究法の体系化に向けて　北大路書房　pp.36-73.

Mahoney, M. J. & Mahoney, S. M. 2001 Living within essential tensions : Dialectics and future development. In K. J. Schneider, J. F. T. Bugental, & J. F. Pierson,（Eds.）*The handbook of humanistic psychology*. Thousand Oaks, CA : Sage. pp.659-665.

（付記２）

本書を引用するにあたっての留意事項

本書は副題に雑誌名およびその号数を明示しており，主題は適時各巻の特長を反映させたものにしています。そのため引用する際には，学術誌として引用したい場合は学術誌の形式で，書籍として引用したい場合は書籍の形式で引用してください。以下に本誌に引用する場合の具体例を示しますが，他誌に投稿する場合は，各媒体の規定に従ってください。

●書籍として引用する場合

西條剛央・京極　真・池田清彦（編）　2007　現代思想のレボリューション—構造構成主義研究１　北大路書房

●書籍として特定の頁を引用する場合

池田清彦　2007　科学的方法について—構造主義科学論の考え方　西條剛央・京極　真・池田清彦（編）　現代思想のレボリューション—構造構成主義研究１　北大路書房　pp.208-224.

●学術論文として引用する場合

西條剛央　2007　メタ理論を継承するとはどういうことか？—メタ理論の作り方　構造構成主義研究，1，11-27.

編集後記

2007年３月11日に，「わかりあうための思想をわかちあうためのシンポジウム：第１回構造構成主義シンポジウム」が開催された。このシンポジウムの内容を踏まえて，本誌第２号は「信念対立の克服をどう考えるか」という題名にした。それに関連し本誌特集の第Ⅰ部は，シンポジウムにあわせて公刊された図書新聞における特集記事と，養老孟司氏の特別講演，竹田青嗣・池田清彦・西條剛央の三氏による鼎談，そしてシンポジウムの一般参加者による参加体験記からなる。

第Ⅱ部には，８本の論文が掲載されている。冒頭の「刊行にあたって」に明記してあるように，今回「論文の査読結果を投稿から１ヶ月以内にお返しする」という公約は守ることができたが，修正期間が限られていたこともあり２号に修正が間に合わなかったものも少なくなかった。査読は各論考の目的を踏まえた上で，できる限り建設的なコメントを心がけたが，場合によっては100カ所を超えるコメントを付けさせていただくこともあり，厳しいものだったかもしれない。しかし，コメントを踏まえて編集委員の期待を上回る改稿をしていただけたおかげで，珠玉の論文を掲載することができたと考えている。投稿者の皆様に心より感謝申し上げたい。

第Ⅲ部には，本誌の方向性に沿った書籍を中心に紹介させていただいた。各著書の「はじめに（まえがき）」にあたる箇所にはその著書のモチーフやエッセンスが詰まっていると考えたため，転載の許可を得て一部修正した上で掲載させていただくことにした。今後も，本誌の方針に沿うものは掲載を検討させていただきたいと考えているので，自薦他薦を問わずご連絡いただければと思う。

また特集にシンポジウムの参加体験記を掲載したように，３号以降も構造構成主義に関連するシンポジウムや講演などに参加した人の感想などを掲載させていただくことがある。こちらも自薦他薦ともに歓迎したい（今回は特集に含めたが今後は第Ⅲ部に掲載させていただきたいと考えている)。ただし，これは一般読者が読んで有益な読み物になっているかどうか検討させていただくため，論文と同様，必ずしも掲載を約束できるものではないことはご了承いただきたい。

以下に，論文を査読させていただいて気がついた点をいくつかまとめておくので，投稿を考えている方は参考としていただければと思う。まず本誌は専門分野の垣根を越えた学際的な論文を歓迎しているが，それだけに専門外の人でも当該領域の動向や論文の意義を把握できるよう十分配慮して書く必要がある。本誌に掲載されている論文をみていただければわかるように，質の高い論文は，先行研究群にしっかり位置づけられ，論文の意義と限界が明示されている。したがって，「研究論文」としては関連する先行研究を渉猟し，精査してあるかどうかというのは採否の大きなポイントといえると思う。

特に構造構成主義に関連する論文は多数公刊されているので，関連する論考は書籍，論文の区別なく踏まえていただきたい。その際に，原典についてはできるだけ正確な引用（理解）を心がけることも当然のことながら重要となる。また，形式に不備のある論文が多かったので，投稿規定を参照の上，論文の形式を慎重にチェックしていただけるとありがたい。

3号は締め切りを2008年6月末としたが，投稿を考えている方は早めに投稿していただければと思う。なお，3号は「医療」をテーマに特集を組む予定である。多数の投稿をお待ちしている。

西條剛央・京極　真・池田清彦

【編著者紹介】

西條剛央（さいじょう・たけお）　　　　　［編集，Ⅰ－1，Ⅰ－3］
saijotakeo@gmail.com
1974年，宮城県仙台市に生まれる。早稲田大学人間科学部卒業後，早稲田大学大学院人間科学研究科にて博士号（人間科学）取得。日本学術振興会特別研究員（DC）を経て，現在，同研究員（PD）。著書に『母子間の抱きの人間科学的研究』『構造構成主義とは何か』『構造構成的発達研究法の理論と実践』『科学の剣哲学の魔法』『エマージェンス人間科学』（いずれも北大路書房），『構造構成主義の展開（現代のエスプリ）』（至文堂），『ライブ講義・質的研究とは何か』（新曜社）などがあり，その他にも分担執筆や学術論文多数。

京極　真（きょうごく・まこと）　　　　　［編集，Ⅰ－1，Ⅱ－8］
kyougokumakoto@gmail.com
1976年，大阪府大阪市に生まれる。作業療法士。日本作業行動研究会理事・評議員。東京都立保健科学大学大学院保健科学研究科にて修士号（作業療法学）を取得。現在，首都大学東京大学院人間健康科学研究科博士後期課程に在学しつつ，社会医学技術学院で専任講師を務める。2008年４月より医学書院「看護学雑誌」で連載開始。編著書に『構造構成主義の展開（現代のエスプリ）』（至文堂），『エマージェンス人間科学』『現代思想のレボリューション』（いずれも北大路書房），分担訳に『人間作業モデル』（協同医書出版社）があり，その他にも学術論文多数。

池田清彦（いけだ・きよひこ）　　　　　［編集，Ⅰ－1，Ⅰ－3］
1947年，東京都に生まれる。東京教育大学理学部卒業後，東京都立大学大学院博士課程修了。山梨大学教育人間科学部教授を経て，2004年４月から早稲田大学国際教養学部教授。構造主義生物学の地平から，多分野にわたって評論活動を行なっている。著書に『構造主義生物学とは何か』『構造主義と進化論』（いずれも海鳴社），『構造主義科学論の冒険』（毎日新聞社），『分類という思想』『他人と深く関わらずに生きるには』『正しく生きるとはどういうことか』（いずれも新潮社），『やぶにらみ科学論』『環境問題のウソ』（いずれも筑摩書房），『構造構成主義の展開（現代のエスプリ）』（至文堂）など他多数。

【執筆者紹介】

養老孟司（ようろう・たけし）　　　　　［Ⅰ－2］
東京大学名誉教授
［研究関心］ 専門の解剖学，科学哲学から社会時評まで，幅広く執筆活動を行う。
［主要著書］『唯脳論』『からだを読む』筑摩書房，『バカの壁』新潮社，など多数

竹田青嗣（たけだ・せいじ）　　　　　［Ⅰ－3］
早稲田大学国際教養学部
［研究関心］ 哲学，現象学，実存論，現代思想，文芸批評，差別論
［主要著書］『自分を知るための哲学入門』『現象学入門』NHKブックス，『ニーチェ入門』ちくま新書，『人間的自由の条件』講談社，『完全解読・ヘーゲル「精神現象学」』講談社メチエ，など

門松宏明（かどまつ・ひろあき）　　　　　［Ⅰ－4］
E-mail : note103@gmail.com
［研究関心］ 執筆／編集。音楽家・菊地成孔の元で音楽理論を，編集者・後藤繁雄の元で編集業を学ぶ。2008年３月，音楽家／批評家の大谷能生との共著『大谷能生のフランス革命』を上梓。
［主要著書］『大谷能生のフランス革命』（共著）以文社

浦田　剛（うらた・つよし）　　　　　［Ⅱ－1］
早稲田大学大学院文学研究科　　　E-mail : t_urata@ruri.waseda.jp
［研究関心］ 文学全般，保守主義，宗教学，日本思想の系譜，内村鑑三と無教会キリスト教，京都の歴史，福岡県ならびに北九州市の郷土・民俗，Garage Band　による音楽制作，『銀魂』など。
［主要論文］ 横光利一の「時代感覚」――縦断研究法に基づく「上海」の生成批評へ向けて　『繍』第20号「繍」

の会　2008年３月刊行予定

苫野一徳（とまの・いっとく）　［Ⅱ－２］
早稲田大学大学院教育学研究科博士課程・日本学術振興会　E-mail : ittoku@fuji.waseda.jp
［研究関心］ 教育の原理論および実践理論の体系化。教育哲学の（特に現象学的）再構築。愛の本質と原理，およびその教育的条件。「異文化異世代教育環境」という新しい教育環境の構想，など。
［主要論文］ 公教育の「正当性」の原理――ヘーゲル哲学の教育学メタ方法論への援用　『ラチオ』第５号　講談社　近日刊行，デューイ「興味」論の現象学＝実存論的再構築――教授法の原理および実践理論の体系化序説　関東教育学会紀要　第34号，エマソンにおける「個の普遍性」の論理再考――「個の尊重」の教育原理試論　日本デューイ学会紀要　第48号，新しい教育環境の夢へ　第23回昭和池田賞受賞論文集

渡辺恒夫（わたなべ・つねお）　［Ⅱ－３］
東邦大学理学部生命圏環境科学科　E-mail : JCB02074@nifty.com
［研究関心］ 来るべき独我論の時代に備え，独我論を深化させることによる死生観の創出。ブログ「夢日記・思索幻想日記」および，HP「人文死生学研究会」をご参照ください。
［主要著書］『トランス・ジェンダーの文化』勁草書房，『輪廻転生を考える』講談社現代新書，『〈私の死〉の謎』ナカニシヤ出版，『心理学の哲学』（共編）北大路書房，『〈私〉という謎：自我体験の心理学』（共編）新曜社，など

加藤　温（かとう・おん）　［Ⅱ－４］
関東医療少年院（2008年４月より国立国際医療センター精神科）
［研究関心］ 精神科臨床中心の毎日であるが，研究分野としては，コンサルテーション・リエゾン精神医学，総合診療，医学教育などに関心を持っている。構造構成主義の導入により，新たな医療論を展開できる可能性に期待している。
［主要著書］『総合病院精神医学マニュアル』（共著）医学書院，『パーソナリティ障害・摂食障害（精神科臨床ニューアプローチ）』（共著）メジカルビュー社

三澤仁平（みさわ・じんぺい）　［Ⅱ－５］
東北大学大学院医学系研究科医療管理学分野　E-mail : j-misawa@umin.net
［研究関心］ 専門は医療社会学。健康について不平等が生じてしまった何らかの要因を明確にすることによって，よりよい医療や社会のあり方を模索したいと考えている。
［主要論文］ 健康におけるジェンダーの不平等――医療化論の観点から　東京工業大学大学院修士論文

斎藤清二（さいとう・せいじ）　［Ⅱ－６］
富山大学保健管理センター　E-mail : sights@ctg.u-toyama.ac.jp
［研究関心］ 内科学，臨床心理学，医学教育学。特に医療におけるナラティブ・アプローチの理論，実践，教育に関する研究。
［主要著書］『はじめての医療面接』医学書院，『ナラティブ・ベイスト・メディスンの実践』金剛出版，『「健康によい」とはどういうことか？』晶文社，『ナラティブ・ベイスト・メディスン』（共訳）金剛出版，『ナラティヴと医療』（編著）金剛出版

北村英哉（きたむら・ひでや）　［Ⅱ－７］
東洋大学社会学部　E-mail : kitamura@toyonet.toyo.ac.jp
［研究関心］ 感情が認知的処理にどう関わっているか，認知と感情のインタラクションに関心がある。最近は「楽しさ」感情が人間文化を展開させてきた働きに着目し，行動の惹起・継続・完了のサイクルの中で感情が果たしている役割について調べている。
［主要著書］『なぜ心理学をするのか』北大路書房，『よくわかる社会心理学』（共編）ミネルヴァ書房，『感情研究の新展開』（共編）ナカニシヤ出版，『認知と感情』ナカニシヤ出版，『認知の社会心理学』（共編）北樹出版

構造構成主義研究 2

信念対立の克服をどう考えるか

2008年 3 月10日　初版第 1 刷印刷
2008年 3 月20日　初版第 1 刷発行

定価はカバーに表示してあります。

編著者　西條　剛央
京極　　真
池田　清彦

発行所　(株)北大路書房
〒603-8303　京都市北区紫野十二坊町12-8
電　話　(075) 431-0361(代)
ＦＡＸ　(075) 431-9393
振　替　01050-4-2083

印刷・製本　亜細亜印刷(株)

ISBN978-4-7628-2598-9 Printed in Japan